Eduard Heinrich Führ

Identitätspolitik

D1718675

Eduard Heinrich Führ

IDENTITÄTS POLITIK

»Architect Professor Cesar Pinnau«
als Entwurf und Entwerfer

[transcript]

Bibliografische Information der Deutschen Nationalbibliothek
Die Deutsche Nationalbibliothek verzeichnet diese Publikation in der
Deutschen Nationalbibliografie. Detaillierte bibliografische Daten sind
im Internet über http://dnb.d-nb.de abrufbar.

© 2016 transcript Verlag, Bielefeld

Umschlagestaltung: Sebastian Feldhusen und Juliane Ketzer
Umschlagabbildung: Das Deckblatt zeigt einen Ausschnitt aus dem Entwurf
A (1970) von Cäsar Pinnau für den *Olympic Tower* in New York.
Innenlayout: Sebastian Feldhusen und Juliane Ketzer
Lektorat: Regine Sobotta
Satz: Sebastian Feldhusen und Juliane Ketzer

Printed in Germany
Print-ISBN 978-3-8376-3696-3
PDF-ISBN 978-3-8394-3696-7

Anna Teut

Weltweit die erste, die sich architekturwissenschaftlich mit der Architektur des *Dritten Reichs* auseinandergesetzt hat.

Wie ein Bau ist auch ein Buch stets das Ergebnis einer vielfältigen und gelungenen Zusammenarbeit. Hans-Jörg Czech gab mir die Initialzündung zur Auseinandersetzung mit Pinnau, die Vortragenden und die Diskutierenden auf der Konferenz im Altonaer Museum im Mai 2015 legten die Brisanz offen, Martin Kläschen brachte seine Kontakte und das Wissen über die administrative Regelung der Architektur in den USA ein und das *Hamburger Architekturarchiv* mit Norbert Baues und Hedwig Heggemann, das Archiv der *Fa. August Oetker* und das Bundesarchiv öffneten den Zugang zu einschlägigen Quellen und Plänen. Wolfgang Schuster befeuerte das Schreiben durch Skepsis, gerechten Zorn und hohe Erwartungen. Regine Sobotta und Sebastian Feldhusen haben durch hartnäckiges Nachfragen und unermüdliche Diskussionen eine klarere Strukturierung und durch sorgfältiges Finish an Text und Bild eine bessere Lesbarkeit bewirkt.

Architektur und Identitätspolitik?

In der Architektur (als Disziplin) wird Politik zumeist als Handlungs- und Realisierungsstrategie einer Staatsmacht und von Regierenden verstanden, die sich durch Gott, Erbschaft, Geld und/oder Wahl mit entsprechender Macht ausgestattet fühlen und dabei auch die Rationalität des Handelns (Tyrannei, Willkür, Diktatur, Büro-/Technokratie, Repräsentation, Partizipation, direkte Demokratie) bestimmen. Architektur ist in diesem Zusammenhang Repräsentation oder Symbol dieser Macht. Das ist auch so, schließt aber alle anderen Arten und alle anderen Akteure von Politik aus.

Hier soll es um eine dieser anderen Arten von Politik gehen, um Identitätspolitik nämlich, welche aus den mannigfaltigen alltäglichen, disziplinären und wissenssoziologischen Praxen besteht, die Architekten, Architekturwerke, Nutzer und Architekturwissenschaften in ihren jeweiligen Identitäten zu bestimmen.

Der Begriff der ›Identität‹ hat im soziologischen Zusammenhang eine eigene Geschichte. Er stand zunächst für das Selbstsein von Individuen, erfuhr dann jedoch eine Änderung. Durch Untersuchungen und Abhandlungen von George Herbert Mead (1934), Anselm Strauss (1959), Erving Goffman (1959) sowie auch Pierre Bourdieu (1979) u.a. wurde klar, dass die Identität kein Wesen ist, das man unveränderlich von Geburt an hat, sondern ein Sosein, das eine Person aus ihrem Ort in einer sozialen Struktur, in einer Konfiguration (Norbert Elias 1970), im Verhalten, in den sozial geregelten Wahrnehmungen und in Rollenzuschreibungen und –übernahmen erhält.

Der Soziologie ging es weitgehend um die Interdependenzen und Interaktionen zwischen Individuen und sozialen Gruppen. Die gebaute Umwelt als dritter Faktor wurde in dieser Disziplin nur in wenigen Theorien thematisiert, so etwa in der Analyse eines französischen ›hôtel‹ bei Norbert Elias *Höfischer Gesellschaft* (1933/1969) oder bei Michel Foucault in seiner Untersuchung zur Geburt des Gefängnisses (1975). Neben der Soziologie hat sich vor allem die Phänomenologie auf der Basis einer ›leiblichen‹ Subjektdefinition in Wechselbestimmung mit der materialen Umwelt mit der Frage der Identität beschäftigt (Merleau-Ponty 1945). Postmoderne und Postkolonialismus greifen die Diskussionen vor allem im Zusammenhang mit Theorien des Feminismus und der Ethnizität wieder auf; hier wird jedoch diesen theoretischen Diskursen nicht weiter nachgegangen.

Identitätspolitik ist die gesellschaftlich, sozial, psychisch und kognitiv strukturierte und strukturierende Steuerung von Fremd- und Eigenentwürfen des Soseins leiblich existierender Personen und ihrer materialen Umwelt.

Architekten sind in dieser Hinsicht immer schon – jedenfalls wenn man ihre Schriften seit der Antike verfolgt – Identitätspolitiker gewesen. Sie haben es zumeist als ihre Aufgabe angesehen, Dinge so herzustellen, wie sie in ihrem (von den Architekten angenommenen) Wesen zu sein haben, um dadurch eine Umwelt zu erschaffen, wie sie zu sein hat. Die an sozialen, ethischen und fachdisziplinären Normen orientierten Konstruktionen sind im Grunde (im positiven Sinne) als Pseudo-Essentialismus zu verstehen. Die Identität der Bauwerke ist ein Produkt der Projektion der Weltvorstellung der Architekten, die real wird nur in Wahrnehmung, Gebrauch und Kognition der Nutzer.

Entwerfende Architekten wissen, dass Identität nicht das Wesen einer Sache ist, sondern etwas, das im Entwurf entstehen muss. Der Hamburger Architekt Cäsar Pinnau (1906–1988), der sich aus einem zur Moderne neigenden Studenten zu einem fast schon nicht mehr nur zweitrangigen Protagonisten der Architektur im ›Dritten Reich‹ entwickelte, sein umfassendes internationales Œuvre[1] aber erst in der ›Bundesrepublik Deutschland‹ realisierte, gibt zunächst den Anlass und die Substanz zur diesbezüglichen konkreten Analyse.

Es wird untersucht, wie Cäsar Pinnau – als Architekt – das Ergebnis einer politischen Identitätsbestimmung durch sein Umfeld, durch die Öffentlichkeit und durch ihn selbst wurde, wie das von ihm selbst eingesetzte ›branding‹ seiner Identität u.a. in der Verwendung seines Professorentitels aus dem ›Dritten Reich‹ und auf einem Entwurf für den *Olympic Tower* in New York beruht, den dann aber ein anderer Architekt gebaut hat.

Die anschließende Analyse von vier Werken bzw. Werktypen zeigt, wie Pinnau im Entwerfen baulicher Anlagen deren Identität in die zeitgenössische Politik fügt und sie mitformt, wie er also Identitätspolitik betreibt. Schließlich werden die Diskurse über einen Zusammenhang oder Nichtzusammenhang von Architektur und Nationalsozialismus untersucht. Identität ist dabei als die ›Eigentlichkeit‹ von etwas verstanden.

Schließlich wird die Nachkriegsgeschichte der emotionalen, architekturhistorischen und wissenschaftlichen Diskurse über die Architektur im Dritten Reich untersucht und die Komplexität und Vielfalt der Begrifflichkeit herausgearbeitet.

Identitätspolitik meint die Bestrebungen zum Entwurf und zur Durchsetzung der Identität des Architekten Cäsar Pinnau als öffentliche Person, die Entwürfe und Realisierungen der Eigenart seiner Bauten sowie die Versuche zur Definition der Architekturwissenschaft und –disziplin.

[1] Dazu Höhns 2015

›Architect Professor Cesar Pinnau‹ als Entwurf, oder: Identitätspolitik I

Zur Politik der Fremdauslegung

»...hoch gewachsen und kerzengerade...«

Eine besondere Art von Biografie findet sich in einem kleinen Buch, das Ruth Pinnau, die zweite Ehefrau, anlässlich des Todes ihres Mannes (1988) im Jahre 1989 herausgegeben hat; Autor ist der oberste Denkmalpfleger der Freien und Hansestadt Hamburg, Manfred Fischer. Er schreibt über Pinnau: »... hoch gewachsen und kerzengerade, auf den ersten Blick die Persönlichkeit mit eigenem Willen und festen Zielvorstellungen ahnen lassend.« Und fügt weiter hinzu: »Während der verbindlich kühlen, sofort auf Sacharbeit zielenden Begrüßung kam dem aus München gekommenen Neuling [hier meint er sich selbst, EF] eine physiognomische Assoziation: Dieser schmale Kopf mit den straffen Lippen sah aus wie ein Zwillingsbruder des Leo von Klenze, des Baumeisters Ludwig I. von Bayern. Seine Prinzipien mochten ähnlich sein, seine Orientierung nicht an Moden, sondern an Erkenntnissen, die ein ganzes künstlerisches Werk prägen.«[2] Zumindest in Bezug auf Klenze lag unser Denkmalpfleger falsch, Pinnau hat sich mit dem sehr viel eleganteren Architekten Karl Friedrich Schinkel, wie die Büste auf einem am Anfang des kleinen Bändchens stehenden Foto zeigt, und mit Christian Frederik Hansen identifiziert.

> 2 Fischer 1989: 10

Was ich in dieser Situation für Ruth Pinnau schicklich finde, den Bezug auf die Person Cäsar Pinnau, ist für den Landesdenkmalpfleger des Landes Hamburg peinlich. Nicht, dass er etwas über Pinnau schreibt, sondern wie er über ihn schreibt. Er zeigt ein Geschichtsverständnis wie einst Jacob Burkhardt in seinem Buch über Alberti oder Dmitri Sergejewitsch Mereschkowski über Leonardo da Vinci, oder wie es all die historisch-biographischen Bücher über die Deutschen Staatsmänner angefangen bei Karl dem Großen bis heute tun. Sie verstehen Geschichte als Taten großer Männer, die sich bereits in deren ... Physiognomie und Habitus abbilden. Diese Art von Geschichte basiert zum einen auf der romantischen Theorie des Genies, die besagt, dass es zwar ein Reglement der Kunst gebe (wobei Kunst sowohl Gattung als auch Güte ist), dass es aber das Genie ist (wie etwa Jean Paul sagt), das sich selbst (und dann seinen Nachfolgern) neue Regeln gibt, die es aus einem unmittelbaren und fundamental kreativen, gottähnlichen Akt entwirft. In der Mitte des 19. Jahrhunderts trifft diese Theorie zudem auf die der Physiognomie zugeschobene Bedeutung, wie in Robert Louis Stevensons Roman Dr. Jekyll und Mr. Hyde eindrücklich dargestellt. Folglich zeigt sich das edle Genie in seinem edlen Habitus (siehe auch die Psycho-Physiognomik von Carl Huter 1861 – 1912). Ein Genie ist analytisch nicht zu hintergehen, sondern nur zu beschwärmen, wie es der Landesdenkmalpfleger tut. Angesichts seiner Funktion aber als oberster Denkmalpfleger eines Bundeslandes der Bundesrepublik Deutschland, sollte man fachliche und sachliche Argumente und keine Verherrlichung erwarten.

3 Es ist mir wichtig, hier hervorzuheben, dass dies zu Pinnaus Lebzeiten war. Fehler in der Zuschreibung und der Datierung sowie die Lücken müssen ihm also bekannt gewesen und von ihm mitgetragen worden sein.

4 1. Auflage 1982, 2. überarbeitete Auflage 1995

Cäsar Pinnau, ein Architekt aus dem Geist der Tradition

Die erste Publikation über Cäsar Pinnau, zu seinem 75. Geburtstag (1981)[3], wurde von Ruth Pinnau herausgegeben[4]. Sie gibt auf immerhin 215 Seiten und im Format von 30 cm × 23 cm eine Übersicht über das Œuvre Pinnaus. Das Buch enthält einen längeren Text von Joachim Fest, für den Pinnau 1974 bis 1978 ein Wohnhaus im Taunus gebaut hatte. Fest hat Ende der sechziger Jahre mitgewirkt, Speers Erinnerungen zu veröffentlichen (publiziert 1969), er war zudem Autor einer Hitler Biographie (1973) und zur Zeit des Texts über Pinnau Mitherausgeber der Frankfurter Allgemeinen Zeitung.

Der Text von Fest zielt darauf, die Architektur von Pinnau nach und vor 1945, auch die Ende der dreißiger Jahre für die von Albert Speer konzipierte Große Straße entworfenen Gebäude, die Inneneinrichtung für einige Räume der neuen von Speer entworfenen Reichskanzlei, den Umbau eines Hauses für Himmler und die Inneneinrichtung der neuen Japanischen Botschaft als Rückkehr zum Geist der Tradition und als seriösen Konservatismus darzustellen.

Um seine Aussage zu verdeutlichen, holt Fest weit aus. Er erläutert, dass sich die bis ins 18. Jahrhundert als Techniker und Dienstleister der Bauherren verstehenden Architekten im 19. Jahrhundert, mit Beginn der Romantik, dem Bildenden Künstler anschlossen. Damit seien, so Fest, Inspiration und Phantasie freigesetzt worden, die allerdings auch Verantwortungslosigkeit mit sich brachten: »von wenigen, als Sehenswürdigkeiten bestaunten Einzelbauten abgesehen … [errichteten, EF] Künstler-Architekten mit Hilfe traditionsvergessener Stadtverwaltungen ihre schreckerregenden Riesenspielzeuge …«[5]. Die Architektur sei Diktat der Mode und Resultat exzentrischer Launen, die zur Entfremdung des Publikums geführt habe[6]. Zwar sei der ›alte Kanon‹ zerbrochen worden, aber zugleich ein ›weitaus strengeres Diktat der Mode‹ entstanden, das ›dem Gesicht der Welt jede Eigenart‹ genommen habe. Das ›Bauhaus‹ sei zwar noch eingebunden in ›eine

5 Fest 1982/1995: 6

6 A. a. O.: 7

utopische Grundströmung der zwanziger Jahre‹[7], hätte aber ›Phantasmago-
rien vom ›Neuen Menschen‹ und Visionen von der sozialen Befreiung‹ verfolgt, vor allem ›Gewißheit über den rechten Weg‹, den ›Gestus rechtha-
berischer Ungeduld‹ und überzog jeden Widerspruch gegen seine Position
mit einem moralischen und politischen Verdacht[8]. Hitlers Vorliebe für Klassizismus diene nach 1945 einer nicht haltbaren Gleichsetzung von Klassizismus mit dem Nationalsozialismus und hätte nur zu Bilderstürmerei und
eigennütziger Akquise gedient. Fest schließt sich hier der massiven Kritik
an der Moderne an, die Wolf Jobst Siedler, der im Übrigen auch der Herausgeber von Fests Buch über Speer gewesen war, mit dem Buch *Die gemordete Stadt*, zusammen mit Elisabeth Niggemeyer und Gina Angress 1964
publiziert hatte. Der Kampf der Modernen gegen den Historismus sei ›ein-
fältig‹, »gestützt von der dahinterstehenden pseudodemokratischen Bigot-
terie«, er habe dazu geführt, »einen großen Teil des grandiosen Formenvor-
rats von nahezu dreitausend Jahren Baugeschichte zu exorzieren.«[9] Dabei
hat Fest keine Probleme damit, der Moderne die ›Verpönung ästhetischer
Kriterien‹, ›Verachtung der Zwecke‹ und ›Geringschätzung menschlicher
und sozialer Aspekte‹[10] vorzuwerfen und ein Gebäude Vignolas dem ›Mam-
mutkoloss‹ der Universität Bielefeld vorzuziehen.

Dem gegenüber habe Pinnau durch die traditionelle Orientierung beim
Studium in München und durch Exkursionen nach Italien – alle Bauaufgaben übergreifend – Maximen übernommen und angewendet, »die über alle
Zeiten hinweg gültig sind: daß die Architektur die Verbindung von Geometrie, Zweck und Schönheit ist … und daß ein Gebäude eine natürliche oder
gebaute Umgebung hat, der es sich anpassen muß.«[11]. Pinnau ging zu Speer,
weil – so Fest – er sich als Dienstleister[12] und ›Auftragnehmer‹[13] verstanden
habe, der »die formulierten Bauabsichten im Rahmen überlieferter Grundregeln nach bestem Können auszuführen habe«[14]. »Gleichwohl ist der Versuch, noch einmal an die Überlieferung anzuknüpfen, eine Stilidee bewußt,
und vielleicht sogar allzu bewußt, gegen die um sich greifende Lossage von
der Form zu verteidigen, legitim gewesen.«[15]

Fest reduziert die Architekturentwicklung des 20. Jahrhunderts auf eine
Abkehr von der Vergangenheit und auf die Hinwendung zur seriellen Produktion austauschbarer Kopien, die inzwischen psychologisch, sozial, medi-
zinisch und sogar kriminalpolitisch[16] verurteilt würden. Dagegen stehe die
erneute Hinwendung zur Vergangenheit, zur Besinnung auf die einfachen
Einsichten und zu einer Architektur, mit denen Menschen leben könnten,
ohne gleich der megalomanen, häufig ins Monströse ausschlagenden und
von einem enthemmten Planungsrausch zeugenden Architektur des *Dritten*

7 A. a. O.: 8

8 A. a. O.: 8

9 Fest 1982/1995: 9

10 Ebd.

11 A. a. O.: 11
12 A. a. O.: 5
13 A. a. O.: 13
14 Ebd.

15 A. a. O.: 14

16 A. a. O.: 15

17 Fest 1982/1995: 14

Reiches, wie sie von Paul Ludwig Troost und seinem ›Staatsstil‹ vertreten wurde[17], zu folgen. Allerdings verzichtet Fest darauf, seine Thesen an den einzelnen Werken Pinnaus analytisch herauszuarbeiten.

Bringt man die Interpretation stark zusammenfassend auf den Punkt, so zeichnen sich nach Fest Cäsar Pinnaus Bauten durch Einbettung in eine 3 000-jährige klassische Tradition aus, dabei bezieht sich Fest auf den grandiosen Formenvorrat und die überlieferten Grundregeln. Fest spricht zwar von einer ›Verbindung von Geometrie, Zweck und Schönheit‹ (siehe oben), es fehlen aber konkrete Analysen und Belege, so dass die Aussage als reine These stehen bleibt. Es scheint Fest letztlich nicht um die spezielle ästhetische oder baukünstlerische Qualität eines konkreten Bauwerks und dessen Sinn zu gehen, sondern allein um die Anwendung einer a-historischen klassischen Architektursprache als solcher.

Architektur ist bei Fest in doppelter Weise dekontextualisiert: Bauten werden zumeist als Solitäre ohne Konnex zur gesamten Bauaufgabe (kein Gesamtplan der Speerschen Großen Straße), und nur selten in ihrer Einbettung in die urbane Situation (wie etwa auf der Abbildung des Modells der Zentralverwaltung des Deutschen Rings in der Nähe der *St. Michaelis-Kirche*) gezeigt (siehe dazu auch unten die Analyse des urbanen und historischen Kontextes des Hochhauses der Reederei *Hamburg-Süd*). Es muss davon ausgegangen werden, dass die Abbildungen von Pinnaus Bauten Joachim Fest zur Verfügung gestellt wurden. Sie wurden von ihm aber auch nicht durch eigene Recherche ergänzt. In seinem Text wird der Kontext (etwa des Hotels II zum Gesamtentwurf der Großen Straße) nicht erwähnt. Damit wird auch die zweite Dekontextualisierung deutlich: das Übergehen jeden kulturpolitischen Kontexts.

Der von Ruth Pinnau zusammengestellte Katalogteil, der nun das Motto ›aus dem Geist der Tradition‹ belegen müsste, wird aber in nach Bauaufgaben geordneten Kapiteln zusammengefasst, die jeweils durch Statements von Pinnau eingeleitet werden. Pinnaus Arbeiten während des *Dritten Reichs* werden durch den Titel *Staatsaufträge* überschrieben und auf die Zeit von 1937 bis 1941 datiert. Das Kapitel beinhaltet Bilder der Treppenhalle zur Bibliothek[18] und eines Arbeitszimmers der neuen Reichskanzlei in Berlin, einen Entwurf für ein Sitzungszimmer, zwei Pläne für ein ›Hotel am Tiergarten‹, die durch die Bemerkung, dass sie »auf die Muster eines schweren, auf wuchtige Wirkung abzielenden Neoklassizismus zurück[greifen; EF], wie er damals weltweitem Stilempfinden für repräsentative Staatsbauten entsprach.«[19], erklärend ergänzt werden, Pläne eines ›Regierungsgebäudes‹ und des ›Hotels II‹ an der von Speer konzipierten ›Großen Straße‹ sowie ei-

18 A. a. O.: 91

19 A. a. O.: 94

ner Gebäudegruppe (Schauspielhaus, Oper, Thermen, Hotel) am Südbahnhof; abgeschlossen wird die Reihe der Werke aus dieser Zeit durch ein Foto der Eingangshalle der *Japanischen Botschaft*[20], deren Inneneinrichtung Pinnau entworfen hat. Vergleicht man diese Liste mit dem Œuvrekatalog von Höhns (2015) und weiteren Publikationen, so stellt man fest, was in dieser Reihe fehlt: Umbau von Himmlers Dienstvilla, der Plan für den Wiederaufbau von Bremen und Pinnaus Arbeiten für die Organisation Todt in der Ukraine, alles Beispiele, die sich mit ›Klassizismus‹ nicht erklären lassen.

In dem Katalogteil über Hochhäuser wird der *Olympic Tower* in New York abgebildet und als Werk Pinnaus ausgegeben[21]. Das Hochhaus *Hamburg-Süd*[22] »eines der ersten Bürohäuser in Deutschland mit Glasvorhangfassade und Klima-Anlage«[23] wird bei der Abbildung des fertiggestellten Gebäudes auf 1959, in der Werkliste am Ende des Buches auf 1960 datiert[24] (dazu siehe unten). Ein Verweis auf das Lever Building von Gordon Bunshaft in New York, das die Vorlage dazu abgegeben hat, ist nicht aufzufinden.

Der Katalog stützt die Fest'sche Dekontextualisierung: Hervorgehoben wird ein landschaftlicher Bezug (Haus in Blankenese, Entwürfe für eine Residenz für Onassis, für ein klassizistisches Haus an der Elbe und eine Villa in Ancona). Allerdings werden Bilder gezeigt, in denen die Landschaft sehr stark romantisiert und aus ihrer topographischen und zeitgeschichtlichen Verortung gerissen ist (siehe besonders die Abbildungen zum Haus in Blankenese[25]).

Pinnau als Zeitzeuge

In ihrem zum Tod ihres Mannes publizierten Beitrag in dem bereits angesprochenen kleinen Band diskutiert Ruth Pinnau die Architektur ihres Mannes vor allem im Zusammenhangs mit Politik, besonders der Politik vor 1945. Ruth Pinnau ist belesen und kennt zeitgenössische Arbeiten zu diesem Thema: Barbara Miller Lane (1968/1986), Lars Olaf Larsson (1983), Dieter Bartetzko (1985), Hartmut Frank (1985) und Werner Durth (1986). »Die Architektur gilt vielen Kunsthistorikern und Soziologen heute als die Kunstgattung, in der sich der Zeitgeist am eindeutigsten ausdrückt. Besonders im Hinblick auf die NS-Architektur wird ihre politische Symbolkraft herausgestellt, die ihren Ursprung im Entstehungsprozess der »modernen« Architektur in der Weimarer Republik hatte. Diese moderne Architektur war in den zwanziger Jahren ungewöhnlich erfolgreich in Deutschland, was schnell zu scharfen öffentlichen Auseinandersetzungen über die politische Bedeutung des Mediums Architektur führte, und zwar ein Jahrzehnt bevor sich die Nazis an dieser Kontroverse beteiligten. Sie griffen nach 1930

20 A. a. O.: 104

21 Siehe unten Seite 121

22 Erste Planungen 1958, Fertigstellung 1964

23 Fest 1982/1995: 125

24 A. a. O.: 207

25 Fest 1982: 33

das Thema auf und bedienten sich der Argumente, die die Gegner der modernen Architektur vorgebracht hatten. Wie sich nun diese Verflechtung von sozioökonomischer Entwicklung, politischem Zeitgeschehen und Architektur im Werk eines einzelnen Architekten in mehr als fünf Jahrzehnten (1935–1988) niedergeschlagen hat, ist das Thema dieses Essays. Oder anders formuliert: Ein Architekt und sein Werk wird zum Zeitzeugen.«[26]

26 Pinnau 1989: 13

Dieser Aussage folgend wären Cäsar Pinnau und sein Werk Zeitzeugen des Zeitgeistes. Was ist ein Zeitgeist? Ein Begriff, der auf Herder zurückgeht, und von Ruth Pinnaus als ›Verflechtung von sozioökonomischer Entwicklung und politischem Zeitgeschehen‹ definiert wird. Dabei kann man Ruth Pinnau einerseits so verstehen, dass dies seit dem Architekturverständnis der Weimarer Republik so ist und dann in den Nationalsozialismus hinübergenommen wurde, oder man kann sie so verstehen, dass dies heute besonders für diese Zeit deutlich gemacht wird. Mit diesen Aussagen stellt Ruth Pinnau selbst also ihren Mann Cäsar Pinnau und seine Architektur in eine Relation zum historischen Geschehen. Die Frage, ob Architektur etwas mit Politik zu tun hat, wäre positiv beantwortet. Man müsste resümieren, Cäsar Pinnau und sein Werk waren planwirtschaftlich-nationalsozialistisch, wenn man an die Zeit von 1933 bis 1945 denkt. Zugleich muss man aber auch schließen, dass sie beide seit 1949 marktwirtschaftlich-demokratisch waren. Ruth Pinnau hebt weiter hervor, dass das Œuvre Cäsar Pinnaus mit seiner zeitlichen Erstreckung, seinen Bauaufgaben und seinen Bauherren sehr umfangreich und sehr facettenreich war und dass »um ein vollständiges Bild dieses facettenreichen Architekten zu zeichnen, ... die verschiedenen sich überlagernden und sich gegenseitig bedingenden Schichten in seinem Werk

27 A. a. O.: 14

untersucht werden« müssten. Sie spricht nun nicht mehr von Zeugenschaft, sondern von Auseinandersetzung[27]. Damit zieht sie Cäsar Pinnau aus der Zeugenschaft in die Funktion eines agierenden Teilnehmers, der etwas aus dem vorgegebenen Zeitgeist macht. Cäsar Pinnau habe sich dabei an drei Dualismen orientiert: 1. Zucht (oder Disziplin) und Freiheit (oder Exstase), 2. Funktionalismus (damit meint sie den ›International Style‹, nicht das am

28 Ebd.

Zweck orientierte Denken etwa eines Bruno Taut; EF) und Traditionalismus und 3. Kontinuität und Diskontinuität.[28] Damit wendet Ruth Pinnau den Zeitgeist in einen Formgeist.

Fasst man zusammen, so verläuft die Argumentationsstrategie von Ruth Pinnau so: Ja, Pinnau sei in seine Zeit involviert gewesen, man gebe ja allen Untersuchungen über nationalsozialistische Architektur recht. Aber Zeit sei Zeitgeist, Pinnau sei hier nur dessen Zeitzeuge. Als Architekt habe Pinnau sich sogar aktiv mit der Zeit auseinandergesetzt und sich dabei an über-

historischen Prinzipien abgearbeitet, was ihn vor der Politik des Nationalsozialismus gerettet habe. Ruth Pinnau macht so die von ihr herangezoge-
nen Architekturwissenschaftler, die sehr engagiert und ernsthaft gegen den
Nationalsozialismus schrieben, zu Gehilfen ihrer akademischen Entnazifizie-
rungskampagne. Sie bestimmt am Beispiel ihres Mannes, dass die politische
Involviertheit einer Person in den Nationalsozialismus keine Tatbeteiligung
sondern nichts als Zeitzeugenschaft und bei Pinnau sogar deren Überwindung in eine überhistorische Baukunst sei.

A-historischer Klassizismus
In dem Nachwort der 2. Auflage des Buches über Cäsar Pinnau von 1982
im Jahre 1995 folgt sie dieser Argumentation weiter. Sie sieht das natio-
nalsozialistische Kunstwollen eigentlich gescheitert, es hätte »große Mühe [gegeben, EF], einen augenfälligen Bruch mit der Baukultur der Weimarer Republik zu inszenieren«[29]. Stattdessen hätte es einen Neoklassizismus gegeben, wie er vor 1933 viele Bauten bestimmt hätte. Damit entschuldet sie
natürlich auch die Arbeiten ihres Mannes aus der Zeit von 1933 bis 1945
von jeglicher Kollaboration mit dem Nationalsozialismus.[30]

Der gemeinsame Sieg über die Schwere
Zwei Jahre vor dem kurzen Nachruf veröffentlichte Ruth Pinnau eine Biographie ihres Zusammenlebens mit Cäsar Pinnau: ›Der Sieg über die Schwere‹
(Hamburg 1993). In dem Vorwort betont Ruth Pinnau die außerordentliche Schaffenskraft von Cäsar Pinnau und zeigt ihre Erwartung, dass seine
Werke ›den Sturm der Zeiten überdauern‹ werden[31]. Zugleich hebt sie hervor, dass sie ihren Teil an der Kunst beitragen konnte; »ohne weibliche Intuition hätte sie [die Kunst Cäsar Pinnaus; EF] wohl weniger diesen Grad an
Vollendung erreicht«[32]. Und sie schließt das Vorwort mit einem Zitat Martin Bubers, dass »der Geist nicht im Ich, sondern zwischen Ich und Du«[33]
sei. Sie widmet sich im ersten Teil der ausführlichen Darstellung ihrer Herkunft (Vater hatte als Kapitän der kaiserlichen Marine Kontakte zum Hoch-
adel), Ausbildung (Studium der Kunstgeschichte mit Promotionsabschluss)
und erster Eheschließung. Besonders wichtig sind Ruth Pinnau ihre Kontakte und Beziehungen zu Persönlichkeiten des kulturellen, politischen und
wirtschaftlichen Lebens. Sie listet sie umfänglich auf und bebildert sie entsprechend. Gelegentlich – so in dem Kapitel über Onassis – sind ihre Äußerungen politik- und wirtschaftshistorisch interessant[34]. Welche Intentionen Ruth Pinnau dabei hat, deckt sie nicht auf. Es ist jedenfalls nicht der
geringste Zusammenhang mit der Architektur Pinnaus und dem ›Sieg über

29 Fest 1995:198

30 In diesem Zusammenhang
erwähnt Ruth Pinnau auch, dass ihr
Mann kein Parteimitglied gewesen
sei (was sich im Nachhinein als
falsch erwiesen hat, siehe Höhns
2015) und eigentlich auch nicht
am Krieg teilgenommen habe, da
er ›vom Wehrdienst freigestellt‹
(S. 198) gewesen sei und für die
Organisation Todt und an Plänen
für den ›Wiederaufbau‹ gearbeitet
habe, wobei der Begriff ›Wiederaufbau‹ an die Nachkriegszeit, die
Etablierung einer sozialen Markt-
wirtschaft und demokratischen
Kultur anspielt, im Speerschen
Wiederaufbaustab aber nicht
gemeint war.

31 Pinnau 1993: 8

32 Ebd.

33 A. a. O.: 9

34 A. a. O.: 247–253

die Schwere‹ feststellbar. Soweit die erste Hälfte des Buches über das Leben von Ruth, bevor sie Cäsar Pinnau 1954 heiratet. In der zweiten Hälfte erwartet man nun Einblicke in die Interaktion von Klarheit und ›weiblicher Intuition‹, eine Begründung des Buchtitels und eine Erläuterung der Qualitäten der Pinnauschen Architektur. Leider fällt die Autorin erneut weitgehend der perseverierenden Schilderung ihrer sozialen Beziehungen zum Opfer. Es bleibt, Cäsar Pinnau als ›Meister der Proportion‹ (Kapitelüberschrift) zu bezeichnen, mit einer »künstlerische[n; EF] Handschrift ... Sie war nicht expressiv oder originell, sie war schön, sie war sozial im edelsten Sinne, nicht sich selbst, sondern der Aufgabe und dem Bauherren verpflichtet.«[35] So gehörte ihr Mann einer Welt an, »deren Daseinsberechtigung in ihrer Vollkommenheit, Harmonie und Schönheit beruht ...«[36]. Pinnau überzeugte »... mit seinem unnachahmlichen Stil und seiner persönlichen Integrität.«[37] Dabei wird sein eigenes Haus an der Elbchaussee (1950/1951) als Beispiel für einen gelungenen Regionalismus genommen, obwohl der Bau sich mit seinen schlanken zweigeschossigen jonischen Säulen auf Vorbilder aus den USA bezieht[38], »... unter Berücksichtigung der landschaftlichen, klimatischen und topographischen Gegebenheiten und des historischen und kulturellen Ambientes verschiedene Stilformen und -elemente kombinierte ...«[39]

Im Weiteren qualifiziert Ruth Pinnau den Umbau des Schiffs ›Christina‹ als ›Meisterwerk‹, als ›Verwandlung eines Aschenbrödels zu einer Prinzessin‹[40]. Es folgt eine insgesamt 3-seitige Beschreibung der Inneneinrichtung, wie sie etwa in einem Bestandskatalog stehen würde. Eine Begründung oder eine Erläuterung für ihr Urteil als ›Meisterwerk‹ folgt nicht. Allerdings muss man hier hinzufügen, dass diese Vorgehensweise den Methoden einer vorwissenschaftlichen archivalischen Kunstgeschichte entspricht.

Auch der Umbau einer Yacht des Onassis Konkurrenten Niarchos zum ›schönsten Segler der Welt‹[41] bleibt ohne Nachweis der Berechtigung dieses Urteils. Ihre Urteile über die Architektur bleiben also abstrakt und werden weder abgeleitet noch begründet oder erläutert.

Mitten in ihrem Geplauder über das Verhältnis von Onassis zu Jacqueline Kennedy finden sich insgesamt eine Seite Text und zwei Abbildungen über den *Olympic Tower* (die Skizze auf Briefpapier eines New Yorker Hotels und das Foto mit der *St Patrick's Cathedral* im Vordergrund, auf dem der *Olympic Tower* wegen der gelblichen und groben Papierqualität des Buches als ein undifferenzierter schwarzer Block erscheint). Hier schreibt Ruth Pinnau, dass Cäsar Pinnau die ›Bauplanung‹ und die ›Fertigstellung‹ gemacht habe, sie selbst, Ruth Pinnau, sei bei der Übergabe der Pläne an SOM dabei

35 Pinnau 1993: 160

36 A. a. O.: 162

37 A. a. O.: 197

38 Siehe unten S. 110f

39 Pinnau 1993: 199

40 A. a. O.: 244

41 A. a. O.: 258

gewesen. Onassis habe Pinnau auf der ›Christina‹ vorhergehende Pläne eines ›anderen Architekten-Paares‹ (sic!)[42] gezeigt, die Pinnau lächerlich gefunden habe; Pinnau habe »Onassis mit wenigen Worten klar [gemacht; EF], daß an dieser Stelle der Fifth Avenue … ein schlichter, klar gegliederter und durch harmonische Proportionen sich auszeichnender Bau hingehöre, der weder die Nachbargebäude stören, noch sich in den Vordergrund drängen würde …« Onassis habe Pinnau dann in sein eigenes Hotel The Pierre eingeladen, wo jener beim Abendessen ›auf eine Serviette‹[43] eine Skizze entwarf, mit einer »sehr viel eleganteren Version des Olympic Towers, in ihrer auf die Spitze getriebenen Einfachheit und Schlichtheit. Diese Form wurde von Onassis verwirklicht, während die abgewiesenen beiden anderen Architekten natürlich alles versuchten, um ihren Auftrag zu retten.«[44] Sie erwähnt einen David Huges[45] als Gesprächspartner bei der Planung. Im Kapitel über Oetker hebt sie auch das »unaufdringlich elegante 13-stöckige Verwaltungsgebäude der Hamburg-Süd, eines der ersten Bürohäuser in Deutschland mit Glasvorhangfassade … und Klima-Anlage« hervor, zeigt aber statt des realisierten Gebäudes ein Bild des Modells[46]. Gegen Ende des Buches geht sie noch beschreibend auf die Entwürfe Pinnaus für Erweiterungen oder Anbauten von Hotels ein, wobei sie die Fassade eines neuen Flügels des Grand Hotels Le Bristol in Paris die elegantesten und heitersten Fassaden seines Gesamtwerkes fand[47]. Auch hier wird nicht weiter erläutert oder begründet. Ruth Pinnau bemerkt, dass sie die Ansprachen und Fachartikel schrieb, die dann unter Cäsar Pinnaus Namen veröffentlicht wurden[48]. Ansonsten bleibt sie aber schuldig, die Kunst Cäsar Pinnaus darzustellen und zu erläutern sowie den Anteil ihrer eigenen weiblichen Intuition, wie in dem Vorwort angesprochen, an dem Œuvre aufzuzeigen. Sie fügt ihrem Text ein umfangreiches Werkverzeichnis an, (Hamburg-Süd wird dabei auf 1960[49] datiert und der Olympic Tower wird, wie schon im Text ohne irgendwelche Abstriche, als Werk Pinnaus[50] aufgeführt).

Es bleibt die Frage, ob es nötig ist, sich in einer fachwissenschaftlichen Arbeit mit diesem Buch zu beschäftigen, das zudem unter einem Titel daher kommt, der den Leser völlig in die Irre führt. Die Antwort ist, ja; denn alle Publikationen über den Architekten Cäsar Pinnau wurden stets durch Ruth Pinnau beeinflusst. Hier zeigt sich explizit die Sehnsucht der Ruth Pinnau nach der Großen Welt. Sie hatte keine Scheu, die Welt, in die sie durch die Heirat mit Cäsar Pinnau gelangte, größer zu machen als sie war und ihrem Mann darin einen prominenten Platz zu geben.

42 Mit dem ›anderen Architekten-Paar‹ können Morris Lapidus und sein Sohn Alan oder Kahn & Jacobs gemeint sein.

43 Es handelt sich nicht um eine Serviette, sondern um Briefpapier des Hotels. Das ›Auf-eine-Serviette-Zeichnen‹ hat bei Architekten einen eigenen Mythos, der gutes Essen, gelockertes Beisammensein, pure Kreativität, Spontaneität, die Präsenz des ästhetischen Akts und die Gnade des Moments zusammenbringt. Dies will Ruth Pinnau offensichtlich einbringen. Briefpapier hat diesen Mythos nicht.

44 Pinnau 1993: 334

45 A. a. O.: 335; richtig: David Huey Hughes, Seniorpartner bei SOM

46 A. a. O.: 358

47 A. a. O.: 373

48 A. a. O.:367

49 A. a. O.: 392

50 A. a. O.: 397

Der mediale Pinnau

51 http://www.abendblatt.de/
hamburg/article107634999/Ruth-
Pinnau-Ich-hatte-ein-schoenes-
Leben.html Zugriff vom 14.5.15

Bei der Konstruktion der Großen Welt erhielt Ruth Pinnau Hilfe: Das *Hamburger Abendblatt* schreibt im Januar 2010 anlässlich des Todes von Ruth Pinnau (und in Bezug auf ihr Buch von 1993): »Ein *opus magnum*, ein Buch, wie man es, wenn überhaupt, nur einmal schreibt, voller Elan, Tiefgang und der journalistischen Dichte eines Schwarzen Lochs: wo nichts hinzuzufügen ist, aber auch kein Wort davon zu streichen. So ein Werk setzt ein fesselndes Leben wie das ihre voraus, an der Seite eines ungewöhnlich selbstsicheren Mannes, in den höchsten Kreisen der Gesellschaft, deren Ansehen man freilich auch erst erringen muss.«[51]

52 Dazu etwa Mühlmann: Ästhetische Theorie der Renaissance. Alberti 1981: 20–21

53 Onassis und das Ehepaar Pinnau beim Drink

Natürlich müsste man fragen, wer denn mit den ›höchsten Kreisen‹ angesprochen ist, beziehungsweise was mit ›Gesellschaft‹ gemeint ist. In einer Demokratie wären das eigentlich Legislative, Exekutive und Judikative, also Parlamentspräsident, Minister und Richter. Das *Hamburger Abendblatt* meint aber wohl eher die höchsten Kreise einer ›feinen Gesellschaft‹ oder einer High Society. Aber lassen wir das. Und verzichten wir darauf, über die ›Dichte eines Schwarzen Lochs‹ nachzusinnen, offensichtlich dem Inbegriff der ›concinnitas‹ Albertis.[52] Der Bericht im *Hamburger Abendblatt* ist mit einem Foto[53] überkrönt. Das Foto geht auf eine in Ruth Pinnaus Buch abgedruckte Aufnahme der drei Personen bei einem Drink an einer Theke 1965 in Athen zurück. Im Unterschied zum Original veröffentlicht das *Hamburger Abendblatt* einen Ausschnitt, aus dem die Markierung des Ortes (Bartheke mit einem Drink in der rechten Hand von Onassis) abgeschnitten und die Szene so dekontextualisiert wird. Aus einem Schnappschuss in einer Bar, bei dem sich Ruth Pinnau und Onassis nach innen beugen, einfach um auf diese

Abb. 1 Ruth Pinnau, Cäsar Pinnau und Aristoteles Onassis 1965 in Athen (Foto aus R. Pinnau 1993 (links)

Abb. 2 Abbildung im *Hamburger Abendblatt* 27. Januar 2010 zum Tod von Ruth Pinnau (rechts)

Weise ins Bild zu kommen, wird eine streng hierarchisch strukturierte quasi religiös besetzbare Dreieckskomposition. Auch die Neuen Medien werden zur Konstruktion eines ›Cäsar Pinnau‹ eingesetzt. Zum einen gab es die inzwischen gelöschte Seite www.caesarpinnau.de, die man aber noch in der *Wayback Machine* im Internetarchiv von *archive.org* finden kann. Die Seite www.caesarpinnau.de wurde wahrscheinlich im Herbst 2000 eingerichtet. Sie firmierte unter dem Namen ›Caesar Pinnau‹, diente aber zur Darstelllug von Ruth Pinnau und ihren Publikationen im Christians und im Storck Verlag. Diese Gewichtung erkennt man pars pro toto auch an dem Vergleich der Seiten über Caesar Pinnau, dem Architekten, und über Ruth Pinnau, der Autorin der Publikationen.

Unter dem Portrait des Architekten Pinnau wird auf die darin abgebildeten Pläne zum Umbau des *Hotel Bristol* in Paris, aber nicht auf das ebenfalls abgebildete Modell des New Yorker *Olympic Tower* hingewiesen (dazu siehe unten). Einige Jahre später, vermutlich im Herbst 2011, entstand ein Wikipedia-Eintrag (Abb. 5 und 6). Der erste bis Mai 2015 im Netz präsentierte Wikipedia-Artikel wird lediglich mit einem einzigen Werk bebildert, der ›Kunsthalle‹ in Bielefeld, deren Architekt aber nicht Cäsar Pinnau ist (siehe Seite 37). Nach einer Konferenz im Altonaer Museum in Hamburg (28. – 30. Mai 2015) über Cäsar Pinnau (auf der ich die Webseite kurz an-

Abb. 3 https://web.archive.org/web

Abb. 4 www.caesarpinnau.de

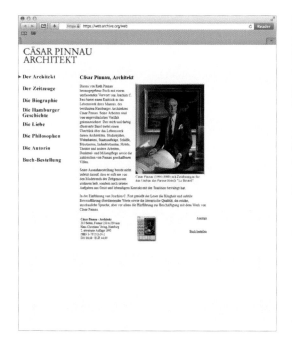

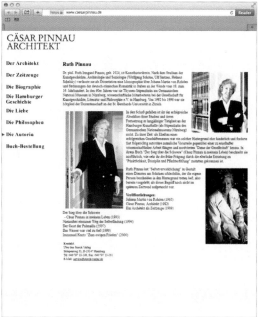

Abb. 5. https://de.wikipedia.org/wiki/C%C3%A4sar_Pinnau (immer wieder Zugriff im Mai 2015) (Aus Platzgründen ist die Seite stark verkleinert. Man kann aber sicherlich das Bild der Bielefelder Kunsthalle erkennen.)

Abb. 6 und 7 Screenshots des Kurzberichtes des ›Hamburg Journals‹ über Cäsar Pinnau vom 27. Mai 2015 aus dem Internet

gesprochen hatte) wurde die Webseite geändert. Text, Werk- und Literaturangaben werden umfangreicher und ein zweites Bauwerk wird abgebildet, das von Pinnau erworbene, restaurierte und als Atelier genutzte Haus in Hamburg-Altona, Palmaille 116. Nun ist aber auch dieses Haus nicht von Pinnau, sondern von dem dänischen klassizistischen Architekten Christian Frederick Hansen, der es im Jahre 1803/1904 entworfen und dann selber bewohnt hat. Man könnte den Baustil Hansens als biedermeierlichen Klassizismus bezeichnen, dem alles Heroische fehlt. Pinnau hat es renoviert, wobei ihm erhalten gebliebene Entwürfe Hansens als Vorlage dienten.

Am Vorabend der Konferenz im Altonaer Museum im Mai 2015 sendete der NDR in seinem *Hamburg Journal* einen Bericht über Cäsar Pinnau. Er wurde angekündigt als ›totgeschwiegener Star-Architekt Cäsar Pinnau‹. Ein Foto des von Pinnau entworfenen Zugangs zur Privatwohnung Hitlers wurde gezeigt und die Villa Falkenstein. Verhältnismäßig lange innerhalb des insgesamt kurzen Beitrags wurden die im *Hamburger Architekturarchiv* befindlichen Vormodelle des *Olympic Tower* in New York gezeigt (zu diesem Gebäude später ausführlicher).

Man kann vermuten, warum dies geschah: Eines der wichtigsten und beeindruckendsten und am wenigsten umstrittenen modernen Gebäude Pinnaus in Hamburg, das Hochhaus der Reederei Hamburg-Süd, das sich wegen seiner architektonischen Qualität der Fassaden meines Erachtens hervorragend geeignet hätte, war eingerüstet, andere Verwaltungsbauten in Hamburg (›Deutscher Ring‹ Ost-West-Str. 100 (1976/77)) sind in der Fachwelt eher als konservativ angesehen und umstritten. Es blieben private Wohnhäuser (das Haus Falkenstein wurde gezeigt), sowie Pläne und die Modelle

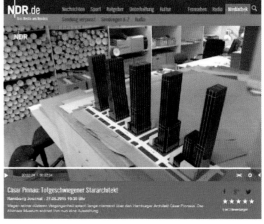

aus dem *Hamburger Architekturarchiv*. Aus medientechnischen Gründen wurden dann aus dem *Hamburger Architekturarchiv* Modelle des *Olympic Towers* gezeigt. Dass die Autorenschaft Pinnaus für das realisierte Gebäude fraglich ist, konnten die Macher des Beitrages natürlich nicht wissen, trugen aber mit der Aufnahme der Modelle in ihren Film zur Fortsetzung der falschen Zuschreibung des *Olympic Towers* als Gebäude Pinnaus bei.

Zur Politik der biografischen Selbstauslegung

Die Sekundärliteratur zu Cäsar Pinnau von Ruth Pinnau und Joachim Fest informiert für die Zeit des *Dritten Reiches* darüber, dass Pinnau nicht Mitglied der NSDAP gewesen sei, aber Entwürfe für die Innenausstattungen einer Villa für Himmler und der neuen Reichskanzlei beigetragen, sich mit Entwürfen für Hotels und einem Regierungsgebäude an Speers Planung für eine große Nord-Süd Achse in Berlin beteiligt habe, gegen Ende des Krieges in einer Dienststelle der ›Organisation Todt‹ (OT) in Berlin gewesen sei und in Speers Stab unbedeutende Entwürfen für den ›Wiederaufbau der deutschen Städte nach dem Kriege‹ gemacht habe. Cäsar Pinnau selbst widerspricht dieser zu seinen Lebzeiten gegebenen Darstellung nicht. Es wird das Bild eines am Schönen der Architektur interessierten Architekten erzeugt, der in der Etappe und dort mit großer Distanz (er habe sich darüber amüsiert, dass er Uniform tragen musste) die Zeit des Zweiten Weltkriegs durchsteht. Dieser Verharmlosung in der Biografie Pinnaus für die Zeit zwischen 1937 und 1945 muss deutlich widersprochen werden.

Freier Mitarbeiter des Generalbauinspektors Speer

Es ist inzwischen bekannt, dass Cäsar Pinnau in der NSDAP gewesen ist[54]. Speer hat Pinnau mit drei Projekten umfangreich an der Planung zur Neugestaltung Berlins beteiligt: mit einem Regierungsgebäude und mit zwei Hotels, einem Großen Hotel mit 1 500 Betten im Norden der Großen Straße und einem luxuriösen Hotelkomplex mit Thermen etc. am Südbahnhof, also am südlichen Ende der Großen Straße. Da die Bezeichnungen in den Quellen wechseln, werden sie hier Großes Hotel und Staatshotel genannt.

Die drei Entwürfe zur Neugestaltung Berlins wurden nicht so nebenbei gemacht, Pinnau war langjähriger freier Mitarbeiter des Generalinspektors. Wie aus einem Schreiben Speers an Pinnau ersichtlich ist, legt Speer Wert darauf, dass Pinnau ›sein Mann‹ ist und seine Arbeitskraft nur für die Aufgaben »im Rahmen der Neugestaltung der Reichshauptstadt« einsetzt und nur dann weitere Aufträge annimmt, wenn sie mit Speer abgesprochen sind. Dafür gibt ihm Speer die Berechtigung, sich ›Beauftragter Architekt des Ge-

54 Er hatte die Mitgliedsnummer 5852437; zitiert nach Höhns: Anmerkung 51

55 Schreiben vom 4. Februar 1941
R 3/1594 Blatt 70

56 Schreiben vom 13. Januar 1941
in Bundesarchiv R 4606 311

57 Eugen Jaglowitz, Alfons Skrib-
kowski, Heinz Kirch, Otto Rein-
king, Helmut Meinke, Edith-Sylvia
Burgmann (Sekretärin) und Leonie
Renner (Volontärin), Bundesarchiv
R 4606 311

58 Schreiben Kreiswehrersatzin-
spektion Berlin vom 12. Mai 1941,
Bundesarchiv R 4606 311

59 Zum Staatshotel gibt es
mehrere Vermerke von Rudolf
Wolters, einem leitenden Mit-
arbeiter Speers: Vermerk 10.
September 1940 Pinnau erhält von
Speer Auftrag für ein Einheitshotel
nördlich des Südbahnhofs an der
Ostseite: 3 000 Betten, Restaurant
Garten Hallenbad Freibad ver-
schiedene Bäder. Honorar 5000
RM pro Monat R 4606/2826 /15.
Mai 41 Aktenvermerk Wolters:
Entwurf Einheitshotel B und
Städt Bad a.d. Großen Straße
(Anforderungs-Nr. 44) Honorar
bis einschließlich Mai 1941 45000
RM. Anweisung über weitere
Zahlungen für Juni, Juli, August von
jeweils 5000 RM R 4606/2826,
26. November 1941 Dr. Wolters
weist an, die Zahlungen an Pinnau
wg Anforderung 44 (Baublock
N-S-Achse) ab Dezember 1941
einzustellen Das macht bis zur Einstellung der Planung im Dezember
1941 75000 RM.

60 Für das Große Hotel (Anforderung 88) gibt es folgende Vermerke Wolters in den Akten des
Bundesarchivs: 27.2.41 Wolters
Aktennotiz: Hotel 1 an der Großen
Straße Bericht über Abschlagszahlungen seit 3.6.40 bis einschl.
2.2.41: 57000 RM. Nun weiter
3 000 pro Monat und zusätzliche
einmalige Abschlagszahlung von
25000 RM. 26. November 1941 Dr.
Wolters weist an, die Zahlungen
in Höhe von 10000 RM an Pinnau
wg. Anforderung 88 (Bäder und

neralbauinspektors für die Reichshauptstadt‹ nennen zu dürfen. Bei einer Zuwiderhandlung droht Speer die Auflösung der Verträge mit ihm an[55]. Als Freier Mitarbeiter des Generalinspektors war er mit der ›Neugestaltung deutscher Städte‹[56] beauftragt. Als solcher – nicht als Privatmann – hatte er einen eigenen ›Stab‹ mit 7 Mitarbeitern[57]. Die Mitarbeiter und er selbst waren zunächst ›UK‹ gestellt, das heißt vom Kriegsdienst freigestellt, wobei diese ›UK‹ Stellung aber mit der Verschärfung der Kriegshandlungen infrage gestellt wurde, da die ›Bauten erst vier Jahre nach dem Kriege‹[58] begonnen werden sollten. Sein Honorar war allerdings nicht gerade gering. Einem Brief zufolge erhielt Pinnau für das Staatshotel bis zur Einstellung der Planung im Dezember 1941 monatlich 5000 RM und einige Abschlagszahlungen, insgesamt 75000 RM[59]. Für das *Große Hotel* ergab sich ein Gesamthonorar bis zum Wechsel Pinnaus in die ›Organisation Todt‹ Mitte 1942 von 137000 RM.[60] Für die Fertigstellung dieses Projektes wurden insgesamt Baukosten von ca. 50 Mill. RM in Anschlag gebracht, das Gesamthonorar Pinnaus wird dazu mit 1 Mill. RM angegeben.[61] Die Bedeutung Pinnaus innerhalb der Speerplanungen lassen sich an diesen Honorarzahlungen messen, deren Erheblichkeit besonders deutlich wird, wenn man sich vor Augen führt, dass 1940 der Tariflohn eines Arbeitnehmers pro Jahr 2 156 RM[62] und damit im Monat 180 RM betrug. Ein Archivdirektor erhielt 300 RM im Monat.[63]

Cäsar Pinnaus Wirken in der Organisation Todt

Wolters schreibt am 26. Juni 1942 an Pinnau, der sich damals im Alpenkurhotel in Mittelberg/Allgäu aufhielt, dass Speer sich endlich entschieden habe, Pinnau in die OT abzuordnen[64]; dabei entsteht vom Ton des Schreibens her der Eindruck, als wäre diese Abordnung das Bestreben Pinnaus gewesen. Vielleicht wiederum steht dies im Zusammenhang mit den Schreiben der Reichswehr, jungen Mitarbeitern keine UK mehr zu gewähren. Cäsar Pinnau arbeitete in der ›Organisation Todt‹ (OT) vom 1.7. 1942 bis zum 30. 9. 1944[65], er erhielt dort den Rang eines Oberst, wie er berichtet. Seine Dienststelle war in Berlin[66], so wird man von Ruth Pinnau und später dann auch in seinem Werkverzeichnis informiert[67]. Er habe die Pflicht gehabt, eine Uniform zu tragen, was ihn aber eher amüsiert habe[68]. Einen für seine Arbeit erhaltenen Orden tat er selbst als ›Bel Ami Orden‹ ab[69]. Es war Pinnau offensichtlich wichtig, eine ironische Distanz zum NS System zu vermitteln, so dass sein Biograph noch 2015 schreiben kann: »Er ist in der Partei und doch kein Parteigänger, er ist kein Soldat und kämpft an keiner Front, auch wenn er gegen Kriegsende bei seinen Einsätzen für die ›Organisation Todt‹ eine Offiziersuniform trägt.«[70]

Liest man dies, so ist man eher erleichtert, denn offensichtlich hat Pinnau sich – trotz der oben angesprochenen Ausstattung der Macht von Himmler und Hitler durch seine repräsentativen Inneneinrichtungen oder Gebäudeentwürfe – eine innere Distanz bewahrt und sich durch die administrative Tätigkeit in Berlin und durch Mitgliedschaft in einer technischen Organisation dem Mitwirken an dem blutigen Eroberungskrieg entziehen können; so denkt man, wenn man die Darstellung über Pinnau in der bisherigen Sekundärliteratur etwas unaufmerksam übernimmt.

Man denkt dies, weil die ›Organisation Todt‹ zwar als Teil des Systems des ›Dritten Reichs‹ dargestellt wird, aber mit dem Bau der Autobahnen, die wir noch heute gern benutzen, gezeigt habe, ›dass nicht alles, was im Nationalsozialismus gemacht wurde, schlecht gewesen‹ sei. Die OT habe anschließend den Westwall und später dann den Atlantikwall gebaut, defensive militärische Anlagen. Im Zweiten Weltkrieg sei sie für Straßenbau etc. zuständig gewesen. Die OT sei wegen ihrer Aufgaben und ihrer Mitarbeiter (Ingenieure, Architekten, Baufacharbeiter) eine rein technische Organisation gewesen, die Sacharbeit geleistet und außerhalb eines ideologischen Zusammenhangs mit dem Nationalsozialismus gestanden habe.

Nun gibt es seit drei Jahrzehnten[71] gut begründete historische Analysen, die dies bereits für den Autobahnbau infrage stellen und diesen als quasimilitarisierende Arbeitsbeschaffung einer großen Anzahl von Arbeitslosen zur Identifizierung mit dem nationalsozialistischen System, die ideologisierende Ordnung von Landschaft und die ersten Schritte zu einer Expansionspolitik des nationalsozialistischen Deutschen Reiches herausstellen, und das am Anfang der nationalsozialistischen Herrschaft. Umso mehr muss man aufmerksam sein bei Aussagen und Einschätzungen über die OT zur Zeit des Zweiten Weltkriegs.

Wenn man sich auf den Raum der Zuständigkeiten Pinnaus und die Zeit seiner Beschäftigung bei der OT konzentriert, so muss man herausstellen, dass die OT nach dem Überfall auf die Sowjetunion (22. Juni 1941) und der Eroberung weiter Landstriche dem Heer in die Regionen folgte. Als Dr. Fritz Todt am 8. Februar 1942 bei einem Flugzeugabsturz ums Leben kam, wurde Albert Speer der neue Leiter der OT; er legte die Organisation sofort mit seinem ›Baustab‹ zusammen und ernannte den ehemaligen Leiter dieses Baustabes, Architekt Prof. Walter Brugmann, zum Verantwortlichen für den ›Süden Russlands‹. Mit dem Führererlass vom 9. Juni 1942 übertrug Hitler Speer weite Kompetenzen[72] (Rüstungsbau, Hochbau, Energiewirtschaft, Straßen- und Brückenbau, Wasserstraßenbau und Häfen), die etwas später noch ausgeweitet wurden (Wasserwerke, Wasserkraftwerke, Gaswerke, Bauten

Theater an der Großen Straße) ab Dezember 1941 auf weitere sechs Monate fortzusetzen. R 4606/2826. Das ergibt ein Gesamthonorar von: mindestens 57 000 plus 25 000 plus 9×3 000 plus 10 000 plus 6×3 000 = 137 000 RM

61 Wolters Aktenvermerk: Kosten Hotel zw. Agfa und AEG: umbauter Raum 635 150 cbm Kosten 50 Mill RM Bei einem Honorarsatz von 2 Prozent ergäbe sich für Pinnau 1 Mill R 4606/2826

62 SGB Anlage VI Anlage 1

63 Die Zahlen im Netz scheinen mir nicht sehr zuverlässig, so berichtet destatis, die Webseite des Statistischen Amtes der Bundesrepublik, von einem Durchschnittsverdienst von 89 RM, was man sich nur erklären kann, wenn die besonders niedrigen Löhne der Zwangsarbeiter mit eingerechnet wurden. Gleichwohl ist aber die Dimension ersichtlich und der Wert der Zahlungen des GBI an das Büro Pinnau einzuschätzen.

64 Bundesarchiv R3/467 Blatt 259

65 HAA Bestand Cäsar Pinnau A00/10; zitiert nach Höhns 2015: 251

66 Baracken Bahnhof Westkreuz/ Finanzpräsidium Lehrter Bahnhof / Friesack, Höhns 2015: 96

67 Höhns 2015: 261

68 Höhns 2015: 96

69 Ebd. und Anmerkung 81

70 Höhns 2015: 80

71 Siehe Rainer Stommer: *Reichsautobahn – Pyramiden des Dritten Reiches*, Marburg 1982 oder die neueren Untersuchungen von Arend Vosselman: *Reichsautobahn: Schönheit, Natur, Technik*; Kiel 2001 und Benjamin Steininger: *Raum-Maschine Reichsautobahn. Zur Dynamik eines bekannt/unbekannten Bauwerks*, Berlin 2005

72 Hitler stellte in Abschnitt II dieses Erlasses zudem die Mitarbeiter Speers ›uk‹ (der Erlass ist abgedruckt bei Singer 1998: 221)

73 Singer 1998: 38–40

74 Dorsch 1998: 512

75 Siehe dazu Ausführungsanordnung Speers in BA R2/21716

76 Dorsch 1998: 510

77 Hitler hatte am 7. März 1943 eine Großbrücke für Autos und Eisenbahnen über diese Meerenge angeordnet, die aber nur zu 1/3 fertiggestellt werden konnte (Singer 1998: 42–43). Mit der Aufgabe war Dr. Ertl beauftragt worden (OT-Sondereinsatz Seefalke).

78 BA R3/1516, R 50 I 103–134, R3/1777

79 Heinemann 2006: 46

80 Vor allem für die polnischen Gebiete gibt es hierzu sehr gründlich arbeitende Fachliteratur; siehe etwa Gerd Gröning, Joachim Wolschke-Bulmahn: Die Liebe zur Landschaft, Teil 3, Der Drang nach Osten, München 1987, Mechthild Rössler, Sabine Schleiermacher: Der Generalplan Ost. Hauptlinien der nationalsozialistischen Planungs- und Vernichtungspolitik, Berlin 1993 oder Madajczyk 1994

81 Madajczyk 1996: XIII; Kaienburg 1996: 14; 27–30, eine Liste befindet sich bei Anrick 2008: 210f.

82 Heinrich Himmler am 16. September 1942, Dok. 48 in Madajczyk 1996: 173

83 Kaienburg 1996: 23

84 Angrick 2008: 197

85 A.a.O.: 98

86 Himmler 3. August 1944; Dok. 90 in Madajczyk 1996: 284)

87 Kaienburg 1996: 23; Angrick 2008: 193 und 216

zur Ölgewinnung, Hochbauten für den Bedarf des Heeres[73] und der Marine u.a. in Sewastopol[74/75]). In diesem Rahmen wurden ein Großkraftwerk an der Dnjepr, etwa 30 Großbrücken[76] und eine Seilbahn[77] über die Meerenge von Kertsch zwischen der Krim und dem Kaukasus gebaut, über die die deutschen Truppen im Kaukasus versorgt wurden.[78]

Die Arbeiten in der Ukraine folgten einem sorgfältig ausgearbeiteten Plan, der bereits im Spätherbst 1939 nach dem Überfall auf Polen durch den ›Reichskommissar für die Festigung deutschen Volkstums‹ (in Personalunion Reichsführer-SS Heinrich Himmler) in Auftrag gegeben und durch Konrad Meyer, Professor für Ackerbau und Landpolitik und Leiter des ›Instituts für Agrarwesen und Agrarpolitik‹[79], in mehreren Versionen ausgearbeitet wurde, dem Generalplan Ost[80]. Er wurde im Laufe der Jahre immer wieder überarbeitet und liegt in mehreren Versionen vor. All diesen Versionen ist das Ziel gemeinsam, die eroberten Gebiete ›umzuvolken‹, worunter man konkret die Helotisierung der Slaven und der ›nichteindeutschungsfähigen‹ Osteuropäer, den Zusammenzug der Juden in kleinere Arbeitslager und ihre Vernichtung durch harte Zwangsarbeit und unzureichende Ernährung, durch Abschiebung in ›Hungerzonen‹ und durch massenweise Erschießung versteht[81]. Zugleich sollte das so freigemachte Gebiet durch ein System von kleineren, mittleren und größeren Städten gegliedert werden (wie es Christaller angedacht hatte)[82], durch ein neues Straßensystem, dessen ›Rückgrat‹ die 1200 km lange ›Durchgangsstraße IV‹ zwischen Lviv (Lemberg) und Taganrog (am Ende des Asowschen Meers, westlich von Rostow am Don) sein sollte, deren ›Linienchef‹ bei der Organisation Todt der Stadtbaurat Heinrich Langer[83] beziehungsweise Arnold Adam[84] war. Mitte 1942 waren etwa 5000 deutsche Ingenieure, Manager und Sicherheitskräfte mit der Durchgangsstraße beschäftigt[85]. Die Eisenbahnstrecken wurden der deutschen Spurbreite angepasst und verbesserte Eisenbahnverbindungen und eine Fülle unterschiedlicher Sekundärbauten, wie Kraftwerke, Brücken, Unterkünfte etc. geplant und realisiert. Dazu wurden an nationalsozialistischen Prinzipien orientierte Landwirtschaften und Dörfer konzipiert. Die Region sollte zu einem ›Pflanzgarten germanischen Blutes‹[86] werden.

Für die Realisierungsplanungen, die Bauten und die technische Infrastruktur und für das technische Personal war die ›Organisation Todt‹ zuständig, die die konkreten Arbeiten aber an den Generalbauinspektor Speer weitergegeben hatte.[87] Für die Arbeitslager und die vernichtende Zwangsarbeit der jüdischen und slavischen Bevölkerung war die SS zuständig. Zur Sicherung der Umsetzung des ›Generalplans Ost‹ wurde zudem die Deutsche Polizei eingesetzt.[88]

Die Zusammenarbeit mit der SS war eng; fehlten im Kreis Ruzhyn Transportmöglichkeiten, half die Organisation Todt mit Lastwagen aus, um Juden zu den Hinrichtungen zu fahren.[89] Bei der Planung und dem Bau der Brücke über die Meerenge zwischen der Krim und dem Kaukasus bei Kersch verlangte der in der Organisation dafür zuständige Dr. Ertl am 19. 5. 1943 in einem Fernschreiben an den Generalbevollmächtigten für Arbeitseinsatz mal so einfach »10 000 einheimische Arbeitskräfte … in Raten zu je 2 000 Mann«[90/91].

Was Cäsar Pinnau als Architekt und Oberst der ›Organisation Todt‹ getan, geleitet, organisiert, geplant oder welche Bauwerke er entworfen hat, ist bisher nicht bekannt. Er erhielt in der ›Organisation Todt‹, die nach Fritz Todts Tod von Speer geleitet wurde, den Dienstrang eines ›Oberst‹, immerhin den vierthöchsten Dienstrang in der Reichswehr (er stand – von oben nach unten – unter dem ›General‹, dem ›Generalleutnant‹ und dem ›Generalmajor‹). In diesem Rang erhielt er vermutlich 948,15 RM im Monat.[92] Er habe, so er selbst in einem Brief an seine erste Frau, 100 Mitarbeiter gehabt[93]. Zudem war ihm im Januar 1944 das ›Kriegsverdienstkreuz 2. Klasse‹[94], die höchste Kriegsauszeichnung für Zivilisten (Wikipedia), verliehen worden. Seine Arbeit für die Organisation Todt und seine Ergebnisse waren also umfangreich, die Anerkennung durch den von Hitler verliehenen Orden dokumentiert seine Wirkung und Effizienz in dem engen System von Technik, Ideologie und Unterdrückung. Cäsar Pinnau wirkte von Berlin aus und in Dienstreisen mit an der gerade beschriebenen Germanisierung der Ukraine und des Südens Russlands. Es wird zwar nicht mit der Waffe in der Hand – aber welcher höhere Offizier tut das eigentlich? – gewesen sein. Er hat – wie zu vermuten ist – architektonische und bautechnische Hilfe geleistet, diesen gerade eroberten Süd-Osten Europas zu germanisieren.[95]

Professor Pinnau

Nach der Übernahme der ›Contempora‹, einem Lehratelier für Neue Werkkunst, bei der Pinnau als Lehrer tätig war, in die ›Staatliche Hochschule für bildende Künste‹, erhielt Pinnau einen Vertrag zum 1. April 1942 als außerordentlicher Lehrer; zum 30. April 1942 wird ihm die Dienstbezeichnung ›Professor‹ verliehen. Im Februar 1944 wurde die Staatliche Hochschule nach Primkenau in Schlesien verlegt. Es gibt bisher keine Informationen, dass Pinnau auch dort unterrichtet hat. Am 15. Dezember 1945 kündigt Pinnau in einem Brief an die in den Räumen der ehemaligen ›Staatlichen Hochschule‹ neu gegründete ›Hochschule für Bildende Künste‹ an, dass er die Absicht habe, nach Berlin zurückzukehren und fragt, ab wann es denn mög-

88 Inzwischen sind weitere Forschungen zur Umsetzung des Generalplans Ost publiziert worden. Der französische Pater Patrick Desbois hat einen Dokumentarfilm vorgelegt mit Interviews von Zeitzeugen, mit Fotos von offengelegten Massengräbern und mit zeitgenössischen Filmen mit grauenvollen Szenen von Massenerschießungen. Siehe http://www.yahadinunum.org

89 Lower 2008: 235

90 BA R 50 I–III, Blatt 25

91 Ob er sie auch bekommen hat, ist aus der Akte nicht ersichtlich. Die Forderung allein demonstriert aber das Bewusstsein der entsprechenden Möglichkeit.

92 http://www.lexikon-der-wehrmacht.de/Soldat/Besoldung.htm. Der unterste Rang in der Wehrmacht, der ›Schütze‹, erhielt 118,29 RM im Monat.

93 20. 7. 1942 im Archiv seines Sohnes Peter Pinnau nach Höhns 2015: 251

94 Höhns 2015: 96

95 Ich kann belegbare Aussagen hier nur machen über seine Anstellung und seinen Rang in der Organisation Todt und über deren Aktivitäten in der Ukraine und in Südrussland. Ich kann auch verstehen, dass man Erinnerungen nach dem Krieg nicht mehr aufbewahrt. Das ging – glaube ich – in fast allen Familien so. Allerdings wäre es – etwa im Zusammenhang mit einer Bewerbung um eine Professur – auch hilfreich gewesen, wenn man entlastende Dokumente hätte beilegen können.

96 Akten des Archivs der
Universität der Künste, Signatur
16 – II 58

97 Höhns 2015: 58, 95

lich wäre, dass er seinen Unterricht wieder aufnehme. Der Verwaltungsleiter der neuen Hochschule antwortet ihm darauf, dass die neugegründete
Hochschule bedauerlicherweise auf seine Mitarbeit verzichten müsse.[96]
Von Hamburg aus interessierte sich Pinnau weiterhin für eine Professur im
Norddeutschen Raum, wurde aber nicht akzeptiert. Seine Dienstbezeichnung der ›Staatlichen Hochschule für Bildende Künste‹ hätte er nach dem
Ausscheiden aus dem Hochschuldienst nicht als Titel weiterführen dürfen[97].
Trotzdem nennt Pinnau sich nach 1945 nicht nur weiterhin ›Professor‹, auch
sein Architekturbüro firmiert als ›Professor Cäsar F. Pinnau‹.

Zur Politik der Selbstdarstellung
Der Professor und seine Ateliers

Cäsar Pinnau hat an einigen Orten in Berlin und Hamburg[98] seine Architekturbüros gehabt, baut sich 1950 ein eigenes Haus und fügt diesem einen
über einen Gang erreichbaren Rundbau mit einem Durchmesser von 5,50
m an, den er als sein Atelier nutzt.

Als Foto veröffentlichen er und seine zweite Frau die Perspektive eines Eintretenden (Klienten), dessen Blick über den präzis aufgeräumten
Schreibtisch durch das große Atelierfenster in den Garten geht – und man
könnte im Hinblick auf das zweite Atelier Pinnaus sagen – in idealisierte

98 Auf dem Bauantrag für den
Olympic Tower, bei dem Pinnau
Consultant gewesen war, wird als
Adresse Hamburg Neuer Wall
angegeben.

Abb. 8 Atelier, außen (links)

Abb. 9 Atelier, innen (rechts)

Natur. Diesen Blick in den Garten hat auch der hinter seinem Schreibtisch sitzende Architekt. Es wird keine Atelieratmosphäre gezeigt, keine Entwurfsarbeit; ›Pinnau‹ ist kein Team, sondern eine einzelne Person. Der runde Raum hat in seiner Mitte einen einzelnen Arbeitsplatz, an dem man schreiben oder skizzieren kann. Dazu lässt sich die Platte des Tisches etwas hochklappen. Für mehr, etwa für ein separates Zeichenbrett, Schränke zur Ablage oder Arbeit an einem Modell ist aber kein Platz, auch nicht (wegen der Rundung der Wände), um Bestandspläne, Informationen über Gegebenheiten, Vorbilder, Muster und eigene Vorentwürfe aufzuhängen. Besprechungen mit einem Bauherren können nur Gespräche unter zwei Personen sein. Das Atelier vermittelt die Vorstellung der Identität eines Architekten als ›Fountainhead‹, wie ihn Ayn Rand 1943 in einem Roman dargestellt hat, den Pinnau vermutlich nicht gekannt haben wird, mit dessen Verständnis von ›Architekt‹ als eigensinnigem, aus sich schöpfendem und diszipliniert architektonische Konzepte konzipierendem Künstler er aber – so das Bild des Ateliers – überein ging.

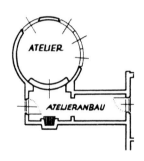

Abb. 10 Atelier Pinnaus in seinem Wohnhaus (Grundsätzliches zu den Abbildungen siehe S. 93)

Was hier noch in der Formsprache der Nachkriegszeit realisiert wurde, zeigt sich im letzten Atelier dann in klassizistischem Ambiente. 1973 erwirbt Pinnau das Haus des dänischen klassizistischen Architekten Christian Frederik Hansen von 1803/1804 (Palmaille 116). Er restauriert es nach den ur-

Abb. 11 und 12 Atelier auf der Palmaille

99 Er beseitigt vor allem die beiden nicht im ursprünglichen Entwurf enthaltenen Erdgeschossfenster zur Straße. Wann diese Fenster eingebaut wurden, ob vielleicht schon bei der Realisierung des Gebäudes durch Hansen, war mir nicht möglich nachzuprüfen. Die beiden EG Fenster zur Straße sind jedenfalls funktional und entsprächen auch dem ästhetischen Verständnis des EG bei anderen Gebäuden Hansens.

100 Abbildung http://www. christies.com/lotfinder/paintings/ johann-joachim-faber-an-italianate-landscape-with-5391498-details. aspx

101 Katalog der Kunsthandlung Daxer & Marschall 2011 http:// daxermarschall.com/cms/upload/ catalogues/Katalog2011.pdf

102 Auf der Titelei des Buches von Joachim Fest über Pinnau ist eine Vorstudie des Portraits von Pinnau abgedruckt; hier wird der Künstler ›Carlos Sancha R.P. London‹ bezeichnet, im Œuvreverzeichnis von Höhns hingegen als Carlos Sanchez. Signiert ist das in Bielefeld befindliche Bild als ›Sancha‹. Dieser war ein spanisch-englischer Portraitmaler (der möglicherweise seinen spanischen Namen Sanchez in England in Sancha geändert hatte). Informationen und weitere Portraits u.a. auch von Rudolf-August Oetker sind im Internet unter dem Namen ›Sancha‹ zu finden.

sprünglichen, erhalten gebliebenen Plänen[99] und richtet es mit Kopien der bekannten Büsten von Winckelmann und Schinkel über zwei romantischen Landschaftsbildern ein, darunter ein Bild des *Monte Circeo*, einer romantischen italienischen Landschaft am südlichen Ende der *Pontinischen Sümpfe*, nicht weit von Sabaudia, 1828 von Johann Joachim Faber (1778–1846[100]) gemalt, es hat eine Größe von 133,9 cm × 174,6 cm[101]. Das Gemälde von Faber spielt noch eine Rolle, deshalb sei es hier etwas ausführlicher beschrieben: Im Bild befindet sich eine Gruppe von fünf Menschen, eine einfache Frau mit Kopftuch im männlichen Reitersitz auf einem Esel, eine andere Frau mit einem nobleren Kopftuch, mit einem Kind im Arm und im Damensitz auf einem Pferd, das zudem von einem Mann geführt wird. Eine weitere Frau, eine Amme vielleicht, begleitet ebenfalls die Gruppe. Man ist geneigt, an die Heilige Familie auf der Flucht zu denken. Offen bleiben muss, ob die Pinnaus wussten, dass der Monte Circeo bis heute von den Anwohnern als Wohnort der Circe aus der Homerschen Odyssee angesehen wird und wie sie sich möglicherweise in diesem Mythos situierte.

Der so von Pinnau eingerichtete und in den Publikationen über ihn auch publizierte Arbeitsraum (Abb. 11) wird nicht als Atelier (obwohl es so genannt wird) präsentiert, in dem ein Künstler inmitten aller verworfenen, halbfertigen und wieder aufgenommenen Vorstufen am Kunstwerk arbeitet, nicht als Werkstatt, in der er mit seinen Gehilfen am Modell und an Details arbeitet, nicht als Büro, nicht als Besprechungsraum, nicht als Kommandostand, nicht als Herrenzimmer für ernste und tiefe Gespräche mit einem Klienten. Die Lage des Hauses (Palmaille) und der Innenraum zeigen ein romantisch-klassizistisches, ein hanseatisch-aristokratisches Arkadien, einen Ort idealen Seins, einen Moment der Ruhe, des ›Nichts-als-man-selbst-Seins‹. Dahinter scheint selbst die künstlerische Tätigkeit zurückweichen zu müssen (nur der weiße Kittel und ein nur teilweise sichtbarer Plan verweisen auf das eigentliche Geschehen an diesem Ort). Das Hansen-Haus auf der Palmaille, die Fotos und ihre Veröffentlichung dienen zur Eigenidentitätsversicherung und zur Identitätsdarstellung.

Portrait von Carlos Sancha (1982)
Anfang der 1980er-Jahre malte Carlos Sancha (1920–2001)[102] ein heute in Bielefeld befindliches Portrait von Cäsar Pinnau. Ein Portrait zeigt zunächst die Sicht des Malers vom Portraitierten. Ich gehe aber zudem davon aus, dass der Portraitierte seinen Anteil daran hat, etwa wie er sich dazu kleidet, wo er sich postiert und was er als Attribute mit ins Bild nimmt. Das Portrait zeigt zugleich also auch die Sicht des Portraitierten. Das Bild zeigt

Cäsar Pinnau mit blauem Jackett, hellblauem Hemd und blauer, gestreifter Krawatte etwas schräg auf der Schreibtischkante sitzend. In seiner rechten Hand hält er einen Stift und zeigt auf einen Plan für einen Anbau an das Hotel *Le Bristol* in Paris. Auf seiner linken Seite steht ein Modell zum *Olympic Tower*, dem er aber etwas den Rücken zuwendet. Im Hintergrund befindet sich das bereits angesprochene Gemälde von Faber, aber verkleinert, was Pinnaus Kopf und damit seine Bedeutung vergrößert. Es gibt zumindest zwei Versionen des Portraits, eine ›Portraitskizze‹, diejenige, die auf dem Deckblatt des Buches von Joachim Fest abgedruckt ist, und ein ausgeführtes Werk in der Firma *Oetker* in Bielefeld. Es gibt Unterschiede, die für die Bildkonstruktion und demzufolge für die Bildaussage bedeutsam sind: In der Skizze sind Details und Dimension des Faberschen Gemäldes beibehalten.[103] In der finalen Version nimmt Sancha folgende Veränderungen vor: Der Kopf Pinnaus wird in die Mitte der Bildfläche der abgebildeten romantischen Landschaft situiert (grüne Linien), was sein Denken dieser romantischen Welt zuordnet. Gleichzeitig verdunkelt und dramatisiert er die durchlichtete Landschaft, vor der sich nun der Kopf Pinnaus mit hellem Teint und weißem Haar als dominantes Element abhebt. Da sich der Kopf weit über dem Horizont dieses innerbildlichen Gemäldes befindet, ergibt sich eine Nobilitierung, die auch durch den gegenüber der Skizze veränderten

103 Dies hat zur Folge, dass fast die gesamte Gruppe der Reisenden durch den Kopf des Portraitierten verdeckt wird. (Überprüft mit einer Bildbearbeitungssoftware)

Abb. 13 Carlos Sancha, Portrait Cäsar Pinnau (1982) (links)

Abb. 14 Carlos Sancha, Portrait Cäsar Pinnau (1982) (rechts)

Fluchtpunkt der Perspektive gestützt wird. Während der Fluchtpunkt in der Portraitskizze links außerhalb der Leinwand liegt, befindet er sich nun in dem innerbildlichen Gemälde von Faber genau an der Stelle, wohin Sancha die ursprünglich verdeckte Reisegruppe geschoben hat (siehe die blauen Linien)[104]. Schultern und Kopf Pinnaus befinden sich über diesem Fluchtpunkt im Bild und damit auch über der Augenhöhe des Malers und eines Betrachters. Dies dient ebenfalls – ganz im Sinne eines Portraits – dazu, den Dargestellten zu adeln. Pinnau wird so doppelt zentriert: Er steht als Figur im Zentrum des Gesamtportraits (gelbe Linien) und durch seinen Kopf im Zentrum der Landschaft des innerbildlichen Gemäldes.

In dieser abgebildeten Landschaft befinden sich formal wirksame Elemente, die auf die vor dem Gemälde befindliche Situation verweisen. So setzt sich die Richtung des Hanges (rechts im Gemälde) in die Richtung des Unterarms Pinnaus und in den die Hand verlängernden Zeichenstift Pinnaus fort (erste rote Linie) und hebt so den Plan der Fassade des Résidence-Flügels des Hotels *Le Bristol* in Paris sehr stark heraus. Der Stamm des Baums am Hang verweist durch seine geringfügige Drehung auf das Modell zum *Olympic Tower* (zweite rote Linie). Es ist – wenn man, ohne weiter ins Detail zu gehen, sagen darf – der Geist einer träumerischen und idyllischen Romantik, der in dem Portrait Pinnaus als seine Motivation und Ideenwelt dargestellt wird. Das Bild sagt aber noch mehr: Es zeigt paradigmatisch für das Œuvre Pinnaus zwei seiner Entwürfe, die Zeichnung der Fassade des Résidence-Flügels des Hotels *Le Bristol* in Paris und ein Modell des *Olympic Towers* in New York. Die Auswahl war sicherlich bestimmt von der Aktualität der beiden Entwürfe (Anfang und Ende der 1970er-Jahre). Es liegt nahe, dies als Präsentation der Spannweite seiner Arbeiten – romantischer Klassizismus und sachliche Moderne – zu verstehen. Sehr interessant in dem Diskussionszusammenhang über die politische Konstruktion der Identität eines Architekten und seines Œuvre und über den Zusammenhang von Politik und Werken der Architektur ist die Präsentation eines Modells zum *Olympic Tower*. Darauf wird später noch etwas ausführlicher eingegangen.

Grabstätte

Die letzte Selbstdarstellung gibt Pinnau in der von ihm selbst entworfenen eigenen Grabstätte. Diese Grabstätte ist nicht als persönliche, letzte Stätte ausgebildet, in der Cäsar und Ruth Pinnau ihre seelische Ruhe finden sollten und vor der ein Besucher aus Pietät und Mitgefühl verstummt. Sie ist sichtlich als Monument für ihn und seine zweite Ehefrau gedacht und unterscheidet sich im Anspruch deutlich von den Grabsteinen (Skizzen im HAA),

104 Der Fluchtpunkt lässt sich bestimmen im Schnittpunkt der Fluchtlinien des Sockels und der Dachlinie des rechtwinkelig im Bild stehenden Modells des *Olympic Towers*.

die Pinnau einige Jahre früher für sein Grab entworfen hat[105]. Der Entwurf von 1984 enthält Maßangaben für die Rückwand (330×90×45), aus denen man als Höhe für den Obelisken ca. 2,50 m errechnen kann. Auch in der Ausführung erhält der Obelisk diese Höhe, während die Rückwand um einige Dezimeter niedriger wird, dafür aber als oberen Abschluss ein Mäanderband erhält. Die Mauer und die Art der Bepflanzung grenzen die Grabstätte aus der ›Natur‹ aus und zentrieren sie in einem doppelt gesockelten Obelisken, der wegen der Beschriftung mit den Namen von Cäsar Pinnau und Ruth Pinnau für diese beiden als eine Einheit stehen soll. Die Verwendung eines Obelisken ist nicht ungewöhnlich, hat eine historische Konnotation in die Antike und kommuniziert vom Konzept her die Überzeugung

105 Abbildungen bei Kähler 2016

Abb. 15 Entwurf einer Grabstätte, etwa 1984 (links)

Abb. 16 Entwurf einer Grabstätte, etwa 1984 (rechts)

Abb. 17 Grabstätte für Cäsar und Ruth Pinnau (unten)

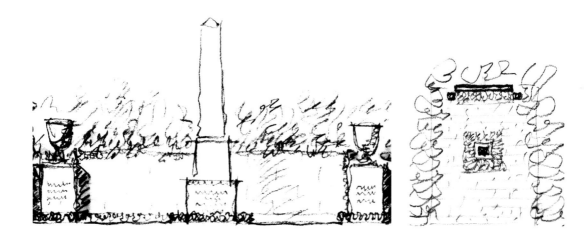

106 Kähler 2016

Cäsar Pinnaus, von großer und überzeitlicher Bedeutung gewesen zu sein[106]. Pinnau entwirft aber kein Objekt – wie sonst üblich – sondern einen ausgegrenzten, aber offenen Kultraum, in dem er in Einheit mit seiner zweiten Ehefrau den Mittelpunkt bildet. Die Grabstätte ist im Vergleich mit anderen, nahe gelegenen Grabstätten auf dem Ohlsdorfer Friedhof eher zurückhaltend, keineswegs monumental, gleichwohl macht sie Pinnaus Konzept von einer den leiblichen Tod überdauernden ästhetischen Existenz seiner Frau und sich selbst im entmaterialisierten Raum deutlich.

Zur Politik des Œuvre

107 Vorwort zu Nüßlein 2008

Generell gilt, was Winfried Nerdinger und Raphael Rosenberg herausgestellt haben: Architekturgeschichte ist de facto immer affirmativ. ›Biografien negativer Helden‹, Analyse und Kritik sind nicht üblich[107]. Aber nicht nur dadurch, sondern auch durch Auswahl und Datierungen macht ein Œuvreverzeichnis Politik.

Das Œuvreverzeichnis als Politik

Selbst ein so sorgfältig recherchiertes, präzis datierendes Œuvreverzeichnis wie das von Höhns ist im Grunde Politik. Politik beginnt mit der Entscheidung, welche Werke man aufnehmen, ausführlicher beschreiben und abbilden soll, welche Werke man groß herausstellt und welche man eher nur auflistet. Sie setzt sich fort in der grundsätzlichen Ordnung eines Œuvres nach dem Ablauf der Biografie eines Architekten, mit der Art der Einbettung in eine allgemeine Zeitgeschichte, was einen, wenn auch nicht näher bestimmten, Zusammenhang zwischen Biografie und allgemeinem Zeitgeschehen impliziert. Zugleich ist es in den Œuvreverzeichnissen nicht üblich, verworfene Vorentwürfe, Entwürfe anderer Architekten zu der gleichen Bauaufgabe oder zur gleichen Typologie, die Vorgeschichte der Bauaufgabe und deren Probleme aufzunehmen. Damit wird jedes Werk aus dem komplexen Zusammenhang isoliert und so zu einem Solitär gemacht. Es gibt in der Regel keine Analyse der durch den Architekten gesetzten funktionalen Organisation der Bauaufgabe, keine ›post occupation evaluation‹. Trotzdem macht natürlich ein Œuvreverzeichnis Sinn, solange man sich bewusst ist, dass es eine Interpretation ist. Wie sehr eine Biografie bzw. ein Œuvreverzeichnis interpretativ ist, zeigt auch die Frage der Datierung der einzelnen Werke, wodurch sie in eine Reihe mit dem internationalen Baugeschehen gestellt werden. Dabei muss man präzise sein, denn die Fertigstellung des Entwurfs, der Termin des Bauantrags, der Baubeginn, das Richtfest, der Abschluss aller Bauarbeiten, der Termin des Einzugs können Jahre auseinanderliegen. Im Vergleich können dann ungenaue Datierungen zu einer falschen Reihenfolge der Bauten führen und damit einen falschen Eindruck über die Innovation des Entwurfs und den künstlerischen Rang verursachen. Ruth Pinnau und Joachim Fest geben uns bei einigen Gebäuden Datierungen, die offenlassen, welcher Moment im Prozess des Bauens gemeint ist. So wird das Verwaltungsgebäude von *Hamburg-Süd* auf 1959 und auf 1960 datiert und zu den »ersten Hochhäusern mit Vorhangfassaden in Deutschland« gerechnet[108]. Erste Pläne dieses Gebäudes stammen in der Tat vom Ende der 1950er-Jahre, fertiggestellt wurde es aber 1964. Damit ist es deutlich um einige Jahre später als das Friedrich-Engelhorn Hochhaus in Ludwigshafen[109] und das Dreischeibenhaus in Düsseldorf[110].

Ein Entwurf für ein *Großes Hotel* an Speers Nord-Süd-Achse wird in Fests Buch über Pinnau abgebildet und auf 1940 datiert, dabei aber die Datierung auf dem Entwurf zum August 1942 abgeschnitten, als wollte man die Kriegsverbrechen beim und nach dem Überfall auf die Sowjetunion (22. Juni 1941) bis zur Kapitulation (8. Mai 1945) von den Entwürfen Pinnaus fern halten.

Die Aussage, eine Person sei ›Architekt‹ eines bestimmten Gebäudes oder ›er habe es gebaut‹ beziehungsweise ›er habe es entworfen‹, kann man alltagssprachlich oder im engeren Sinne der Disziplin Architektur nehmen. Trotz der ›Fragen eines lesenden Arbeiters‹ von Bert Brecht[111] ist es in der Disziplin der Architektur bis auf den heutigen Tag üblich, mit der Formulierung ›NN habe XX gebaut‹ beziehungsweise ›NN habe XX entworfen‹ und mit der Benennung von NN als ›Architekt des Gebäudes XX‹ auszudrücken, dass die genannte Person der konzept- und gestaltfindende Autor des jeweilig gemeinten Werkes ist. ›Autor‹, das ist diejenige Person, die nicht jeden Aspekt bearbeitet und jedes Detail erdacht hat, sondern diejenige, die das ›Große Ganze‹ entworfen, die ihre persönliche Ansicht und ästhetische Haltung in die Wirklichkeit gebracht hat. Deshalb ist es nicht richtig, Cäsar Pinnau als ›Architekten‹ des *Brenner Hotels* oder des *Bristol Hotels* zu bezeichnen, wie Ruth Pinnau es tut[112]. Cäsar Pinnau hat diese Hotels nicht entworfen, er hat das *Brenner Hotel* umgebaut, für das *Bristol* hat er einen Anbau für den Innenhof entworfen.

Die Bielefelder Kunsthalle

Seit Cäsar Pinnau Websites im Internet hat, wird die *Bielefelder Kunsthalle* als von ihm entworfener Bau benannt oder zumindest so präsentiert, dass in diesem Sinne ein Missverständnis entstehen kann. Dieses Gebäude, das in den entsprechenden Sites wohl *pars pro toto* für sein Œuvre von einigen hundert Gebäuden stehen soll, ist allerdings gerade nicht von Cäsar Pinnau

108 R. Pinnau 1989

109 1957, von Hentrich und Petschnigg

110 Wettbewerb 1955, Bauzeit 1957 bis 1960, ebenfalls von Hentrich und Petschnigg (siehe unten S. 118)

111 Wer baute das siebentorige Theben? In den Büchern stehen die Namen von Königen. Haben die Könige die Felsbrocken herbeigeschleppt? ... (http://ingeb.org/Lieder/werbaute.html)

112 Etwa Ruth Pinnau 1989

113 Abbildung im Werkverzeichnis von Höhns

114 Ein Vertragsarchitekt oder eine Vertragsarchitektin ist eine Person, die wegen ihrer Kammerzugehörigkeit das Recht hat, einen Bauplan vorzulegen, ihn zu verantworten und seine Realisierung zu betreuen. Ausländische Architekten sind zumeist nicht Mitglied einer deutschen Architektenkammer und benötigen deshalb zur Realisierung ihrer Entwürfe in Deutschland einen Vertragsarchitekten.

115 de la Trobe 1991, von Moltke 1993 und Below 2000

116 https://de.wikipedia.org/wiki/C%C3%A4sar_Pinnau , letztmaliger Zugriff am 24. Mai 2016

Abb. 18 *Bielefelder Kunsthalle*, Nordseite (links)

Abb. 19 Legende im Bauantrag vom 8. März 1965 (rechts)

entworfen. Sie ist das Werk des amerikanischen Architekten Philip Johnson, eines Schülers Mies van der Rohes. Cäsar Pinnau hatte sich mit zwei Entwürfen zur ›Kunsthalle‹ beworben[113], war aber dann nur der deutsche Vertragsarchitekt[114] für Johnson geworden.

Bauherr war Rudolf August Oetker[115] (um Diskussionen im Rat der Stadt über den Entwurf zu umgehen), der sie nach ihrer Errichtung der Stadt Bielefeld schenkte und seine Kunstsammlung dort hineingeben wollte. Sie sollte den Namen seines Stiefvaters Richard Kaselowsky erhalten. Da dieser in das NS System involviert war, erreichte es eine Bürgerinitiative, dass die ›Bielefelder Galerie für moderne Kunst‹ den einfachen Namen *Bielefelder Kunsthalle* erhielt, woraufhin Rudolf-August Oetker seine Werke daraus zurückzog.

In einem Dokument im Bielefelder Archiv der Firma Oetker findet man, dass die Entwurfsarbeiten von Philip Johnson sind und die Durchführungsarbeiten von Cäsar Pinnau. Johnson erhält für Vorentwurf, Entwurf, Bauvorlagen, Ausführungszeichnungen, künstlerische Oberleitung 70 Prozent des Honorars, Pinnau für Massen- und Kostenberechnung, Ausführungszeichnungen und technisch-geschäftliche Oberleitung 30 Prozent. Zusätzlich zu diesen Honoraren erhält Philip Johnson noch einen Betrag für besondere künstlerische Leistungen und Cäsar Pinnau ein Entgeld für die Bauleitung. Im Bauantrag vom März 1965 (Abb. 19) werden Johnson als Architekt und Cäsar Pinnau als Bauleiter bezeichnet. Gleichwohl wird seit geraumer Zeit in Wikipedia[116] die Kunsthalle ausdrücklich textlich und zusätzlich bildlich mit immer demselben Foto als Werk Pinnaus bezeichnet (siehe Abb. 5 und

6). Das Foto zeigt aus einer knieenden Position fotografiert die Westseite der Kunsthalle in starker Untersicht, in überzogener Farbigkeit und als Solitär und soll so dem Internet-Surfer ein entsprechendes Bild vom künstlerischen Wollen Cäsar Pinnaus vermitteln. Es verdrängt so die stadträumliche Struktur des Museums und seinen Bezug auf den in der Nähe auf einem Hügel liegenden Turm der Sparrenburg (siehe Abb. 18), einem der Bielefelder Identitätszeichen, und seine Anbindung an die Innenstadt. So wird von den Autoren der Website nicht nur der Architekt gefälscht, sondern auch die Architektur[117].

117 Es wäre schön, wenn sich die Autoren dieser Website einmal outen würden. Dann könnte man in einen Diskurs mit ihnen treten.

Der Olympic Tower, 645/647 Fifth Ave New York

In diesem Zusammenhang stellt sich auch die Frage, ob Cäsar Pinnau Architekt des ausgeführten *Olympic Towers* auf der Fifth Avenue in Midtown Manhattan (New York) ist. Dieser Zweifel mag überraschen, gründet sich aber auf mehrere Beobachtungen und Quellen, die in den bisherigen Publikationen über Pinnau nicht zu finden sind.

In deutschen Publikationen wird der *Olympic Tower* in New York als das Werk von Cäsar Pinnau bezeichnet. Es beginnt in der Bild-Zeitung: »Ein Hamburger Architekt baut für Onassis einen Wolkenkratzer in New York: Prof. Cäsar Pinnau…«, den »Olympic Tower, den Prof. Pinnau für seinen Freund Aristoteles Onassis entworfen hat…«.[118] Ruth Pinnau setzt später fort: »Seine Krönung findet der Bau von Verwaltungsgebäuden … zwischen 1970 und 1979/80 durch drei imponierende Großprojekte, nämlich 1. den Olympic Tower von New York an der Fifth Avenue …. 2. die Zentralverwaltung des Deutschen Ring in Hamburg … und 3. das Verwaltungsgebäude der RWB-Unternehmungsgruppe in Münster…Bei dem Olympic Tower, für den ein erster Entwurf der Architekten Morris und Allan Lapidus vorlag, den Pinnau bei einem Treffen mit Onassis verwarf [!, EF] haben wir es mit einem imponierenden Glasfassadenbau zu tun, der streng vertikal [!, EF], gegliedert 200 Meter hoch in den Himmel ragt.«[119]

Auch in den beiden Publikationen von Joachim Fest[120] wird der *Olympic Tower* als Werk von Cäsar Pinnau aufgelistet[121] und mit insgesamt fünf Abbildungen dargestellt, von denen drei hier gezeigt werden, um ihre Bedeutung im Kontext der eingangs gestellten Frage zu erläutern: Die erste Abbildung (siehe Abb. 20) zeigt eine im Text auf 1971 datierte Skizze Pinnaus auf Briefpapier des Hotels *The Pierre* in New York[122], die in der Tat ›streng vertikal‹ ist. Es folgen auf der nächsten Doppelseite links eine Zeichnung des *Fifth Avenue Projects* in der Version der Pinnauschen Alternative ›B‹ und auf der Gegenseite rechts ein Modellfoto der Realisierung aus Vogelpers-

Zuschreibungen

118 Bild-Zeitung vom 15. 3. 1972

119 R. Pinnau 1989: 24

120 1. Auflage 1982 – zu Lebzeiten von Cäsar Pinnau, 2. Auflage 1995 durch ein Nachwort von Ruth Pinnau erweitert

121 Fest 1982/1995: 129–133; 210

122 Fest 1982: 129

pektive, auf dem der *Olympic Tower* als undifferenzierter schwarzer Block erscheint (Abb. 21). Damit ist ein direkter Zusammenhang zwischen Pinnaus Entwurf und dem ausgeführten Bau suggeriert[123]; obwohl bei genauem Hinsehen Unterschiede festzustellen gewesen wären. Es folgen – hier nicht abgebildet – ein Foto des realisierten Baus von einem Hochhausdach aus, das den Eindruck des Gebäudes als schwarzen Block wiederholt, und ein Foto aus Augenhöhe eines Passanten, auf dem man die Struktur der Fassade im unteren Bereich erkennen kann. Bei diesem letzten Bild allerdings wird erwähnt, dass »die örtliche Durchführung … in den Händen der New Yorker Architektenfirma Skidmore, Owings und Merrill«[124] lag. Im Nachwort der 2. Auflage von 1995 hebt Ruth Pinnau in ihrem zusätzlich aufgenommenen Artikel erneut den *Olympic Tower* als Werk ihres Mannes hervor, nun als Musterbeispiel für eine Entsprechung sachlicher Innenabläufe und einer äußeren einfachen Gestaltung: »Hier muß der *Olympic Tower* in New York, Fifth Avenue, erwähnt werden, der seiner schlichten Form wegen in den siebziger Jahren für viel Aufsehen sorgte«[125].

Cäsar Pinnau hat bei den zu seinen Lebzeiten erschienenen Publikationen die Zuschreibung des realisierten *Olympic Towers* an ihn nicht korrigiert. Spätere Publikationen und Presseartikel in Deutschland[126] folgten stets dieser Zuschreibung. Auch Höhns informiert in seinem 2015 erschienenen Œuvreverzeichnis darüber, dass in den USA »die ausführenden Architekten Skidmore, Owings & Merrill als die Urheber gelten«[127]. Höhns belässt es aber bei dem vagen ›gelten‹, gibt die Zweifler nicht an und diskutiert auch nicht die den Zweifel stützenden Quellen im Hamburger Architekturarchiv. Letztlich aber rechtfertigt er die Zuordnung an Pinnau durch die Benen-

123 Siehe auch https://archive.is/20120719102245/http://www.architekturarchiv-web.de/pinnau.htm

124 Fest 1982, 1995: 133

125 Fest 1995: 199

126 Die Welt vom 20.07.2001

127 Höhns 2015: 22

Abb. 20 Fest 1982: 129 Skizze auf Briefpapier des *The Pierre Hotels* (links)

Abb. 21 Fest 1982: 130, 131 Entwurf Alternative ›B‹ und Modell der Realisierung (rechts)

nung des Architekturbüros *Skidmore, Owings & Merrill* (SOM) als nur ›ausführende Architekten‹. In seiner ausführlicheren Darstellung der Entstehung des *Olympic Towers* schreibt auch Höhns den Bau Cäsar Pinnau zu.[128] Höhns bebildert seine Darstellung des *Olympic Towers*, dem er die Werknummer W276 gibt, mit den üblichen, bereits bei Fest und Ruth Pinnau benutzten Abbildungen, nämlich der Alternative ›B‹[129], dem Hochhaus als ›Schwarzem Block‹[130], sowie der Skizze auf Briefpapier des Hotels *The Pierre* in New York (nun aber undatiert). Er fügt fünf Arbeitsmodelle und ein ›Ausführungsmodell‹[131] hinzu. Schließlich stellte das *Hamburg Journal*, ein regionales Nachrichtenjournal im Fensehprogramm des NDR, noch am 27. Mai 2015, einen Tag vor einer Konferenz zu Cäsar Pinnau im *Altonaer Museum* Cäsar Pinnau den Hamburger Bürgern als Architekten des *Olympic Towers* in New York vor.

Bei der Recherche in der zugänglichen Literatur aus den USA stößt man hingegen auf folgende Quellen bezüglich des *Olympic Towers*: Im Architekturführer des *American Institute of Architects* (AIA) wird der *Olympic Tower* dem Büro *SOM* zugeschrieben, auf 1977 datiert und zudem werden *Chermayeff, Geismar & Ass* (ein Design Studio), *Zion & Breen Designers, Levien, Deliso & White Architects* sowie *Abel & Bainnson Landscape Architects* aufgelistet[132]. Im nahezu 1 400 Seiten umfassenden Werk über New Yorks Architektur in der Zeit zwischen dem Ende des Zweiten Weltkriegs und dem Bicentennial (der Unabhängigkeitserklärung) von Robert A. M. Stern, Thomas Mellins und David Fishman von 1995 sind fast fünf Seiten dem *Olympic Tower* gewidmet. Hier findet man Informationen über die komplexen Besitzverhältnisse, den Verlauf der Planungen, den bei *SOM* zuständigen Architekten (Whitson Overcash) und einige Kritik aus der New York Times am realisierten Gebäude. Zudem wird das Bauvorhaben in den Kontext der Diskussionen über die Lebensqualität der Fifth Avenue gestellt. ›Progressive Architecture‹ bringt in seinem Heft 12 von 1975 einen Artikel über den *Olympic Tower* und benennt Whitson Overcash als Architekten. In der *Vogue* erscheint im Januar 1976 ein Artikel über den *Olympic Tower* mit einem Interview von Overcash als zuständigem Architekten bei *SOM* (ohne ihn allerdings ausdrücklich als ›den Architekten‹ des *Olympic Towers* zu bezeichnen). Spiegelbildlich zur Darstellung in den Publikationen in Deutschland und der Zuschreibung der Urheberschaft allein an Cäsar Pinnau bei gleichzeitigem Verschweigen einer möglichen amerikanischen Urheberschaft wird also in der Sekundärliteratur in den USA die Urheberschaft am *Olympic Tower* dem Büro *SOM* und seinem Architekten Overcash zugeschrieben bei gleichzeitigem Verschweigen der Beteiligung eines deutschen Architekten. [133] Schaut man sich – irritiert durch diesen Widerspruch – die bereits publizierten Abbildungen des

128 Höhns stellt fest: »... ein Hochhaus mit Büros und Luxuswohnungen, das er für Onassis baut...« (Höhns 2015: 142) »Für Onassis entwirft Pinnau 1970 den Olympic Tower in New York.« Höhns 2015: 148

129 Höhns 2015: 22 und 149, auch auf dem Umschlag seines Buches

130 Höhns 2015: 149

131 Alle Höhns 2015: 218

132 Willensky/White 1988: 266, ebenso in der 5. Ausgabe von 2010

133 Bei einer direkten Anfrage beim New Yorker Büro zeigt sich SOM äußerst sperrig bei der Zugänglichkeit von Informationen.

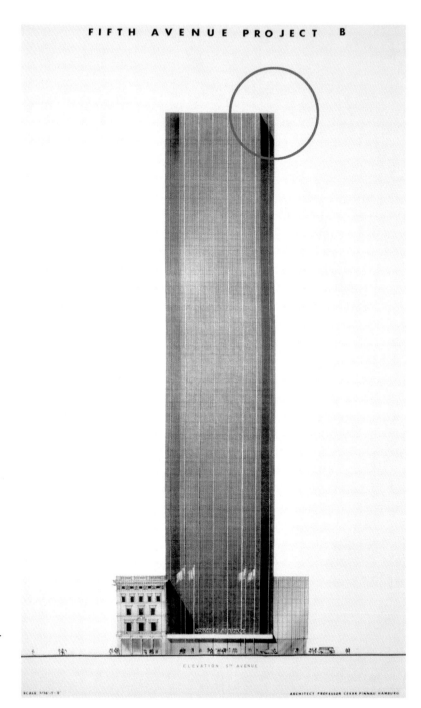

FIFTH AVENUE PROJECT B

ELEVATION 5ᵀᴴ AVENUE

SCALE 1/16 :1'-0"   ARCHITECT PROFESSOR CESAR PINNAU HAMBURG

Abb. 22 Alternative ›B‹ datiert auf den 20. Oktober 1970, blauer Kreis von EF (Ich erlaube mir hier und in weiteren Abbildungen wichtige Beziehungen und Elemente durch farbliche Markierungen hervorzuheben. Das ist in der Architektur unüblich, erleichtert aber das Lesen und Vergleichen von Plänen.)

Olympic Towers und seiner Pläne genauer an, so entdeckt man doch einen großen Bruch zwischen der Alternative ›B‹ Pinnaus und dem realisierten Gebäude. Das realisierte Gebäude mag bei besonderem Sonnenstand als schwarzer Block erscheinen, ist aber bei Tageslicht als ein Gebäude zu erkennen, das aus 4x8 senkrechten Achsen besteht, die jeweils vier stehende Fensterscheiben zu einem liegenden Fenster zusammenbinden und durch schmalere Glasscheiben, die die Etagenböden markieren, eigentlich mehr waagerecht denn senkrecht gegliedert ist. Alle Gliederungselemente liegen in einer Ebene, der der Glasscheiben.

Der Pinnausche Entwurf Alternative ›B‹ hingegen bildet durch Streben, die der Ebene der Scheiben vorgelegt sind, eine deutlich vertikale Gliederung. Die Streben bilden in der Front zur Fifth Avenue 7 2/3 Achsen, die jeweils drei Fenster zusammenfassen. Hinzu kommt, dass der Turm im Pinnauschen Entwurf der Alternative ›B‹ in der Mitte des Blocks steht, gewissermaßen als Mittelachse und auf seiner Seite zur 52 St. das Neorenaissancegebäude und dazu symmetrisch an seiner anderen Seite, zur 51 St., einen modernen Anbau hat. Das realisierte Gebäude wurde hingegen asymmetrisch an die 51 St. geschoben. Zudem unterscheiden sich die beiden Baukörper, wie man aus dem schrägen Sonneneinfall in der Zeichnung Alternative ›B‹ am oberen rechten Rand des Gebäudes erkennen kann, denn die beiden dunkler gezeichneten Ränder des Olympic Towers können nicht dunklere Scheiben sein, vielmehr muss es sich um einen Rücksprung des Gebäudekörpers handeln. Der Hinweis ist eindeutig, wenn auch nicht sehr auffällig. Allerdings findet er seine Bestätigung in einem Plan des dazugehörenden Grundrisses im Hamburger Architekturarchiv. (Dieser wurde auch zur graphischen Darstellung in Abb. 31 benutzt.)

Das bedeutet, dass es zwischen der bisher als Entwurf des realisierten Olympic Towers suggerierten[134] Alternative ›B‹ keine unmittelbare und direkte Verbindung zum heute an der Fifth Ave stehenden Gebäude gibt. Vielmehr muss es dazwischen neue Überlegungen zum Entwurf des Olympic Towers gegeben haben. Es bleibt also festzuhalten, dass in den Publikationen über Cäsar Pinnau durch die Reihenfolge der Abbildungen eine Nähe des Pinnauschen Entwurfs Alternative ›B‹ zum realisierten Gebäude hergestellt wird, die sich so nicht halten lässt. Zieht man dann Quellen aus dem Hamburger Architekturarchiv hinzu, so findet man nicht nur den vorne benutzten eigenartigen Grundriss, der die Gestalt des Turms noch einmal besonders deutlich macht, sondern entdeckt zudem, dass die Alternative ›B‹ auf den 20. Oktober 1970 datiert ist. Das rückt die Pinnausche Alternative ›B‹ chronologisch weit weg vom ausgeführten Plan. Zudem ist aus der Datierung

134 Siehe Fest 1982/1995: 24, 25

zu schließen, dass die Skizze auf dem Briefpapier des Hotels *The Pierre* vor Oktober 1970 zu datieren wäre. (Allerdings bestünde auch die Möglichkeit, dass es sich nicht um eine Entwurfsskizze zur Veränderung des ersten Entwurfs von Lapidus gewesen ist, sondern eine viele Monate später gezeichnete Darstellung der Entwurfshaltung Pinnaus.)

Ich möchte deshalb den Planungs- und Bauprozess aufgrund der heute zugänglichen Informationen rekonstruieren und dabei architekturanalytisch auf die jeweiligen Konzepte der Entwürfe und des realisierten Gebäudes eingehen: Was ist klar? Cäsar Pinnau war neben anderen amerikanischen Architekten (Morris Lapidus, Kahn&Jacobs und Whitson Overcash von SOM) mit eigenen Entwürfen an dem Gestaltfindungsprozess zum *Olympic Tower* beteiligt. Er hat – wie auch die anderen – sowohl Gedanken der anderen Beteiligten aufgenommen wie auch eigene Vorstellungen eingebracht und noch bis in den Dezember 1971 Vorschläge gemacht. Es bleibt herauszufinden, welchen Anteil Cäsar Pinnau und welchen Anteil seine Architektenkollegen an der Architektur (Lage auf dem Grundstück, Erschließung, Organisation der Funktionen, Konstruktion, ästhetische Erscheinung) des *Olympic Towers* hatten.

Abb. 23 Block der Fifth Avenue zwischen 51 St. und 52 St. (Aufnahme 1923) (links)

Abb. 24 Block der Fifth Avenue zwischen 51 St. und 52 St., 1969 Montage (rechts)

Im Foto von 1923 ist links (im Norden der Fifth Avenue) das 1905 im Neorenaissance Stil von Robert W. Gibson und C. P. H. Gilbert gebaute *Morton F. Plant Haus* (A), in dem sich damals und auch heute noch eine Niederlassung von Cartier befand und befindet. Es folgen das *Vanderbilt House* von *Hunt & Hunt* ebenfalls 1905 (B) und das *Stone/Field House* (C). Rechts davon sind Mauern der *St. Patrick's Cathedral* (D) zu erkennen. 1947 wurden drei

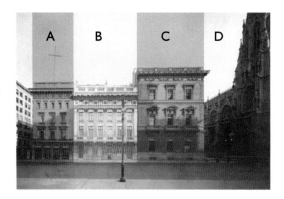
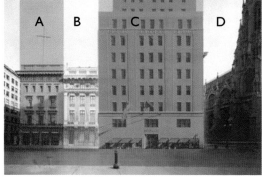

Achsen des Vanderbilt House (B) und das *Stone/Field House* abgerissen und an deren Stelle ein Kaufhaus der Firma *Best & Comp.* errichtet (siehe Abb. 24). Im Oktober 1970 kamen die beiden südlichen Häuser (B & C) und das Luftrecht des *Cartier Hauses* (A) zu gleichen Anteilen in die Hände der *Victory Carriers Inc.*, einem Trust der Onassis Familie und der *Arlen Properties Inc.*, einer Investmentfirma unter Leitung von Arthur G. Cohen, die in Bürobauten investierte[135]. Man wollte in der neuen Anlage weiterhin mit *Rapid American Corp* ein Kaufhaus betreiben und Etagen für Onassis' Fluggesellschaft, für weitere Büros und für Luxusapartments vorsehen. Man plante ursprünglich, nur das Cartier Gebäude zu erhalten und auf den beiden anderen freigeräumten Grundstücken ein neues Hochhaus zu errichten. Auf der Rückseite sollte eine Arkade gebaut werden, die sich dann über weitere Blocks erstrecken sollte.

135 Fowler 1970: 57

136 Lapidus 1996: 261

137 Stern et al. 1995: 389

138 Lapidus 1996: 262

Nach einer Reihe von Vorentwürfen, die den Bauherren nicht zufriedenstellten, wurde auf Vermittlung des Arlen Geschäftsführers der Architekt Morris Lapidus (1902 – 2001) beauftragt, einen Vorschlag für ein neues Gebäude mit Büros, Geschäften und Wohnungen zu machen[136]. Morris Lapidus zog seinen Sohn Alan Lapidus hinzu und beide legten einen Entwurf vor, bei dem sie auf den Abriss auch der beiden anderen Gebäude verzichteten. Aristoteles Onassis und Meshulam Riklis stimmten dem Entwurf von Lapidus zu[137], wie Lapidus sich selbst lobend schreibt: »He was enthusiastic«[138].

Abb. 25 Lageplan in einer Karte von 1955/1956, also nach dem Bau des Warenhauses; Norden links, Plan wegen des besseren Bezugs zur Häuserreihe gedreht

Allerdings meldete sich die New York Times am 15. Oktober 1970 mit zwei Kommentaren zu Wort. Im ersten Kommentar bespricht Ada Louise Huxtable die Ausstellung *The Architecture of Joy* in der *Architectural League*, in der Entwürfe von Lapidus gezeigt wurden. Huxtable kritisiert scharf, die Archi-

Entwürfe und beteiligte Architekten

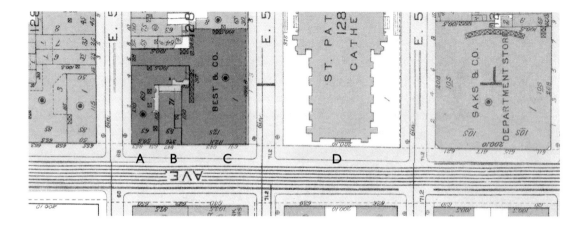

tektur von Lapidus sei aus Gips, Spiegeln und Spucke gemacht; was für ihn vielleicht Freude (Architecture of Joy) sei, sei für andere die Hölle. Lapidus' Architektur sei ein ›superschlock‹ (Supermist). Im zweiten Kommentar, dessen Autor nicht genannt wird, wird befürchtet, »Fifth Avenue is to be turned into bland blocks of banks sleekly embalmed in a corporate pall.« Außerdem werden grundsätzlich Bedenken gegen Morris Lapidus, der als ›Architekt von Miami Beach Hotels‹ diskriminiert wird, geäußert. »Trend, as Lewis Mumford has said, is not destiny«[139]. Die Kritik spricht eine tatsächliche Gefahr an, nämlich die Addition von Geschäftshochhäusern, die das Wohnen und die lebendige Geschäftigkeit der Straße beseitigen würde. Um dieser Gefahr vorzubeugen, erließ die Stadtverwaltung dann am 25. März 1971 eine entsprechende Verordnung[140]. Es scheint aber, dass der Autor oder die Autorin den Entwurf von Lapidus nicht kannte, denn das von ihnen entworfene Hochhaus lässt der Straße gerade die alte, dem Leben der Straße zuträgliche maßstäbliche Bebauung. Zudem ist das Hochhaus alles andere als die langweilige Fortsetzung glatter Bankfassaden.

Aufgrund der Beschimpfungen durch Huxtable – so jedenfalls stellt es Lapidus dar – habe Onassis Befürchtungen über die spätere Akzeptanz des *Olympic Towers* bekommen und von der *Arlen Inc.* verlangt, sich von Lapidus zu trennen.[141] Folgt man dieser Darstellung, so kann man die Entscheidung für einen neuen Architekten in der Zeit nach dem 15. Oktober 1970 suchen.

Um die weiteren beteiligten Architekten und ihre Entwürfe in eine Chronologie zu bringen: Dies ist auch die Zeit – wie einige Datierungen auf Plänen belegen (siehe unten) – in der Cäsar Pinnau seine Vorschläge gemacht hat. Aber nicht er sondern *Kahn & Jacobs* erhielten im Frühjahr 1971 (wie wiederum eine Datierung auf einer Skizze belegt, siehe unten) den Auftrag für weitere Planungen; drei Entwürfe, davon zwei sehr ähnlich, sind uns im Moment hierzu bekannt. Nachdem auch diese die Erwartungen der beiden beteiligten Bauherrengesellschaften (*Arlen Properties Inc. und Victory Carriers Inc.*) nicht erfüllen konnten, wurde das Büro von *SOM* beauftragt, die einen ihrer Architekten, Whitson M. Overcash, mit konkreten Entwurfsplanungen beauftragten.

Was hatten Morris und Allan Lapidus vorgeschlagen? Es sind zwei Entwürfe erhalten, ein undatierter Entwurf, der in allen Publikationen als der Entwurf von Morris und Alan Lapidus für den *Olympic Tower* vorgestellt wird, und ein auf den 25. September 1970 datierbarer Entwurf[142]. Beim undatierten Entwurf legten Morris und Alan Lapidus auf der Rückseite der Grundstücke (vermutlich über den Arkaden) eine sehr schmale, aber hohe und gestufte Scheibe und in den Luftraum über dem *Cartier Haus* und dem *Best*

139 o. A; Good-bye to Fifth Avenue?; in: NY Times vom 15. 10. 1970: 46

140 Stern 1995, Anmerkung 124 zu Seite 390

141 Lapidus 1996: 264

142 HAA P 187

& *Company Kaufhaus* auf einen Sockel aus schwarzem Granit ein hoch auf-
geständertes 21-geschossiges Hochhaus mit gläserner Vorhangfassade und
mit einem zur Fifth Avenue gerichteten vorgelagerten schwarz gerahmten
Schaft, in dem die Erschließung hätte sein können.

Was war so ungewöhnlich an Morris und Alan Lapidus und an ihrem
Entwurf? Ungewöhnlich für die Zeit um 1970 waren zunächst einmal die
von Morris Lapidus bisher entworfenen Bauten in Miami, die keineswegs aus
›Gips und Spucke‹ bestanden, sondern ziemlich moderat die strenge Geometrie der Internationalen Moderne in Frage stellten und einen Hang zu
ornamentalen Formen hatten, die man später, seit der Postmoderne, auch
international wieder schätzt.

Zudem passte sein Entwurf durch die Bebauung des Luftraumes über
den vorhandenen Gebäuden so gar nicht in das Umfeld der New Yorker
Hochhausarchitektur, die sich lange Zeit nicht von den Vorbildern aus den
1950er-Jahren (United Nations Building, Oscar Niemeyer, Le Corbusier, Wal-
lace Harrison u. a. (1947–1952) und Lever Building, Gordon Bunshaft und
Natalie de Blois (beide im Büro von *SOM*) (1950–1952), Seagram Building,
Mies van der Rohe unter Mitarbeit von Philipp Johnson (1958 fertiggestellt))
lösen konnte, so dass es Ende der 1960er-Jahre in Midtown Manhattan tatsächlich, wie Fowler kritisiert, zu einer Fülle an als langweilig empfundenen

Abb. 26 Entwurf M.& A. Lapidus
(Farbe der Bauten A und C von
EF)

Bankhochhäusern kommt, die nicht an der Aufrechterhaltung der urbanen Kultur New Yorks mitwirken. Gegen Ende der 1960er-Jahre versuchten dann einige Architekten vorsichtig, das vorgegebene und langweilig gewordene Muster zu überwinden. *Kahn & Jacobs, Lescaze & Associates* etwa gliederten das Hochhaus *One New York Plaza* (1967–1969) plastisch in zwei Kuben, legten diesen eine waagerecht unterteilte Betonwabenvorhangfassade vor und markierten diese durch eine besondere Ecklösung als wirklich vorgehängt.

So radikal wie Lapidus war aber niemand; deshalb kann man nun verstehen, warum der Entwurf von Lapidus so anstößig war und welchen Mut das Konsortium von *Victory Carriers Inc.* und *Arlen Properties Inc.* hatte. In Cäsar Pinnaus Nachlass im *Hamburger Architekturarchiv* sind Pläne und das Foto eines zweiten Entwurfs zum *Olympic Tower* erhalten, dessen Autor eindeutig als ›Lapidus Associates‹ bezeichnet ist. Dieser zweite Entwurf sieht einen von der Front zur Fifth Avenue zurückgezogenen Turm auf einem Sockel vor, der wiederum bis zur Fifth Avenue reicht und die Traufhöhe des *Morton F. Plant Hauses* aufnimmt. Dieser Entwurf ist hilfreich bei der Entscheidung des Anteils von Cäsar Pinnau am Entwurf des *Olympic Towers*. Er liegt heute in Pinnaus Nachlass im *Hamburger Architekturarchiv* und stammt somit aus dem Büro Pinnaus. Der Grundriss dieses Entwurfs von Lapidus (Abb. 27, 28) findet sich wieder in Pinnaus Entwurf der Alternative ›B‹ (siehe

Abb. 27 Alternativentwurf *Lapidus Associates*, datiert zum 25. September 1970 (rechts)

Abb. 28 *Lapidus Associates* datiert zum 25. September 1970 Grundriss (links)

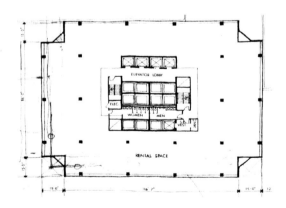

Abb. 22, 31, 32, 33). Bei beiden hat der Turm eine rechteckige Grundfläche, aus der die Ecken quadratisch herausgeschnitten sind. Im Aufriss kaschiert Lapidus die Ecke, Pinnau hingegen zeigt sie und spielt mit ihr (siehe unten). Der Entwurf von Lapidus ist auf den 25. September 1970 datiert, der Pinnausche Entwurf auf den 20. Oktober 1970. Folgt man diesen Datierungen, so ist deutlich, dass Pinnau die Idee der Ecken von Lapidus übernommen hat, denn es ist unwahrscheinlich, dass beide voneinander unabhängig auf die gleiche – ungewöhnliche – Idee gekommen sind.

Cäsar Pinnau mischte sich im zeitlichen Umfeld der Attacke von Ada Louis Huxtables auf Morris Lapidus (15. Oktober 1970) in die Auseinandersetzungen um den Entwurf des *Olympic Towers,* zunächst mit zwei undatierten Skizzen, die er auf Briefpapier des Hotels *The Pierre* in New York machte und an Aristoteles Onassis eingab. Ruth Pinnau schreibt sogar ihrem Mann und nicht Huxtable die erste Initiative gegen den Entwurf von Lapidus zu. Allerdings datiert sie die Skizzen auf dem Briefpapier des Hotels *The Pierre* auf das Jahr 1971[143]. Dieses Datum kann nicht stimmen, da Pläne, die Pinnau aus den Skizzen entwickelt hat, auf den 20. Oktober 1970 datiert sind. Diese Pläne und ihre Datierung waren Ruth Pinnau bekannt, die Alternative ›B‹ wird sogar in den Büchern von Fest und ihr abgebildet. Ein Grund für die Umdatierung mag sein, dass die Skizzen zeitlich näher an den im Spätherbst 1971 begonnenen Entwurf von Overcash bei *SOM* (siehe unten) gerückt werden. Im Buch von Fest folgt seiner Abbildung auf einer linken Seite gleich auf der rechten Seite das realisierte Gebäude (siehe oben). Cäsar Pinnau legt dann vier Alternativen vor.

In der ersten Alternative (mit ›A‹ bezeichnet) räumt Pinnau das Grundstück bis auf den Neorenaissancebau an der Ecke zur 52 St frei, bebaut es vollständig mit einem Sockel und setzt in dessen Mitte einen Turm in der Grundfläche mit 4 × 5 Feldern (im Vergleich: der realisierte Bau hat 4 × 8 baukonstruktive Segmente). Pinnau situiert ihn in die Mitte des Grundstücks. Die Fassade des Turms setzt auf kurzen Stützen auf (eine Anspielung auf den ersten Entwurf von Lapidus?), zeigt in der Waagerechten zart den Wechsel der Büro- zu den Apartmentetagen an. Unabhängig vom konstruktiven System der 4 × 5 Felder wird der Turm auf der schmaleren Seite zur Fifth Avenue durch acht senkrechte Vorlagen gegliedert, zwischen denen sich drei stehende Fenster befinden. Allerdings liegen diese Streben nicht vor den Stützen, sondern sind rhythmisch verschoben. Die Reihe beginnt mit zwei Fenstern, es folgen die sieben Einheiten mit je drei Fenstern, um dann am Ende wiederum mit zwei Fenstern abzuschließen. Die bereits näher betrachtete Alternative ›B‹ wird von allen Biografen benutzt, Pinnaus

143 Ruth Pinnau in Fest 1982: 129

144 Fest 1982:130 und 131

Autorenschaft am *Olympic Tower* zu demonstrieren. Sie befindet sich in den Büchern von Joachim Fest und Ruth Pinnau, steht dort neben dem schwarzen Block des Modells des realisierten Gebäudes[144], sie findet sich auf dem Deckblatt des Œuvreverzeichnisses von Höhns und auf der Einladung zur Konferenz im Mai 2015.

Hier sei über das bereits Gesagte hinaus noch auf die im Hochhausbau außergewöhnliche ästhetische Ecklösung des Baus hingewiesen: Die Streben fassen an der Front immer drei Fenster zusammen, setzen aber an der Kante mit nur einem Fenster einen Anfangs- und einen Endpunkt. Der Rücksprung nun wiederum beginnt mit zwei Fenstern, die sich mit dem einen Fenster von der Front zu einem kompletten Modul zusammenschließen. Es folgt dann als Anfangs- und Schlusspunkt wiederum nur ein Fenster (siehe das Schema weiter oben). Diese Fassadengliederung löst sich von der dahinter liegenden konstruktiven Struktur, kommt insofern den Forderungen nach äußerem Bezug zur inneren Struktur nicht nach, kann aber als raffinierte Ecklösung, um die sich die Architektur ja seit den griechischen Tempeln bemüht, aufgefasst werden.

Die Alternativen ›C‹ und ›D‹ (hier keine Abbildungen) sind Variationen von Alternative ›A‹, bei der nun die Aufzüge in die Passage (Sockelgeschoss) bzw. an den östlichen Rand des Turmes geschoben werden. Zum 11.

Abb. 29 Grundriss Alternative ›A‹ (links)

Abb. 30 Alternative ›A‹ datiert 20. 10. 1970 (rechts)

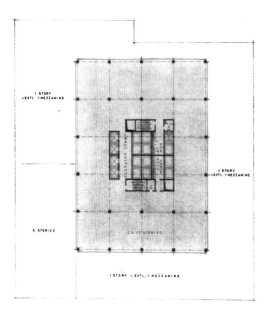

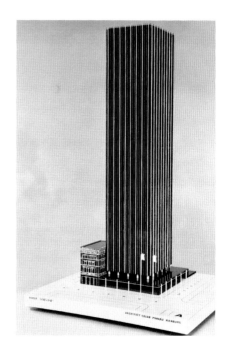

November 1970 legt Pinnau für die Alternative ›A‹ nochmals eine Variante vor, was vielleicht darauf verweist, dass Onassis und eventuell andere Beteiligte von den von Pinnau bisher vorgelegten Entwürfen noch nicht überzeugt waren. Pinnau schiebt den Turm auf dem Grundstück etwas nach Süden und bildet so einen Abstand zum Neorenaissancegebäude, und er zeigt zwei Möglichkeiten, das Logo der *Olympic Airways* an dem Gebäude anzubringen. Mit Datierung zum 18. Juni 1971 überarbeitet Pinnau noch einmal seinen Vorschlag ›B‹.

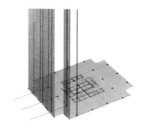

Der Grundriss ist ein Rechteck mit nunmehr 5 × 7 Segmenten, die Grundfläche des Turms ist auf 18 363 Square Feet (ca. 1 700 m²) angewachsen. An den Ecken sind weiterhin Viertelsegmente herausgeschnitten, zugleich bildet Pinnau einen schmalen umlaufenden Balkon und vor den dritten und vierten Segmenten an den Seiten eine Art Veranda. Fassadenansichten sind bisher nicht bekannt, die Stützen liegen aber außen und die Fenster sind innen eingehängt; man könnte von einer nach innen genommenen Vorhangfassade sprechen. Es wäre deutlich geworden, dass auf diesen Etagen gewohnt wird. Im Hamburger Architekturarchiv befinden sich einige unbeschriftete und undatierte Modelle[145]. Diese Modelle werden Pinnau zugeschrieben, unterscheiden sich aber erheblich vom ausgeführten Bau. Der Turm hat hier eine Proportion (Anzahl der Achsen Breite x Tiefe) von 5:7, beziehungs-

Abb. 31 Beziehung der Fassade zur baukonstruktiven Ordnung in der Alternative ›B‹; montiert von EF auf den entsprechenden Grundriss (Abb. 33) (links)

145 Höhns 2015: 218

Abb. 32 Modell Alternative ›B‹ (links)

Abb. 33 Alternative ›B‹ Grundriss 20. Oktober 1970 (rechts)

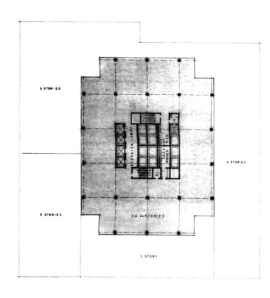

146 U. a. Architekten von *One Astor Plaza* 1972 und *One Penn Plaza* 1972

147 New York Magazine vom 28. Dezember 1981: 13

148 Siehe das Aktenzeichen auf einem in der Mappe P 187 im HAA befindlichen Plan

weise von 3:7. Das als ›Ausführungsmodell‹ bezeichnete Modell hat 6:10 Achsen, also eine Proportion von 3:5. Der tatsächlich ausgeführte Bau hat eine Proportion von 4:8 Achsen (1:2), eine sehr simple Proportion, die man in Pinnaus Œuvre nirgends findet.

In seinem Portrait von 1982 legitimiert – ich denke so kann man sagen – Pinnau im Zurückblicken den Entwurf ›A‹ als sein eigentliches Konzept und distanziert sich implizit von dem Aussehen des realisierten *Olympic Towers*. Man sieht ein Modell, das auf keinen Fall der Alternative ›B‹ entspricht, denn hier zählt man acht schmale senkrechte Streifen ohne ›Ecklösung‹ wie in Alternative ›B‹, die durch verhältnismäßig stark vorstehende Streben herausgehoben werden.

149 So auch ein Bericht in *Progressive Architecture* 1975, Issue 12: 47 und der amerikanischen Ausgabe der *Vogue* vom Januar 1976, Heft 166: 96–97

Abb. 34 Grundriss in der Überarbeitung der Alternative ›B‹ datiert zum 18. Juni 1971

Weitere Entwürfe legten *Kahn&Jacobs*[146] vor, die die Vertragsarchitekten bei der Realisierung von Mies van der Rohes *Seagram Building*[147] gewesen waren. Sie hatten sich durch das *One New York Plaza Building* und andere Gebäuden auch einen eigenen Namen gemacht. *Kahn&Jacobs* wurden – möglicherweise am 8. Januar 1971[148]– beauftragt und planten wie Pinnau, das *Vanderbilt Gebäude* und das *Best & Company Gebäude* abzureißen und ein Hochhaus an die Stelle zu setzen. Zugleich nahmen sie aber den Vorschlag von Lapidus auf, die Büro und Geschäftsetagen von den Wohnetagen ästhetisch zu trennen. Sie legten 1971 mehrere Entwürfe vor, die hier nicht

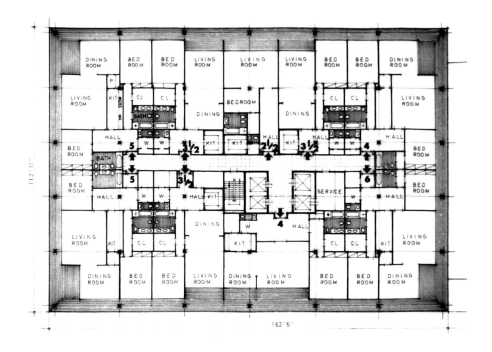

von Belang sind; wichtig ist, dass sie 1971 mit Entwürfen beauftragt waren. Spätestens im Juli 1971 muss das Architekturbüro *SOM* den Auftrag zur Planung erhalten haben. Ein erster Plan muss spätestens in der zweiten Augusthälfte 1971 fertig gewesen sein, denn es gibt einen Bericht in der *New York Times* über eine Präsentation beim Bürgermeister Lindsay am 31. August 1971 in der *City Hall* (Renzal in New York Times 1971). Als Architekten verzeichnet Renzal das Büro *SOM*. Ein im *Hamburger Architekturarchiv* liegender Plan des ausgeführten Baus nach dem 23.12.1971 (siehe Abb. 38), datiert auf den 17.12.1971, mit deutschem Eingangsstempel vom 30.12.1971, hat einen Seitenrand, auf dem *SOM* als ›Architect‹ gelistet werden und Cäsar Pinnau als ›Consultant‹, sowie einige andere Personen (siehe Abb. 37). Der Plan enthält zudem das Kammersiegel von Whitson M. Overcash, womit er sich als verantwortlicher Architekt im Büro von *SOM* zeigt[149]. Dieser Stempel zeigt ja nicht nur die Autorenschaft an, sondern ist auch der Hinweis auf die Person, die bei Planungsfehlern haften muss, was bei einem Bauvorhaben von dieser Größe und mit diesem finanziellen Volumen finanziell eventuell sehr hoch sein kann. Insofern kann man den Stempel als Beweis für die Autorenschaft Overcashs nehmen. Es ist nicht nur der völlig anders geartete Entwurf, den Overcash vorlegt, sondern auch die Rückspracchevermerke am oberen Rand der Planlegende (siehe Abb. 38). Dort ist vermerkt, mit wem die Entwürfe im Zeitraum vom 5.11.1971 bis 23.12.1971 jeweils abgestimmt wurden. Vermerkt sind ARLEN[150], SOM.DES[151], O.J.R und W.A.D.A.. Weder die *Victory Carriers Inc.*, Onassis Firma, noch Onassis als Person, noch Cäsar Pinnau sind dort vermerkt. Zumindest letzterer wäre aber, wenn er denn der eigentliche Architekt gewesen wäre und Overcash und das Büro von *SOM* nur der ›architect of record‹, doch wohl die wichtigste Person gewesen, mit der man ständig in Kontakt hätte sein müssen.[152]

Eine Publikation über den Architekten Overcash gibt es nicht,[153] dennoch lassen sich über das Internet biographische Daten und einige Erwähnungen bezüglich seiner Werke zusammentragen: Whitson Makamie jr. Overcash (1923–1990) arbeitete als junger Architekt bei Gordon Bunshaft, dem Architekten des *Lever Houses* (siehe unten Abb. 120) und wurde dann auch Partner in dessen Büro. Dort hat er am Entwurf für die *Banque Lambert* in Brüssel mitgearbeitet. Zusammen mit Roy O. Allen hat Overcash Anfang der 1980er-Jahre ein Banking Center in Kuwait entworfen[154]. Zusammen mit Roger Saubot et François Julien hat er für die *Citybank* das 1982 fertiggestellte Gebäude *Elysées La Défense* in Paris entworfen[155].

Overcash setzt in seinem, dann schlussendlich nach kleineren Veränderungen auch ausgeführten Entwurf den Turm an die vordere Grundstücks-

Abb. 35 *Olympic Tower*, Ausschnitt aus dem Portrait von Sancha 1982

150 *Arlen Properties Inc.* war eine Investmentfirma unter Leitung von Arthur G. Cohen, die in Bürobauten investierte (Fowler 1970: 57).

151 Damit ist das Büro der Architekturfirma *Skidmore, Owens & Merrlll (SOM)* gemeint.

152 Im Nachlass Pinnaus im HAA und im Nachlass der Schriften, Briefe und privaten Objekte bei seinem Sohn gibt es keine weiteren Quellen (Verträge, Schreiben) zu dem Planungsablauf, wie mir auf Nachfrage mitgeteilt wurde. Dabei wäre es doch zu erwarten gewesen, da die mir vorliegende Third Edition des *AIA Guide to New York City* von 1988 wie auch die Publikation von Stern, Mellins und Fishman 1995 zu Lebzeiten von Ruth Pinnau erschienen sind und sie alles ›Interesse der Welt‹ hätte haben müssen, Dokumente zu bewahren, die auf den Vorgang verweisen und die Autorenschaft Cäsar Pinnaus am *Olympic Tower* hätten belegen können.

153 Recherche im Katalog der *Library of Congress*

154 http://rmc.library.cornell. edu/6306McCarthySOM/serie-s7e_em.htm

155 http://defense-92.fr/batiments/ immeuble-elysees-la-defense

grenze zur Fifth Avenue an den Rand zur 51 St. und gibt ihm eine Grundfläche von 4 × 8 Segmenten. Er reduziert damit die Grundfläche auf 14 800
Square Feet (etwa 1 375 m²). Nach Norden hin setzt er eine schmale Scheibe
dazu, die allerdings an dem Übergang zu den Wohngeschossen endet. Die
Fassade des realisierten Baus artikuliert die Decken der Geschosse durch
schmale waagerechte Fensterbänder und setzt den Stützen ein doppeltes
schmales Fensterband vor, die jeweils vier stehende Fensterscheiben zu
einem breit gelagerten Gesamtfenster zusammenfassen. Mit dieser mehr
die Waagerechte denn die Senkrechte betonenden ästhetischen Ordnung
übernimmt Overcash Vorstellungen von *Kahn & Jacobs*. Pinnaus Idee für
den *Olympic Tower* als eines eher ›gotischen‹ Gebäudes mit außen liegenden Rippen, die die senkrechten Linien betonen, wird von Overcash nicht
weiter verfolgt. *SOM* beziehungsweise Overcash sind mit der Planung spätestens Anfang Oktober 1971 beauftragt worden, da es auf im Hamburger Architekturarchiv von ihnen vorliegenden Plänen eine Eintragung zum
5. November 1971 gibt.

Im Nachlass Cäsar Pinnaus im Hamburger Architekturarchiv finden sich
4 Pläne (Varianten A–D) vom 10.12.1971, die mit einem hellen Band ge-
rändelt sind. Sie sind beschriftet mit ›Architects: Skidmore, Owings & Merrill New York‹ und in einer Zeile darunter mit ›Professor Cäsar F. Pinnau,
Hamburg 36‹. Ist diese Inschrift nicht doch ein Beleg für die Autorenschaft
von Cäsar Pinnau für den realisierten Bau?

Stellt man diese Pläne in ihren zeitlichen Kontext, so erkennt man, dass
Pinnau am 10. Dezember 1971 noch einmal Alternativen in kritischen Be-

DATE	ARLEN	COM.DES.	O.J.R	W.A.D.A
Nov 5,71	✓			
Nov. 8,71	✓			
9 Nov 71	✓			
Nov. 12, 71	✓	✓	✓	✓
Nov 18, 71	✓			
Dec 19, 71	✓			
Dec 19, 71	✓			
12/23/71	✓	✓	✓	✓

DWGS. GEHT TO

Abb. 38 Realisierter Entwurf
des Büros *SOM* vom 17. Dezember
1971

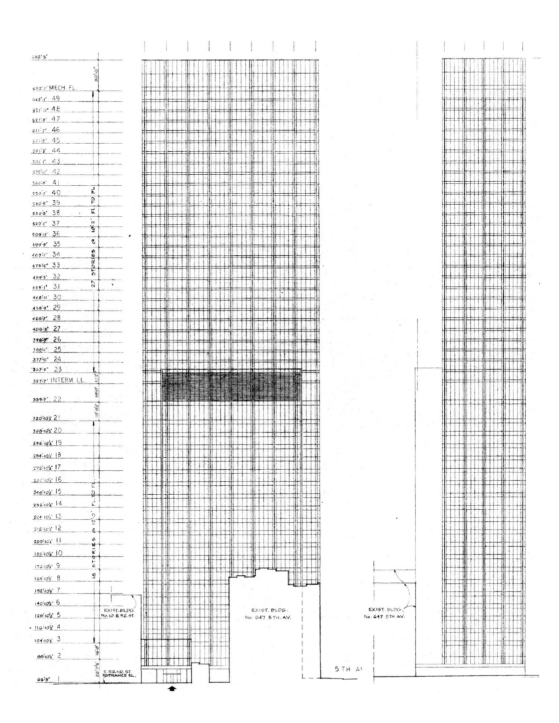

Abb. 39 Realisierter *Olympic Tower*

Abb. 40 Ausschnitt aus dem
Grundriss des von Overcash
entworfenen und dann auch realisierten Gebäudes

reichen vorschlägt, dabei geht es u. a. um die Sockelzone des Kaufhauses und um die Frage der Anbindung an das Morton F. Plant Eckhaus (s. Abb.). Man kann das in den herausgestellten Ausschnitten ganz gut erkennen. Allerdings werden diese Anregungen nicht aufgenommen – und hier muss man fragen, ob SOM und Overcash Pinnaus Vorschläge überhaupt rechtzeitig erhalten haben –, denn in New York ist inzwischen eine Entscheidung für den Erhalt des (halben) Vanderbilt Hauses gefallen. Bereits sieben Tage später, am 17. Dezember 1971, wird ein vorläufiger Bauantrag in New York vorbereitet, den Pinnau in Kopie am 30. Dezember 1971 (deutscher Eingangsstempel) erhält. Letztlich realisiert wird eine Fassade mit einem niedrigen Eingangsbereich, der zur Fifth Avenue nicht gesondert, zur 51 St. aber durch ein kleines Vordach abgesetzt wird. Darüber werden in der Fassade zwei hohe Kaufhausgeschosse gezeigt, bevor die niedrigeren Büroetagen beginnen. Durch diese Ausprägung wird das Gebäude auch im Fußgängerbereich (nicht nur durch das Schattenbild der Kirche) auf die 51 St., auf die Kathedrale und auf den Platz orientiert.

Insgesamt muss man sagen, dass der Entwurf von Whitson Overcash traditioneller ist, vor allem gegenüber dem Entwurf eines aufgeständerten Hochhauses von Lapidus, weniger innovativ ist als der zweite Entwurf von Lapidus, als die Entwürfe von Kahn & Jacobs und – das möchte ich ganz deutlich hervorheben – als der mit einer interessanten Fassadengestaltung und -rhythmisierung auftretende Entwurf der Alternative ›B‹ von Cäsar Pinnau. Allerdings spielte diese Alternative ›B‹ bei der Realisierung des Olympic Towers überhaupt keine Rolle. Auch die anderen Entwürfe Pinnaus begründen nicht den Anspruch, im eigentlichen Sinne Architekt des Olym-

Abb. 41 Ausschnitte aus den Alternativen A – D (unten)

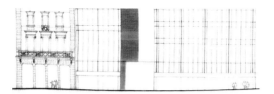
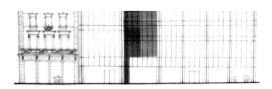
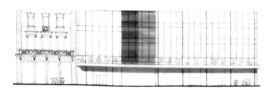
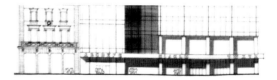

156 Meine zweimalige Anfrage
per E-Mail an das Archiv der Firma
SOM in New York wurde zwar von
der Archivleiterin beantwortet, die
erste mit der Aussage, »Caesar
Pinnau was listed as a ›Consultant‹
and further detail was not availa-
ble«, die zweite mit präziseren
Fragen von mir auf diese Weise »I
do not have additional information
to provide to you for this inquiry«.

157 Dieser Ruf wird sicherlich
auch durch die Entwürfe Pinnaus
für die Innenarchitektur und die
Überwasserlinien von Schiffen
genährt. Dies kann ich hier aber
nicht diskutieren.

158 Siehe hierzu Lu Seegers 2016

pic Towers gewesen zu sein[156] und Overcash oder *SOM* als ›architect of record‹ abzutun. Warum aber diese Behauptung, die sich auch schon in der
Kaperung der Autorenschaft der Bielefelder Kunsthalle gezeigt hat? Zum
einen besteht die Neigung, als seine eigentlichen Werke seine Entwürfe anzusehen und die realisierten Gebäude als deren Abschattung. Das ist in der
Architektur (als Disziplin) durchaus weit verbreitet und hat damit zu tun,
dass beim Bau die Verantwortung oft in die Hände einer separaten Bauleitung und von Baufirmen übergeht und damit auch vom Architekten des
Entwurfs ungewollte und nicht zu verantwortende Änderungen umgesetzt
werden. Es hat aber auch damit zu tun, dass für manche Architekten ein
Entwurf eine Art Ideal ist, dessen Verwirklichung als Vererdung angesehen
wird, wobei hier der Unterschied von Geist und Materialität und die jeweiligen philosophischen Bewertungen – besonders im deutschen Idealismus –
mit einfließen. Der Entwurf ist vollkommen und außerhalb jeder Zeit, beim
realisierten Gebäude beginnt – so wird gedacht – mit dem Tag der Vollendung durch Umwelteinflüsse und durch den Gebrauch der Bewohner und
Nutzer bereits die Zeit des Verfalls. Deshalb werden Pläne des Entwurfs
so hoch geschätzt, auch der Plan des Entwurfs für den *Olympic Tower* Cäsar
Pinnaus. Der Fehler war, eine Verbindung zum ab 1972 ausgeführten Bau
zu konstruieren und zu suggerieren, dass dieser ein Ergebnis eines der Entwürfe vom Oktober 1970 sei und dazu die falsche Alternative – nicht ›A‹,
sondern ›B‹ – einzusetzen.

Zum zweiten trägt die Behauptung, Cäsar Pinnau sei Architekt des *Olympic Towers*, wesentlich dazu bei, ihn als internationalen Architekten zu etablieren[157]. Denn schaut man in die Werkverzeichnisse von Joachim Fest, Ruth
Pinnau und Ulrich Höhns und wertet sie quantitativ aus, so bestätigt sich
dies nicht. Der Großteil seiner realisierten Gebäude steht in Deutschland,
vor allem in Hamburg und in Bielefeld, was mit seiner engen Bindung an die
Firma *Oetker* zu tun hatte. Das macht ihn zunächst zu einem Architekten
von nationaler Bedeutung und zeigt ihn zudem als Hausarchitekten *Oetkers*.
Cäsar Pinnau hat im Ausland sieben innenarchitektonische Entwürfe, 12
Um- und Anbauten realisiert, zudem 15 Entwürfe gemacht, die nicht realisiert wurden.

Von Grund auf von Pinnau entworfen und dann auch realisiert wurden
vier Wohnhäuser (darunter eins auf Capri für sich selbst) und sechs Fabriken, darunter vier Brauereien für *Oetker*. Das macht Cäsar Pinnau quantitativ noch nicht zu einem internationalen Architekten und Baukünstler, demonstriert auch nicht seinen weltoffenen hanseatischen Charakter[158]. Die
beiden in dem Portrait von Sancha abgebildeten Gebäude, der *Olympic To-*

Auslandsaktivitäten		
Innenarchitektur	Um- und Anbauten	Nicht realisierte Entwürfe
Paläste in Kuwait, 1958–1960 / *Astir Hotel* bei Athen 1964–1965 / *Colocotronis Offices* in London, England, 1973 / *Büro Reno*, Paris, Frankreich, 1973	Projekt *Grand Hotel*, Oslo, 1958 / *Grand Hotel Du Cap-Eden-Roc*, Antibes, Frankreich, 1974–1984 / *Wohnhaus Sandler* in Bosco Luganese, Schweiz, 1978 / *Hotel Bristol*, Paris, Frankreich, 1978-85 / *Parkhotel Vitznau*, Schweiz, 1980–1988 / *Oetker Residence*, Bridgehampton USA, 1981, 1982 / *Fa. Ancel*, Straßburg Frankreich, 1977 / Hamburg-Süd, São Paulo, Brasilien, 1981–1987 / *Wohnhaus Oetker*, Windhoek, Namibia, 1985 / *Lampe Bank Luxemburg* 1985–1989 / Umbau *Eingangshalle Zürich* Schweiz, 1985 / Umbau *Galerie Colnaghi* New York, 1986–1988)	*Villa auf Skorpios für Onassis*, 1963–1965 / *Ferienhaus St. Moritz* 1961 / *Villa in Dell Park Surrey*, England, 1964 (?) / *Haus Oetker* in Marbella, Spanien, 1964 / Fabrikgebäude für die Prinz Brauerei in Libyen, 1967 / Brauerei in Koprivnica, Jugoslawien, 1967 / Fabrikgebäude für die Prinz Brauerei in Izmir, Türkei, 1967 / Bürohaus in Athen, Griechenland, 1972 / *Haus Oetker* in St. Moritz, Schweiz, 1974 / *Olympic Airways* in London, 1973 / Königlicher Palast in Dschidda, Saudi-Arabien, 1981–1985 / *Columbus Line Inc.* New York USA 1982 / Umbau *Hotel Gotham Park*, New York, 1985 / *Captain Neklace Garage* and *Flat Southampton*, Großbritannien, 1986 / *Hotel Palais Harrach*, Wien, Österreich, 1986 / *Galerie Colnaghi* London, England, 1987)

wer in Midtown Manhattan, New York, mit dem Bauherrn Onassis, und das *Bristol* in Paris wären Gebäude gewesen, die Cäsar Pinnau nachdrücklich als internationalen Architekten ausgewiesen und ihn vom Image befreit hät-

Im Ausland realisierte Neubauten
Haus Pinnau auf Capri 1962–1964 / *Wohnhaus Goldemann*, Salenstein, Schweiz, 1967 / *Wohnhaus Gruner* in Ronco bei Ascona, Schweiz, 1969–1970 (?) / *Country House* in Virginia, USA, 1976 / Fabrikgebäude *König & Komp* in Villach, Österreich 1959 –1962 / vier Fabriken die Brauereien Prinz in Crespellana 1963–1965, 1983, in Ferentini 1963–1965 und in Bitonto, 1965–1966, alle drei in Italien, und in Anchorage USA 1974 / *Cammeo S.p.A.* Desenzano del Garda, Italien 1980.

ten, allein Hausarchitekt Oetkers zu sein. Zudem wäre von seiner Rolle im *Dritten Reich* abgelenkt worden.

›Nazi-Architekt‹

Man muss zugleich festhalten, dass es zu der ausführlich analysierten Identitätspolitik eine Gegenidentitätspolitik gab und gibt und eine entsprechende

Biographie geschrieben werden könnte. Cäsar Pinnau wird dabei als Vertreter einer Generation identifiziert, die in den Nationalsozialismus involviert war und nach 1945 in der architektonischen und städtebaulichen Gestaltung der Bundesrepublik wichtige Positionen ergreifen und eine richtungsgebende Rolle spielen konnte, wobei impliziert wird, dass eine Kontinuität in seiner Haltung zur Architektur und zur Bedeutung der Architektur bestand. Diese Position zu Cäsar Pinnau findet sich in der Sekundärliteratur, ist aber nicht weit verbreitet, da hier eher Albert Speer im Fokus steht. Sie vermischt sich zudem mit generellen Aussagen über Zeitgenossen. (siehe Kapitel 3). Cäsar Pinnau selbst gab dieser Vorhaltung großen Vorschub. Er legte noch 1980 Entwürfe vor, die sich – wie man auf der gegenüberliegenden Seite sieht – sehr gut in die Entwürfe von vor 1945 einreihen könnten.

Abb. 42 Staatshotel in Berlin, 1941 (oben)

Abb. 43 Entwurf für ein Verwaltungsgebäude für die Fa. Oetker, 1980 (unten)

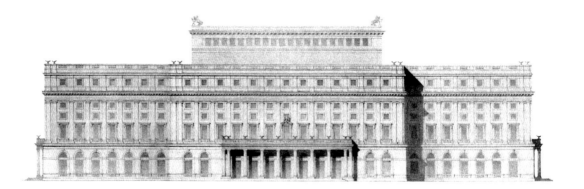

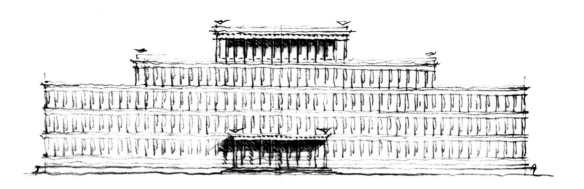

Der Architekt Cäsar Pinnau

Es zeigt sich, dass Cäsar Pinnaus Identität Ergebnis einer medialen Forma-
tion ist, die er selbst, seine zweite Ehefrau, Biographen und Architekturkri-
tiker und -historiker – bewusst oder unbewusst – betreiben. Cäsar Pinnau
ist nicht nur ein Architekt gewesen, der im Medium der Architektur gearbeitet hat, sondern er ist als Person selbst ein Werk medialer Formierung.
In der Architektur ist es methodisch immer noch üblich, den Sinn eines Werkes aus der Person des Architekten und seiner Aussagen über das Werk
abzuleiten. ›Person‹ wird dabei als das Persönliche verstanden, als etwas
Innerliches und Privates und deshalb als etwas Nichtpolitisches. Das reduziert aber die komplexen Konditionen und das mannigfaltige Interaktions-
gefüge einer baulichen Anlage auf diese eine Ursache.

Ferner wird in der Aneignung der Werke durch Dritte (Laien oder Ar-
chitekturhistoriker) oft von den verbalen oder schriftlichen Äußerungen
eines Architekten ausgegangen, weil man der Meinung ist, dass die eigentliche Identität eines Werkes, sein genuiner Sinn, nur durch seinen Produzenten, den Architekten, offen gelegt werden kann. Wolle man als Nutzer eines
Gebäudes oder als Interpret, Kritiker oder Historiker sich der Eigentlichkeit
eines Werkes zumindest annähern, so könne dies nur gelingen, wenn man
sich auf diesen Kausalnexus einlässt, den Produzenten hört oder liest, oder
wenn dies nicht (mehr) möglich ist, vom Produzenten und dessen Biografie
auf dessen Produkt schließt und so die Identität des Werkes nachvollzieht.
Hier stößt man aber auf die Schwierigkeit, dass eine Biografie eine mehr
oder weniger realitätsnahe aber stets interpretierende, das heißt entworfene Narration ist. Auch eine Autobiografie, das Bewusstsein von sich selbst,
ist eine aus dem Fluchtpunkt des Jetzts nach rückwärts eingenommene Perspektive auf das eigene Leben, eine Selbstauslegung im Umfeld der Fremd-
auslegung, bei der die jeweilige Auswahl der Werke und die Art ihrer Präsentation und Analyse eine wichtige Rolle spielen. Gerade bei Cäsar Pinnau
kann man erkennen, wie sehr seine Identität das Ergebnis eines langen politischen Prozesses ist, in dem er selbst und sein Œuvre, seine Funktion in
Gesellschaft und Geschichte zu einer Erzählung verwoben werden. Deshalb spreche ich hier auch von Identitätspolitik. Letztlich gehen in die Biografie auch Begriffe nach dem jeweiligen Stand von Soziologie, Psychologie,
Kunstwissenschaft, Geschichtswissenschaften usw. ein und binden so wis-
senssoziologisch oder – noch besser gesagt – wissenschaftspolitisch Person und Stand des Wissens aneinander.

Architektur als Entwurf, oder: Identitätspolitik II

Wissenschaftstheorien zur Interpretation von Architektur, speziell von Architektur, die im *Dritten Reich* entstanden ist, werden im 3. Kapitel diskutiert. Hier geht es zunächst um das Werk, seine Wahrnehmung und seinen möglichen Gebrauch. Im Folgenden werden zwei Zeiträume der Architekturproduktion durch Cäsar Pinnau unterschieden: die Zeit des *Dritten Reichs*[1] und die Zeit der *Bundesrepublik Deutschland*. In beiden Phasen werden jeweils zwei Bauwerke bzw. Bauwerkgruppen untersucht.

Architektur und Politik 1937–1945

Im Jahr 1931 zog Cäsar Pinnau nach Berlin, wo er zunächst im Büro von Fritz August Breuhaus de Groot und in der *Contempora* (Schule für zeitgemäße künstlerische Berufe) als Lehrer arbeitete und 1937 schließlich ein eigenes Büro gründete. Im *Dritten Reich* entwarf er für Himmlers Dienstvilla eine neue Innenarchitektur und wirkte mit an den Innenausstattungen der neuen von Speer entworfenen Reichskanzlei und der von Ludwig Moshammer entworfenen Japanischen Botschaft. Als Speer die Große Nord-Süd-Straße konzipierte, überließ er Pinnau die Entwürfe zu einem Regierungsgebäude und zu drei Hotels. Vom Juli 1942 bis zum September 1944 wurde er Mitarbeiter bei der *Organisation Todt* (OT), deren Leitung zu der Zeit wegen des tödlichen Unfalls von Todt bereits an Speer übergegangen war. Pinnau erhielt in der *OT* den Rang eines Obersten, leitete eine Dienststelle und wirkte mit an den Planungen zur Realisierung des Generalplans Ost[2] in der Ukraine. Speer zog Pinnau auch bei den *Planungen zum Wiederaufbau der bombenzerstörten Städte nach dem Kriege* hinzu. Uns liegt ein Plan von ihm für Bremen vor.

Diese Arbeiten führen bis heute dazu, Cäsar Pinnau eine Verquickung in die Politik und in die Aktivitäten des *Dritten Reiches* vorzuwerfen. Sicherlich mit Recht, wenn man seine Biographie in dieser Zeit etwas sorgfältiger bedenkt. Es geht in diesem zweiten Teil jedoch nicht um die Person Cäsar Pinnau, sondern vielmehr um seine Bauwerke und um die Frage nach ihrem Bezug zur Politik. Daher werden im Folgenden zwei Arbeiten zur Architektur und zum Städtebau aus der Zeit zwischen 1940 und 1945 diskutiert.

1 Ich benutze für die Zeit zwischen 1933 und 1945 den Begriff *Drittes Reich*. Das ist ein ideologischer Begriff des Regimes, der einerseits nicht richtig ist, weil er bereits 1938 durch den Begriff des *Großdeutschen Reiches* abgelöst wurde. Er eignet sich aber andererseits, weil er einen Rahmencharakter deutlich macht, in dem nicht nur Ideologie, sondern auch widersprüchliches, konkretes Geschehen impliziert ist.

2 Siehe oben, Seite 25

Das Große Hotel an der Nord-Süd-Achse in der Planung des Generalbauinspektors (BGI) Speer

In dem zu Lebzeiten Cäsar Pinnaus veröffentlichten und von Ruth Pinnau herausgegebenen Buch von Joachim Fest[3] schreibt Cäsar Pinnau als Vorwort zu den Staatsaufträgen, die er auf 1937 bis 1941 datiert, dass er vor allem mit »Aufgaben im Innenausbau betraut« war und »Planungsaufträge für Zweck- und Repräsentationsbauten … an der Berliner Nord-Süd-Achse«[4] erhielt. Aufgelistet und durch Pläne abgebildet wird neben den Arbeiten zur Innenarchitektur der *Deutsche Reichshof*, das Hotel II (*Großes Hotel*), ein Regierungsgebäude und das *Staatshotel* am Südbahnhof.

Das *Große Hotel*, das hier genauer untersucht wird, wird mit einem Fassadenaufriss gezeigt, der von Joachim Fest und Ruth Pinnau auf 1940 datiert wird. Die Vorlage für die Buchabbildung ist noch erhalten[5]; darauf wird der Plan auf August 1942 datiert (siehe hierzu Seite 71). Das *Große Hotel* war für 1 500 Übernachtungsgäste geplant (nicht für 2 000, wie Fest / Pinnau schreiben). Pinnau sah die Arbeit als Chance, sein Auftragsbuch zu füllen[6], damit seine Reputation als Architekt zu begründen und ein stattliches Honorar zu erhalten. Er wusste von dem repräsentativen Anspruch, hatte auch durch seine Arbeit reichlich Gelegenheit, Politik, Ideologie, Denkweise und Handeln der Machthaber des *Dritten Reichs* und der Führer der *Nationalsozialistischen deutschen Arbeiterpartei* (NSDAP) zu erfahren und sich mit den Unterorganisationen zu beschäftigen. Pinnau hat offensichtlich noch nach seinem Wechsel zur Organisation Todt weiter an dem Projekt gearbeitet oder arbeiten lassen.

Das *Große Hotel* liegt an der Stelle der *Nord-Süd-Achse*, an der sie ungefähr 150 m breit ist. Speer versucht, diese Breite durch jeweils doppelte Baumreihen wie bei der 70 m breiten Avenue des Champs-Élysées, die allerdings jeweils nur eine Baumreihe hat, zu gliedern. 150 m, das sind 1½ Fußballplatzlängen, um diesen Wert einmal anschaulich zu machen. Die Achse muss eigentlich von Süden nach Norden gelesen werden: Am Südbahnhof ist der Anfang, hier kommt man mit dem Zug an (oder am Flughafen Tempelhof oder von den Autozubringern), die *Große Halle* ist der End- und Höhepunkt, im Grunde wie bei einer christlichen Prozession. Verlässt man den Südbahnhof so gelangt man auf einen 300 m breiten (Länge von 3 Fußballfeldern) und 800 m langen Platz, der thematisch durch eroberte Geschütze und Panzer bestimmt wird und an einem Triumphbogen endet, durch den man bereits das Ziel, die *Große Halle*, erkennen kann. Passiert man diesen, gelangt man auf eine ca. 150 m breite Straße, die bis zum Runden Platz führt. Danach kommt der Tiergarten als ›Distanzgrün‹, wie man heute sagen würde,

3 1. Auflage 1982, 2. Auflage 1995

4 Fest 1995: 89

5 HAA A05/05

6 Speer untersagte dann allerdings, dass Pinnau Entwurfsaufgaben Dritter annahm, ohne von ihm eine Genehmigung eingeholt zu haben.

und als Ort eines angedachten Neubaus der Reichskanzlei, bevor man dann zum Zentrum der Macht kommt. Dieses beginnt mit einem quergelegten Platz, der den durch die Achse ausgelösten Vorwärtsimpuls bremst und Distanz zur *Großen Halle* herstellt. Am Ende steht dann die *Große Halle*. Dahinter geht es zwar noch weiter, aber es ist ein ›Dahinter‹.

Abb. 44 Planung des Generalbauinspektors für die Neugestaltung der Reichshauptstadt, 1942 (Pinnaus Projekte rot, Reichstag blau, zum Vergleich markiert)

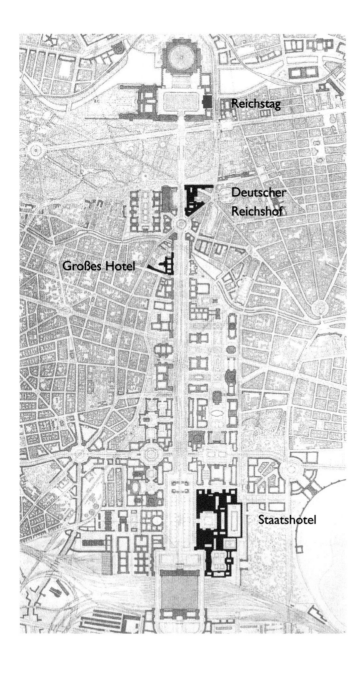

Abb. 45 Stevenshotel, Chigago;
1927 eröffnet

7 Müller 1980: 1

Die Bauaufgabe eines Hotels für 1 500 Gäste war Ende der 30er-Jahre nichts Neues. Der Typus hatte sich als Grandhotel in mondänen Ferien- und Kurorten (wie etwa das *Riviera Majestic Palace Hotel* mit seinen 900 zum größten Teil mit Bädern ausgestatteten Zimmern) sowie in den europäischen und US-amerikanischen Metropolen entwickelt. Die Grandhotels mischten hochwertige aber kleinere Zimmer mit Apartments und Suiten unterschiedlicher Größe.

Zudem hatten die Grandhotels Restaurants, Bars, Theater, Tanzsäle und Räume für Feiern, Galadinner und Veranstaltungen aller Art nicht nur für die beherbergten auswärtigen Gäste, sondern auch für die einheimische Bevölkerung. Die Grandhotels waren der Ort für ein modernes Entertainment der *roaring twenties*, die es möglicherweise nur aufgrund der Grandhotels und nur in ihnen gegeben hat. Sie sind im Grunde wie Ozeandampfer, die in schnell langweilender Umgebung für ihre Gäste alles auf und unter Deck anbieten.

In Chicago und New York gab es eine Reihe von Grandhotels, die deutlich über 1 000 Zimmer hatten. Hier wären vielleicht das von Holabird & Roche 1927 entworfene *Stevenshotel* in Chicago mit 3 000 Gästezimmern oder das 1931 in New York fertiggestellte *Waldorf-Astoria* mit ca. 2 000 Zimmern und einem eigenen Tunnel zum *Grand Central Terminal* zu erwähnen.

Die hohen Grundstückskosten wurden durch einen sehr kompakten und verdichteten Bau kompensiert, die dabei entstehenden Belüftungs- und Belichtungsprobleme durch Vor- und Rücksprünge in der Fassade und durch hohe Türme bewältigt.

In Berlin selbst gab es mehrere Hotels, die Vorbild hätten sein können, allerdings gab es hier spezielle Umstände. Der Fremdenverkehr in Berlin war Ende des 19. und Anfang des 20. Jahrhunderts nur wenig von Vergnügungs- und Erholungsreisen bestimmt, wobei die Reisenden wegen der damit verbundenen Kosten der Oberschicht zuzurechnen waren. Zumeist übernachteten in Berlin Durchreisende beim Umstieg zwischen den verschiedenen Kopfbahnhöfen und Geschäftsleute und Unternehmer aufgrund ihrer Tätigkeiten in Berlin[7]. Gleichwohl entstanden gegen Ende des 19. Jahrhunderts und Anfang des 20. Jahrhunderts eine Reihe neuer Grandhotels an den Bahnhöfen der Innenstadt:

Der *Kaiserhof* (1873–1876), das *Centralhotel* mit 565 Salons und Zimmern, das *Adlon* (1907), das *Esplanade* (1907–1912) mit 600 Betten in 400 Zimmern (200 EZ und 200 DZ), davon 250 mit Bad, das *Excelsior* (1906–1913), damals größtes Hotel des Kontinents mit 7 500 m² bebauter Fläche, 750 Betten in 600 Zimmern (450 EZ und 150 DZ) und 250 Bädern sowie einer unterirdischen Verbindung zum Anhalter Bahnhof[8], das *Bristol* (1890–1991) an der Straße Unter den Linden, das mit 515 Zimmern als vornehmstes Luxushotel galt und das *Hotel Eden* am Kurfürstendamm (1930).

Die Hotels erschienen außen als Block, die Fassaden wurden in einer jeweils aktuellen Ausprägung des Historismus gestaltet. Im Inneren enthielten sie Höfe oder Gärten. Im *Excelsior* war auch eine Badeanstalt eingebaut, welche aber 1930 wegen Unrentabilität geschlossen wurde[9]. Die Etagen der Hotels waren funktional differenziert, im Erdgeschoss befanden sich neben der Rezeption die Gemeinschaftsräume (Restaurants, Cafés, Fest- und Gesellschaftsräume, Bars, Schreibsaal), in den darüber liegenden Geschossen die Gästezimmer.

Es gab nach dem Ersten Weltkrieg Entwürfe kleinerer Hotels mit Fassaden im sachlichen, amerikanischen Stil (*Hotel für Bahnhof Friedrichstraße* von Otto Michaelsen (1914), das *Wertheim Hotel* von Lesser/Stelten (1929)[10]). Gebaut wurden nur das heute noch existierende *Savoy Hotel* in der Fasanenstraße von Heinrich Straumer (1929/1930)[11].

Die Grandhotels verhießen Komfort, Rückzug und Geselligkeit[12], wobei unter Geselligkeit eine private Öffentlichkeit der Oberschicht gemeint war. Ende der zwanziger und in den dreißiger Jahren ging diese luxuriöse Welt der Grandhotels dem Ende zu. Mit dem Telefon stand ein sehr viel preiswerteres Medium für Geschäftsgespräche bis zur höchsten Verwaltungsebene zur Verfügung; die im Herbst 1929 sich entwickelnde Weltwirtschaftskrise ließ einen Aufenthalt in den Grandhotels für viele unerschwinglich werden. Sie wurden zu einem Ort für Abenteurer und Krisengewinnler, so wie es Vicki Baum, die Zimmermädchen im *Bristol* gewesen war, mit ihrem Roman *Menschen im Hotel* (1929) sehr anschaulich und überzeugend beschreibt. Fachleuten, wie etwa dem Architekten Hermann Gescheit, der 1930 über das Thema promovierte und ein Buch dazu veröffentlichte, war die Situation klar. Er erkannte, dass die Gäste »im Allgemeinen nur ein bis zwei Tage bleiben… [Ein Hotelbau; EF] muß, um die Betriebskosten und damit den Zimmerpreis so niedrig wie möglich zu halten, auf alles verzichten, was überflüssig und entbehrlich ist, er muß aber trotzdem drei Bedingungen erfüllen, die gerade für sein Publikum den größten Luxus darstellen: die Forderung nach Zeitersparnis, nach Ruhe und Hygiene«[13]. Das bedeute, wie er hinzufügt, kurze Wege, keine langen Korridore, Verzicht auf Repräsentationsräume und Restaurationsbetriebe, die »heute an der Rentabilität dieser Hotels wie ein Gewicht an einer Kette«[14] hängen; diese könnten – so der Vorschlag von Gescheit – am besten in eigenständige Unternehmen ausgegründet werden. Es gab also ausreichend theoretische und analytische

8 http://www.potsdamer-platz.org/excelsior.htm , http://www.luise-berlin.de/bms/bmstxt99/9905proe.htm

9 Müller 1980: 21

10 Abbildungen in Gescheit 1930: 117

11 Abbildungen bei Müller 1980

12 Knoch 2005: 132

13 Gescheit 1930: III

14 A.a.O.: IV

Vorarbeiten und auch realisierte Lösungen, von denen Pinnau hätte lernen oder mit denen er sich hätte auseinandersetzen können. Zudem wäre die Frage zu klären gewesen, was ein ›Großes Hotel‹ in einem siegreichen *Dritten Reich* hätte sein können, sein sollen.

15 Höhns 2015: 107

Der Bau

Das *Große Hotel* an der *Nord-Süd Achse* sollte typologisch gesehen ein Grand Hotel mit 1500 Betten werden und mit einer 220 m langen[15] Blockrandbebauung den Straßenraum der *Nord-Süd-Achse* formen. Diese nutzt an der Stelle des *Großen Hotels* die Trasse der Eisenbahn bis zum Berliner *Potsdamer Bahnhof*. Das Grundstück lag im Osten der Potsdamer Straße, zwischen Lützowstraße und *Am Karlsbad*. Das *Große Hotel* wurde zwischen Verwaltungsgebäude der Firma Agfa und der Firma AEG angesiedelt.

16 In Abb. 47 von EF blau markiert

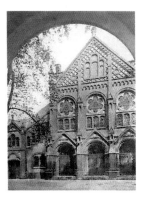

Abb. 46 Synagoge Lützowstraße 16

Auf der Lützowstraße 16 stand die Ende des 19. Jahrhunderts erbaute erste Gemeindesynagoge im Berliner Westen mit Wohn- und Schulgebäude[16]. Sie wurde bei Bombardierungen der Alliierten getroffen und 1954 abgerissen. Ihr Abriss war aber schon vorgesehen mit der Ausweisung des Grundstücks zwischen Lützowstraße und *Am Karlsbad* als Bauplatz für ein *Großes Hotel*. Pinnau sah sie während der Jahre seiner Arbeit am Entwurf für das *Große Hotel* dort stehen und ließ sie in den Lageplan gestrichelt (Lage eines abgerissenen Hauses) einzeichnen. Über den Grund, warum er oder ein Zeichner aus seinem Büro sie auch noch mit einem Judenstern markieren zu müssen meinte – aus Subversion, als Nachricht über ein Problem, aus Stolz, Vollzug melden zu können – kann man nur spekulieren, muss man wohl aber auch; jedenfalls ist es eine Botschaft. Das *Große Hotel* sollte aus

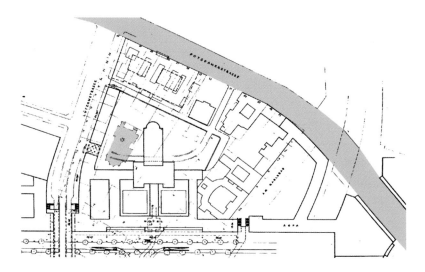

Abb. 47 Lageplan, datiert auf 1941 (Norden rechts) farbliche Markierungen von EF

einem sich am Blockrand der *Nord-Süd-Achse* und an der Lützowstraße hin-
ziehenden flachen Baukörper mit drei Innenhöfen und einem 31-geschossi-
gen Wohnturm und einem daran angeschlossenen Schwimmbad und Festsaal nach Westen bestehen. Die Front zur *Nord-Süd-Achse* wurde in einen
Haupttrakt und zwei Risalite gegliedert, die nicht vom Hotelbetrieb, sondern von zwei Unternehmensverwaltungen genutzt wurden, wie es auch
mit dem Riegel an der Lützowstraße geschah.

Das *Große Hotel* gibt es den Plänen nach in drei unterschiedlichen for-
malen Versionen, Fest (1982/1995) hat die letzte Version aus der 2. Hälfte
1942 / Anfang 1943 gezeigt.

Die m. E. erste Version artikuliert die Eckrisalite und den Turm durch
vorkragende, durch einfache Pilaster gerahmteEcktürme mit einem (Risalite) bzw. zwei Fenstern (Turm). Der Mitteltrakt ist von der *Nord-Süd-Achse*
durch eine Art ›Triumphbogen‹ erschlossen und im Erdgeschoss durch eine

Abb. 48 Modellfoto der ersten
Version (oben)

Abb. 49 Modellfoto der zweiten
Version (unten)

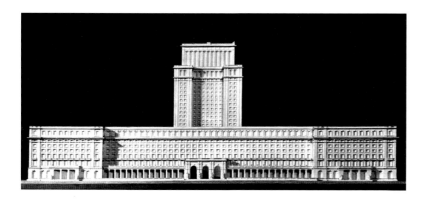

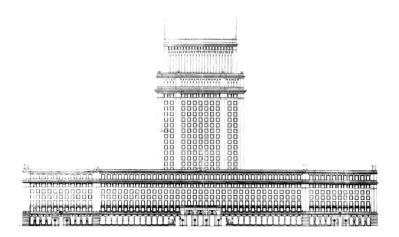

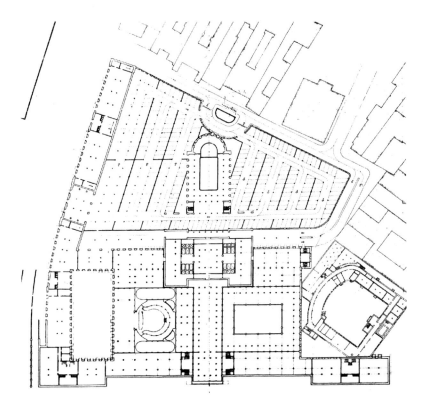

Abb. 50 Cäsar Pinnau, Großes
Hotel (HAA) Dritte Version vom
August 1942 (oben)

Abb. 51 Grundriss Erdgeschoss
(unten)

durchgehende Reihe von Kolonnaden gestaltet. In den Risaliten wird diese
Gestaltung umgedreht, das Erdgeschoss hat hier Arkaden, die jeweils in der
Mitte liegenden Eingänge sind als Kolonnaden ausgebildet. (Hierzu gibt es
eine Variante mit ausschließlich Arkaden im Erdgeschoss). Die zweite Ver-

sion verzichtet auf die Ecktürme der Risalite und markiert ihre Ränder mit Doppelpilastern. Bei der dritten Version von 1942 und 1943, die übrigens bei Fest als Abbildung für Pinnaus *Großes Hotel* genommen wird[17], überschneiden sich die Doppelpilaster des Turms und aus den strengeren Kolonnaden im Erdgeschoss werden durchgehend Arkaden. Die vielen Varianten, die jeweils auch als Modell realisiert wurden, zeigen die Aufmerksamkeit und den Aufwand, der in dieser Hinsicht getrieben wurde.

17 Fest 1985/1992: 96

Die dritte Version (zu der Entwürfe bis Anfang 1943 datiert sind) ersetzt die Doppelpilaster durch zwei sich überschneidende Pilaster, hat durchgehend Arkaden im Erdgeschoss und zwei Skulpturen mit von Hand geführten Pferden. Aus der Forderung nach Formierung und Rahmung der *Nord-Süd-Achse* und damit einer breiten Lagerung des *Großen Hotels* statt – wie etwa in den USA – in einem kompletten Block, resultierte eine ca. 220 m lange Front (anschaulich formuliert macht das zwei in der Länge aneinander gereihte Fußballfelder). Die Fassade des Flachbaus zur *Nord-Süd-Achse* hat 57 parataktisch angeordnete Fensterachsen. Nur durch die Risalitbildung und durch die Eingänge im Erdgeschoss werden sie etwas modifiziert. Allerdings ist es möglich – bei der Betrachtung des Plans auf dem Zeichentisch oder nach Realisierung dann auch von der ca. 150 m entfernt gegenüberliegenden Straßenseite aus, wenn man denn genau in der Verlängerung

Abb. 52 Proportionen der Fassade des *Großen Hotels* zur *Nord-Süd-Achse*

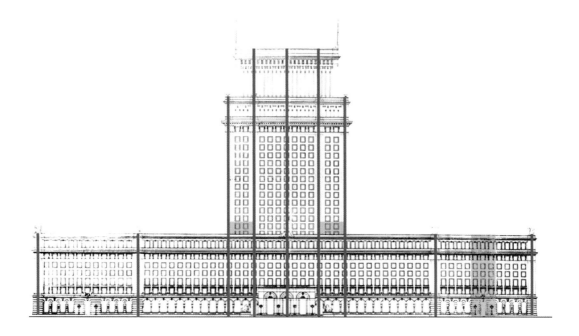

der Mittelachse steht – die ästhetische Ordnung des Turms auf die parataktischen Reihen der Fenster des Flachbaus zu beziehen. Dann käme man auf die im folgenden Plan dargestellte Ordnung. Im Fortgang des Passierens, vor allem, wenn man sich auf der gleichen Straßenseite oder im Auto befindet, wäre es jedoch unmöglich, in der Wahrnehmung diese Relation von Turmfassade und Flachbaufassade herzustellen. Es gibt zudem keine baulichen Hinweise auf der Fassade des Flachbaus.

Die dritte Version des Turms löst m. E. die Gestaltung seiner vier Ecktürme (die auch als Flaktürme genutzt werden sollten) noch am besten, obwohl sie alle drei ästhetisch nicht überzeugen. Der Turm übernimmt die übergroßen Pfeiler des *Deutschen Pavillons* auf der Weltausstellung in Paris (1937), den Speer entworfen hatte[18]. Sie rahmen beim *Großen Hotel* zwei Fenster, in der dritten Version halten sie sich am meisten zurück. Auf den Turm ist eine Art ›Tempel‹ aufgesetzt, was manche an Friedrich Gillys Entwurf eines Denkmals für Friedrich II (1796) erinnern mag und auch in späteren Entwürfen Pinnaus vorkommt[19]. Der ›Tempel‹ ist beim *Großen Hotel* durch Pfeiler so gegliedert, als wäre er eingeschossig und beherberge eine außerordentliche Sondernutzung[20]. Die Interkolumnien sind äußerst schmale Streifen, die zudem noch durch sehr steile Arkaden ausgefüllt sind, die sich durch einen markanten Schlussstein in den Vordergrund drängen.

Vor allem der Turm und natürlich der Tempel, aber auch die Eckausbildung der Risalite des Flachbaus, dessen Erdgeschoss und der obere Abschluss sind in einem Architekturstil gestaltet, der aus der Antike und deren architektonischem Sprachkodex durch Transformationen (Antike, Römisches Reich, Renaissance, Klassizismus, Neorenaissance, Neoklassizismus vor dem Ersten Weltkrieg), Brüche, Eigenständigkeiten und Neuheiten ins 20. Jahrhundert gelangte und auf den sich die Nationalsozialisten – neben dem Heimatstil für Wohnbauten und neben einem an sachlicher Technik orientierten Stil für Industriebauten[21] – für Bauten des Staates und der Partei festgelegt hatten. Pinnau musste in dieser Sprache allerdings ein Volumen ästhetisch bewältigen, das im Klassizismus nur selten, etwa in den Schlössern in Versailles oder Schönbrunn, überschritten wurde. Bei diesen allerdings nicht dem Klassizismus sondern dem in der klassischen Architektursprache artikulierten Barock zuzurechnenden Bauten besteht die Fassade in mal mehr (Versailles), mal weniger (Schönbrunn) gelungenen, strukturell komplexen ästhetischen Spielen der klassischen Elemente. Beim *Großen Hotel* sind sie hingegen einfach nur parataktisch gereiht und sind entsprechend langweilig. Das Passieren der mehr als zweihundert Meter langen Reihe auf dem Bürgersteig vor der Fassade ermüdet, weil es kein Ende zu nehmen scheint.

Bei genauer Betrachtung der Entwürfe zeigt sich zudem, dass Cäsar Pinnau aus dem klassizistischen Architekturstil einzelne Elemente übernommen hat, aber nicht das damit verbundene Ordnungsreglement[22]. Das *Große Hotel* wird immer als Einzelbau gesehen. Man weiß zwar, dass es an der *Nord-Süd-Achse* liegen soll; in den Plänen und Modellen dazu ist es auch erkennbar.

22 Siehe dazu ausführlich zu Speer S. 155ff

Wie aber waren die städtebaulichen Ideen Pinnaus? Wie setzt sich das *Große Hotel* mit der *Nord-Süd-Achse* ästhetisch auseinander? Man müsste zunächst antworten, dass es das gar nicht tut. Der Einzelbau ist ein ›Solitär‹, ein einzelnes freistehendes Gebäude, das ästhetisch das Freistehen thematisiert. Pinnau gestaltet sein Gebäude nicht als Teil der *Nord-Süd-Achse* und lässt es ästhetisch nicht mit der Achse und mit den Nachbarbauten interagieren. Er definiert das *Große Hotel* nicht als Station auf einem Weg, dessen Ziel die *Große Halle* ist. Dieser Nichtbezug ist die ästhetische Aussage, er macht die *Nord-Süd-Achse* zu einer beziehungslosen additiven Ansammlung von Gebäuden, die ästhetisch weder etwas miteinander noch etwas mit der Achse zu tun haben.

Nun besteht Architektur nicht nur aus Baukörpern und Fassaden und den daraus resultierenden ästhetischen Bezügen. Es gibt ein Inneres und Funktionen. Wie sind die Bezüge zwischen Außen und Innen? Cäsar Pinnau hatte das exponierteste Element auf dem Turm typologisch und durch einzelne Elemente als klassischen Tempel ausgebildet. Was von außen wie ein Raum aussieht, enthält jedoch drei Normalgeschosse und darüber, kurz unter und über dem Gebälk, ein zweigeschossiges Restaurant und auf dem

Abb. 53 Aufbau auf dem Hotelturm (Stützen von EF grau angelegt) (links)

Abb. 54 Schnitt durch den oberen Teil des Hotelturms (rechts)

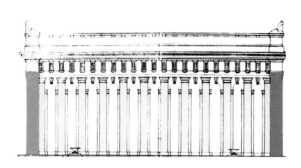

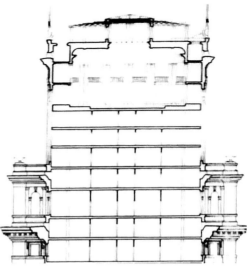

Dach dann noch ein Terrassencafé. Das kann man bautechnisch natürlich machen, und wenn die Zwischenräume zwischen den Triglyphen Fenster gewesen wären (was sie nicht waren) hätten sich innen auf der Galerie gutes Licht und spannende Ausblicke ergeben. So widerspricht es jedoch jeder Klarheit einer klassizistischen Ordnung. In der Nacht wären zudem einzeln genutzte Räume der drei unteren Geschosse als irreguläre Lichtflecken und das Restaurant als schwebender Lichtstreifen wahrgenommen worden. Das kann man aber nur in einem Bau der Internationalen Moderne machen.

Im Turm waren auf jeder Ebene vier kleinere Suiten und 10 zweiräumige Apartments vorgesehen. Im 7.–23. Geschoss des Turms liegen die hochwertigeren zweiräumigen Einbett-Apartments mit Bad. In den Ecken des Turms liegen ebenfalls Zimmer ohne Bad und eigene Toilette. Die beiden jeweils in der Mitte zwischen den beiden Aufzugshallen liegenden Apartments haben wegen der vom Flur zugänglichen Toiletten nur eine Dusche oder nur ein Waschbecken. Das 24. Geschoss muss ein neues Treppenhaus einbringen, da das 25. Geschoss hinter eine Terrasse zurückspringt. Ab hier gibt es dann nur noch neun Zimmer mit eigenem Bad und eins mit einer Dusche. Die Chance, hier einige Sondersuiten einzurichten und damit wichtige Leute ins Hotel zu bekommen, ist ausgelassen. Der Flachbau wird nur

Abb. 55 Grundriss 7.–23. Geschoss des Turms

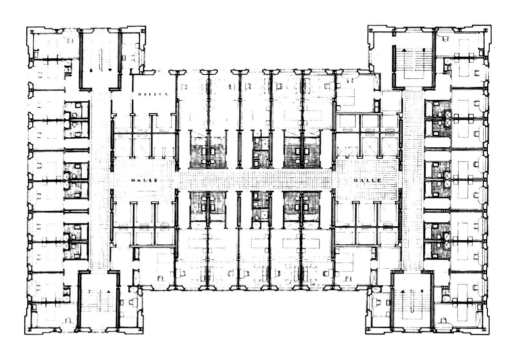

in seinem mittleren Teil für das Hotel genutzt. In den Risaliten befinden sich die Verwaltung der *Feuersozietät* und das *Haus Bremen*. Im außen siebengeschossigen Flachbau werden innen acht Etagen von sehr unterschiedlicher Höhe untergebracht.

Da ist zunächst das sehr hohe Erdgeschoss, so wie es sich auch außen abbildet. Es folgen zwei höhere Geschosse und zwei niedrigere Geschosse, wie es außen an den Fenstern auch abzulesen ist. Hinter dem Kranzgesims mit seinen sehr kleinen Fenstern liegt ein sehr hohes Geschoss. Darüber, in der Attikazone, folgt ein sehr niedriges Geschoss, das wohl für Bedienstete und Gepäck vorgesehen war.

Im untersten Geschoss befindet sich neben Kellerräumen eine Tiefgarage, die in der Lösung der Zufahrt und der Anordnung der Parkbuchten für die Fahrer der Autos sicherlich nicht unproblematisch gewesen wäre. Darüber ein Untergeschoss mit einem Tunnelanschluss an eine Bahnlinie und neben Keller- und Wirtschaftsräumen ein Bierrestaurant, ein Tanzkabarett (unter den Innenhöfen), der Empfang (im Basement des Turms) mit den Aufzügen in den Turm und nach Westen hin eine Schwimmhalle. Darüber im Erdgeschoss befindet sich eine Eingangshalle nach Osten zur *Nord-Süd-Achse* und von Westen her eine Vorfahrt (Zufahrt von der Lützowstraße her,

Abb. 56 Grundriss 25.–27. Geschoss des Turms

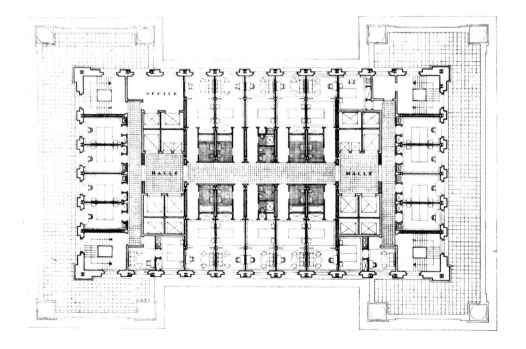

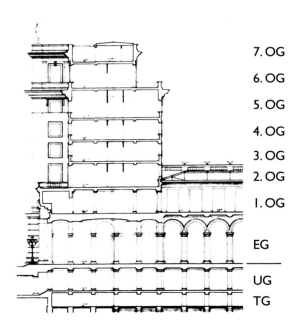

7. OG

6. OG

5. OG

4. OG

3. OG

2. OG

1. OG

EG

UG

TG

Abb. 57 Schnitt durch den
Flachbau

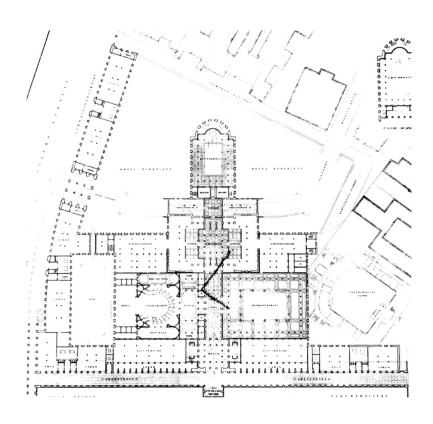

Abb. 58 Erdgeschoss

Abfahrt nach Norden zur Potsdamer Straße oder in die Tiefgarage) sowie entsprechende oberirdische Parkmöglichkeiten. Verlässt man das Auto an dieser Stelle, kann man auf der östlichen Seite in das Hotel hinein, müsste zum Empfang aber eine Etage tiefer gehen. Man kann hier aber auch zu über den Veranstaltungsräumen liegenden Höfe, in eine Wandelhalle oder zu Läden gehen. Verlässt man die Vorfahrt nach Westen, so gelangt man durch Garderobe und Vorhalle über eine Treppenanlage in einen im nächsten Geschoss liegenden Festsaal. Im 1. Obergeschoss befinden sich Cafès mit Terrasse zur *Nord-Süd-Achse*, Gaststätten und weitere Veranstaltungsräume. Es folgen dann vier Normgeschosse mit den Gästezimmern. Es sind durchgehend Einraumeinzelzimmer. In Plänen vom 1. 3. 1940 hatten die Zimmer zur *Nord-Süd-Achse* und die Zimmer im Norden und Süden zu den Innenhöfen ein Bad. In einem Plan von Juni 1941 sind alle Zimmer ohne Bad. Wo – und ob überhaupt – Duschräume und Toiletten eingeplant sind, ist nicht zu erkennen. Ob die Etagen und damit auch die Gästezimmer hoch oder niedrig sind, sie haben alle den gleichen Grundriss. Das Zusammenschließen von Zimmern oder Suiten war auch hier nicht vorgesehen. Das 6. Oberge-

Abb. 59 1. Obergeschoss

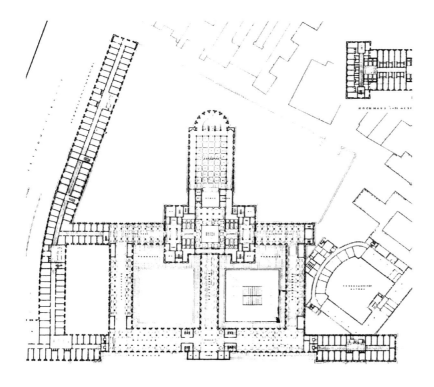

schoss springt, sicherlich wegen der Belichtung des Hofes und der innenliegenden Zimmer, zurück. Die Gäste dieser Zimmer können den Rücksprung als Außenterrasse nutzen. Wenn man annimmt, dass die Zimmer im Flachbau alle als Einzelzimmer genutzt werden, dann sind das ca. 550 Betten. Im Turm befinden sich auf jeder Etage 26 Einzelzimmer und vier Doppelzimmer. Das ergibt ca. 800 Betten. Das *Große Hotel* hat also insgesamt ca. 1350 Betten. Wenn einige Zimmer des Flachbaus als Doppelzimmer genutzt würden (was allerdings sehr eng würde), dann käme man auf die immer wieder angestrebte Zahl von 1500 Betten. Geplant war sicherlich, dass die Gäste ihre Freizeit in den Räumen und Einrichtungen des *Großen Hotels* verbringen sollten, hier folgte man den Vorbildern der Grandhotels. Diese zogen aber auch Bürger der jeweiligen Städte und Umgebung an. Das wurde mit dem *Großen Hotel* nicht bedacht oder nicht bezweckt. Denn dazu hätten für die Gäste aus dem Umraum von Berlin mehr Doppelzimmer und Suiten vorgesehen und für Abendgäste in den Restaurants und zu den Veranstaltungen eine auch architektonische Zuwendung und eine städtebauliche Einbindung zur Stadt gestaltet werden müssen.

Abb. 60 2.–5. Obergeschosse

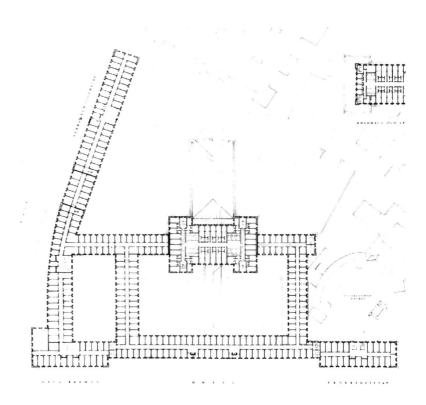

Man kann festhalten, dass sich im Turm wegen der erfreulicheren Gästezimmer und der kleineren sozialen Gruppierungen auf den jeweiligen Etagen (34 Personen) und der übernachtenden Ehepaare in den Doppelzimmern eine einigermaßen sich selbstkontrollierende Situation ergeben dürfte. Man muss nicht weiter ins Detail gehen, wenn man angesichts der Etagen des Flachbaus mit jeweils über 100 Personen, der außerhalb der Gästezimmer befindlichen Sanitärräume und der langen Flure feststellt, dass sich hier ein sehr geschäftiges Hin und Her von Personen entwickeln wird, die zu viele und sich zu nah sind, um temporär und wohlwollend miteinander zu kommunizieren. Und man muss bedenken und erwarten, weil das auch Ziel der Sozialplanung des *Dritten Reichs* war, dass alle diese Personen Männer sind. Im Ruhrgebiet hat man die Unterkünfte für unverheiratete Arbeiter und Angestellte *Bullenkloster* genannt. Das kann man sicherlich nicht direkt übertragen. Aber ein Hotel, mit dem das *Dritte Reich* für sich hätte werben können, wäre das niemals geworden.

Das Hotel sollte nicht vom *Dritten Reich* oder einer der nationalsozialistischen Organisationen betrieben werden, sondern von einem privaten Investor. Der GBI hatte diesbezüglich Kontakt mit Albert Heilmann, dem Generalkonsul des jugoslawischen Königsreichs und Inhaber einer Grundbesitz-Verwaltung GmbH, Kontakt aufgenommen. Albert Heilmann hatte angeboten, den Bau des *Großen Hotels* als Investor zu übernehmen, lehnte das Café aber ab. Zudem wollte er ein Entgegenkommen bei der Finanzierung und weitere Veränderungen in den Funktionen. Er schrieb am 25.9.1940 einen Brief an Speer mit seiner Kritik am Pinnauschen Entwurf und mit seinen eigenen Vorstellungen.[23]

Jener hatte wesentlichen Einfluss auf die Einplanung der Läden.[24] Heilmann merkt zudem am 25.9.40 in einem Brief an Speer an, dass er bei seinen Planungen vermutlich die Cafés an den Champs-Elysées vor Augen gehabt habe, diese aber tatsächlich sehr viel kürzer und zudem sowohl organisch gewachsen sei, wie auch das dicht bevölkerte Paris mit Wohnquartieren der Peripherie verbinde, »während es sich bei der Nordsüdachse um eine Bauanlage handelt, die im Laufe von 10–15 Jahren durchgeführt wird und wegen ihrer großen Breite auf jeder Straßenhälfte kräftiger Hilfsmittel der Belebung und Befruchtung bedarf, wenn sie nicht tote, kalte Pracht werden soll, was für längere Zeit nicht nur im Hinblick auf das große Regierungsviertel sehr zu befürchten ist.« Heilmann kritisiert also, dass die *Nord-Süd-Achse* mit 150 m Breite sehr schwierig zu beleben sei und dass die Cafés kein vis-a-vis hätten. Heilmann erinnert an das Desaster der Lud-

Anspruch Baukunst und Politik

23 BA R 4606/2825

24 BA R 4606/2826: Wolters
Aktennotiz vom 19.10.1940

wigstraße in München, die über 70 Jahre eine tote Straße geblieben sei. Die *Nord-Süd-Achse* habe viele Staatsgebäude und ein schwierig zu bebauendes Mittelstück (Eisenbahngrund). Berlin sei zudem klimatisch nicht geeignet, man könne im Winter nicht draußen sitzen, da es im Gegensatz zu Paris in Berlin im Jahresdurchschnitt um 3° kälter sei. Im Hochsommer – wenn man draußen sitzen könne – würden 1 Mill. Menschen die Stadt verlassen. Wie schwierig dies sei, zeige die schlechte Nutzung der Straße *Unter den Linden* in Berlin[25]. Man könnte heute die Kritik an dem Konzept nicht präziser formulieren; einem Investor aus den 30er-Jahren nimmt man sie aber sicherlich widerspruchsloser ab.

Heilmann verlangte ein großes Entgegenkommen bei den Kosten für Grundstück und Hotel und bei den Betriebssteuern. Ein anderer Investor, Freiherr von Hertling, hielt allein ein Hotel mit ca. 700 Betten für wirtschaftlich. Dem schloss sich Direktor Voss vom *Esplanade* an, der zudem die Existenz seines eigenen Hotels durch die neue Konkurrenz fürchtete.[26] Die Kosten sind natürlich auch so hoch, weil das Hotel nicht, wie etwa die US-amerikanischen Hotels, als äußerst kompakter Block konzipiert wurde.

Das *Große Hotel* an der *Nord-Süd-Achse* sollte Vorstellungen von der Identität eines exponierten Hotels des *Dritten Reich* und damit das *Dritte Reich* repräsentieren: bauwerkliche Größe, hohe Anzahl von sozial nivellierten Nutzern bei funktionalem und visuellem Rekurs auf großbürgerliche Vorbilder, sowie Isolation vom Alltag in der Stadt. Der vorgelegte Entwurf eines *Großen Hotels* zeigt aber große Schwächen nicht nur in der unternehmerischen Projektentwicklung, sondern auch in seinem Nutzungskonzept, in der Organisation der Funktionen und in seinen ästhetischen Gestaltungen; man möge das mit den Honoraren vergleichen[27]. Speer als Bauherr und Pinnau als Architekt hätten mit der Realisierung eine Fehlplanung präsentiert. Cäsar Pinnau wirkt durch und in seinem *Großen Hotel* an einer Repräsentation des *Dritten Reichs* mit. Faktisch repräsentiert er aber nicht den Anspruch, sondern die Anmaßung des Regimes und seine eigene Inkompetenz.

25 BA R 4606/2825

26 BA R 4606/2825: Protokolle Besprechung mit Fränk (GBI) und Direktor Voss (*Esplanade Hotel*) vom 8.9.1938, Protokoll einer Besprechung mit Fränk (GBI), Freiherr von Hertling und Pinnau am 9. Mai 1939, Protokoll einer Besprechung mit Fränk (GBI) und Direktor Voss (*Esplanade Hotel*) vom 11.5.1939

27 Siehe Seite 26

Der Entwurf für den Wiederaufbau von Bremen
Cäsar Pinnau wurde gegen Ende des Zweiten Weltkrieges in Albert Speers
Arbeitsstab für den Wiederaufbau bombenzerstörter Städte aufgenommen und
übernahm die Planung für Bremen.

Abb. 61 Bremen Innenstadt (1938)
(Ausschnitt)

Für 1938 liegt von Bremen ein Schwarzplan vor, in dem allerdings auch bereits Vorschläge für Interventionen eingezeichnet sind. Ich möchte aber diesen Plan dennoch zur Basis des Vergleichs und der Analyse machen. 1940

Abb. 62 Ausschnitt aus dem Plan von Offenberg (neue Bebauung in Ocker, neue Straßen in Rot, markiert von EF)

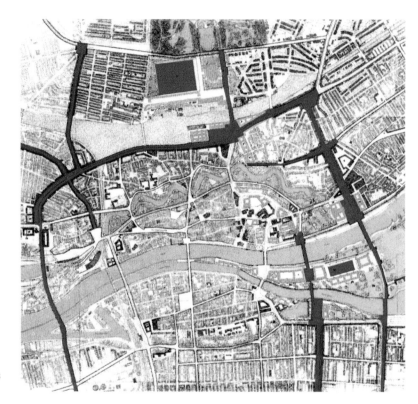

Abb. 63 Offenbergs Plan (1940) für die Altstadt (links)

Abb. 64 Offenbergs Plan für die Altstadt in den Stadtplan von 1938 montiert (rechts)

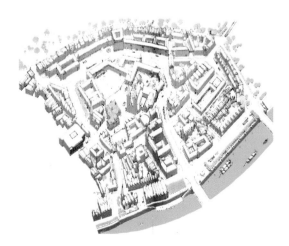

wurde Bremen in die Liste der neuzugestaltenden Städte aufgenommen; der damalige Stadtbaudirektor Gerd Offenberg legte daraufhin einen Vorschlag für die Neugestaltung vor.

Beim Versuch, die Planungen Offenbergs zu verstehen, muss man bedenken, dass die großen Bombenangriffe auf die Stadt Bremen noch nicht stattgefunden hatten. Ohne hier ins Detail zu gehen, kann man an den beige eingefärbten Neubauten auf dem Plan von Offenberg erkennen, wie sich die Stadt Bremen verändert hätte. Man erkennt, dass Offenbergs Zerstörungen – wie bei der Neugestaltung Berlins durch Speer – erheblich gewesen wären. Besonders deutlich wird die Zerstörung der kleinteiligen Bremer Alt-

stadt und damit der Stadt als Ort des Wohnens sowie der Ausbau der Weserinsel zu einem Parteiforum. Ein weiterer Plan zur Neugestaltung wurde dann von Wilhelm Wortmann vorgelegt. Dabei hätte es zwar auch Abrisse in der Altstadt gegeben, die kleinteilige Struktur der Altstadt im Großen und Ganzen wäre aber erhalten geblieben. Auf der Fläche des ehemaligen Schlachthofes im Norden der Stadt wären ein Kulturforum (Stadthalle, Ausstellungsgebäude, Museum und ein Divisionsgebäude), am Hauptbahnhof ein Reise- und Unterhaltungszentrum (neues Bahnhofsgebäude, Postamt, Kino, Messehaus, Hotelbauten, Geschäftshäuser sowie ein ›Haus des Reiches‹), am Walltor ein Literarturzentrum (Theater, Bibliothek, Café) und auf der Weserinsel ein politisches Zentrum (Kreisleitung, Maifeld, Feierhalle, Haus der Wehrmacht und Bauten für private und staatliche Verwaltungen) entstanden. Das Zentrum am Dom (Rathaus, Verwaltung, Banken, Kontorhäuser, Gericht und Hauptpostamt, Haus der Kaufmannschaft) hätte nur geringfügig geändert werden müssen. Durch diese Funktionsgruppierungen definiert Wortmann ›Stadt‹, dabei setzt er einige traditionelle Definitionen

Abb. 66 Pinnaus Plan für Bremen, 1944 (neue Bebauung in Ocker, neue Straßen in Rot, markiert von EF)

um (wie etwa die Vorstellung, das Zentrum einer Stadt sei Ort des Handels und der Verwaltung). Das Parteiforum wurde wegen der regionalen Bedeutung von ihm außerhalb der Altstadt situiert, aber durch die Stadt bis zum Bahnhof angebunden. Diese Anbindung würde ich als ›Weg‹ bezeichnen, nicht als ›Achse‹. Er dürfte von Anreisenden wie ein Prozessions- oder Pilgerweg rezipiert werden, der immer mehr zu zwei Höhepunkten, dem Forum und der Feier- und Gedenkstätte führt, wobei diese die Pilgerrichtung nicht fortsetzen, sondern im rechten Winkel dazu orientiert sind, also durch den Bruch und die neuen Orientierungen als neue Realitäten oder Welten wahrgenommen worden wären. Mit dem Fortschreiten des Krieges wurden jedoch alle Neugestaltungspläne auf Eis gelegt.

1 dazu siehe Durth, Gutschow 1988

Im vierten und fünften Kriegsjahr verstärken sich die Angriffe der Alliierten auf deutsche Städte und die Front rückt näher. Aus den Plänen für eine Neugestaltung werden nun Pläne für den ›Wiederaufbau bombenzerstörter Städte‹, die vor allem in einer von Speer einberufenen Arbeitsgruppe ausgearbeitet werden[1].

Den Plan für Bremen entwirft Cäsar Pinnau, und dieser ist keineswegs nur »ein großräumlich angelegter, schematischer Wiederaufbauplan für die Stadt mit der Darstellung eines übergeordneten Verkehrsnetzes.«[2], sondern eine spezifische Definition der Identität von Bremen[3]:

Pinnaus Interventionen

Im Gegensatz zu Offenberg, aber wie Wortmann, behält Pinnau wahrscheinlich[4] die Kleinparzellenstruktur bei, er definiert die Stadt Bremen damit vom mittelalterlichen Kern her. Konsequent ist es dann, dass er den Stadtgraben erhält und ihn durch zwei Ringstraßen innen und außen ›heraus‹stellt, d.h. ihn einerseits freistellt und isoliert, ihn aber so auch betont. Die innere Ringstraße (heute ›Am Wall‹) wird bei Pinnau über eine Brücke fortgesetzt, bindet die Weserinsel an ihrer Spitze ein und umfährt die Neue Altstadt im Wallbereich, so dass mit der Weser in der Mitte die Altstadt und die Neustadt zu einem kompakten, fast runden Gebilde und zur Identität ›Bremen‹ zusammengeschlossen werden. Das ist behutsam und in dem umrahmenden Gestus auch ziemlich geschickt.

2 Höhns 2015: 97

3 Da bisher nur dieser eine Plan bekannt ist, kann man nur die Setzung von Strukturen zur Grundlage einer Interpretation machen. Gleichwohl sind auch diese bei allem Vorbehalt aussagekräftig.

Zugleich aber sieht auch Pinnau Großbauten und neue Areale vor. Er plant zunächst eine Reihe von größeren Blocks auf der Altstadtseite der Weser, zudem besonders auffallend eine Kette von Solitären auf der Neustadtseite. Er räumt das westliche Areal der Weserinsel frei und sieht dort Großbauten vor. Zwischen Bahnhof und Bürgerpark im Norden (siehe ›A‹ in Abbildung 66), wo sich früher der Schlachthof befand, wird ein großer neuer Platz mit der entsprechenden Rahmung vorgesehen. Dabei findet er

4 Pinnau stellt seine Veränderungen nicht in einem Schwarzplan dar. Er zeichnet wichtige Straßen und die Neubaugebiete. Deshalb unterstelle ich, dass er in die Parzellengröße und Bebauung der Altstadt nicht eingegriffen hätte.

einen – schlechten – Kompromiss zwischen der Herstellung einer Schwelle zwischen Innenstadt und Park, wie bei Offenberg, und der sehr gelungenen Anbindung des Parks an die Innenstadt durch ein breites Feld wie bei Wortmann. Welche Institutionen er nach dem Ende des Kriegs hier ansiedeln will, ist nicht erkenntlich. Der große freie Platz am Ende der neuen Straße durch die Innenstadt weist aber eher auf ein Forum, wie es vor dem Krieg auch in anderen Städten und für Bremen von Offenberg und Wortmann konkreter durchgeplant worden war. Zwischen Bahnhof und Stadtgraben räumt er die kleinteilige mittelalterliche Bebauung weg und sieht ein neues System von Straßen mit großen Blocks vor. Auf der Weserinsel (siehe ›B‹) hingegen hat Pinnau auch die Bebauung eingezeichnet und, obwohl etwas anders ausgebildet als bei Offenberg und Wortmann, kann man in der Abfolge der Bauten und Räume eindeutig ein Parteiforum erkennen.

5 Necker 2016

Die Rahmung einer inneren Altstadt und die Bebauung eines Flussufers (siehe ›C‹) finden sich bereits in dem Entwurf Konstanty Gutschows für die Elbbebauung in Hamburg[5]; Pinnau bricht in dieser Hinsicht nicht mit den Vorplanungen.

Pinnau legt also keinen Verkehrsplan vor, plant auch keinen ›Wiederaufbau‹ im eigentlichen Sinne des Begriffes, sondern versucht in seinem Entwurf ein neues politisches Konzept von der Stadt Bremen, in der eine Verbindung einer um die Weser in ihrer Mitte angesiedelten mittelalterlichen Stadt mit den dem *Dritten Reich* zeitgemäßen urbanistischen Vorstellungen eingegangen werden soll. Das zeugt im Jahre 1944 entweder von einer durch keine Realität erschütterten Zuversicht oder von Unaufrichtigkeit und Anpassung.

Pinnaus Architektur im Dritten Reich
Das *Große Hotel* ist weder Klassizismus noch Baukunst, sondern das Gemurkse eines Innenarchitekten, der sich zum ersten Mal als Architekt an einem Großbau versucht und dabei den Geschmack seines Paten und der Herrschenden treffen will. Das ist die Zeit der Euphorie.

Die Planung zum Wiederaufbau von Bremen geht behutsamer vor, weicht aber von den Vorstellungen von Stadt im *Dritten Reich* nicht ab. Das ist die Zeit der Renitenz gegenüber der zu erkennenden historischen Situation. Die Architektur Pinnaus ist ›nationalsozialistisch‹, wenn man diese Bezeichnung als datierende Klassifizierung – so wie etwa den Begriff der ›Gotik‹ – benutzt und einige spezifische Stilmerkmale (Spitzbögen, Dienste, Vertikalismus, Diaphanie oder eben eigenartige klassische Architektursprache, Achsialität, Monumentalität in Kombination mit Heimatstil und einer starren internationalen Modernität etc.) zusammenfasst. Zugleich sollte man

m. E. die Architektur Cäsar Pinnaus nicht als ›nationalsozialistisch‹ bezeichnen, wenn man damit meint, dass sie die politischen Programme und ihre
Wirklichkeit repräsentiert, denn das impliziert letztlich die Gefahr einer
Verharmlosung des Nationalsozialismus und seiner Wirklichkeit in Struktur und Handeln des *Dritten Reichs*. Monumentalität, Achssymmetrie und
ewiger, bzw. ewiggestriger Klassizismus, das Scheitern bei der Organisation
der Funktionen, das Abkupfern von Vorbildern ist ein Effekt der nationalsozialistischen Vertreibung kompetenter Manager, Wissenschaftler und Fach-
leute aus ihren gut beherrschten Jobs und deren Ersatz durch Parteigänger,
die sich für den Job allein durch ihre ideologische Haltung qualifizierten und
im Job allein ihre Traumtänzerei und ihre Kommandostruktur entwickelten.
(Für Speer als Manager der Kriegsindustrie mögen das die Wirtschaftshis-
toriker entscheiden.) Das ist aber nur ein Teil des Nationalsozialismus und
des *Dritten Reichs*. Das Ganze ist eine auf einem Konzept von *Blut und Boden*
gründende antisemitische, imperialistische, kriegstreiberische, antiintellek-
tuelle, Demokratie aufhebende, Gewerkschaften auflösende, frauenverach-
tende – und eigentlich durch ihre Rollenvorgaben, sagen wir einmal »zäh
wie Leder und hart wie Kruppstahl« – auch männerprägende, die Zukunft
von Kindern in ihrem Soldatensein projektierende, die Versorgung der Alten durch Raub des angesammelten Kapitals der Rentenversicherung zer-
störende, deutsche und europäische Kultur infrage stellende Ideologie und
deren Menschen en masse tötende Realisierung (und ich bin sicher, dass
man diese Liste noch erweitern muss).

Ein einzelner Bau kann nicht die gesamte Wirklichkeit des *Dritten Reichs*
– und seien es Megalomanie und Unterdrückung des Subjekt oder wie bei
dem *Großen Hotel* bei ganz genauem wissenschaftlichen Hinsehen auch die
Vertreibung der Juden und die Stümperei – präsentieren und erlebbar machen. Der Bau kann auf die gesamte Ideologie und Realität des Nationalsozialismus nur verweisen, wenn man von ihr weiß oder wenn man sie sich
in einer distanziert-wissenschaftlichen Analyse erarbeitet. Bezeichnet man
ein Gebäude mit dem im zweiten Sinne verstandenen Adjektiv ›nationalsozialistisch‹, so könnte man meinen, dass dieses Gebäude als Solitär enthält,
was Ideologie und Realität des ›Nationalsozialismus‹ waren. Das aber ver-
harmlost ihn zumeist immens; vielleicht wäre es allein bei Konzentrationslagern angemessen. Und da es bei der Benutzung des Adjektivs nicht deutlich ist, welche von seinen zwei Bedeutung man dem Adjektiv gibt, sollte
man darauf verzichten.

In ähnlicher Hinsicht hat sich 1987 Wolfgang Fritz Haug in einer Kritik am Umgang mit einer Breker Ausstellung in der Westberliner Akade-

6 Haug 1987: 98

mie der Künste (1983) geäußert: »Es gibt kein ›Prädikat faschistisch‹, das den Elementen von Hause an anklebt. Faschistisch ist die gesamte gesellschaftliche Anordnung...«[6]. Allerdings meint er in einem anderen Politikverständnis, dass das Politische nicht in den Dingen ist, während hier von Identitätspolitik die Rede ist, innerhalb der den Dingen eine politische Identität gegeben wird, die Teil hat an der Konstruktion des komplexen Ganzen, aber nicht das Ganze ist.

Eine konkrete ästhetische und politische Analyse der Werke führt auch dazu, von der naiven Implikation einer Allmächtigkeit der Architekten im Nationalsozialismus und dem Ideologem, dass der starke Wille Realität werde, Abstand zu nehmen. Skepsis ist die erste Tugend aufgeklärter Bürger und Wissenschaftler.

Architektur und Politik 1945–1988

Vorbemerkungen zum Politischen des Wohnens

Dass Wohnen etwas mit Politik zu tun hat, zeigt sich gerade in der Entwicklung des Wohnungsbaus im 19. und im 20. Jahrhundert und speziell in Deutschland, weil es in dieser Zeit schnelle und tiefgreifende Veränderungen gegeben hat und weil durch unterschiedliche politische Systeme versucht wurde, ihr jeweiliges Verständnis von Mensch, Gemeinschaft und Gesellschaft auch in die Wohnungspolitik umzusetzen und weil in diesem Zeitraum diese Prozesse mit einer Fülle von Publikationen und schriftlichen Stellungnahmen verbunden waren[7].

In dieser Zeit gab es im Grunde zwei Positionen zum Wohnen: Einerseits wurde die Wohnung bis zur Wohnungstür als privater und individueller Rückzugsraum aus der Öffentlichkeit und aus dem politischen Raum, andererseits als Teil einer gemeinschaftlichen und gesellschaftlichen Ordnung des Sozialen angesehen. Im Grunde ging es beiden Richtungen um Schutz der Familie, der einen um den durch Politik undurchdringbaren Schutzraum der quasi-natürlichen Gesellung der Menschen (Kernfamilie), der anderen um Schutz- und Integrationsaktivitäten eines der durch soziale Ordnung bestimmten, gesetzlich geformten und geförderten untersten Elements in dem gesamten Geflecht der sozialen Gemeinschaft. Politisch bestimmt sind beide Positionen. Cäsar Pinnau hat bereits vor dem Zweiten Weltkrieg Wohngebäude entworfen. Bekannt geworden ist er nach dem Zweiten Weltkrieg durch seine Villen vor allem in Hamburg und Bielefeld. Zudem hat er in dieser Zeit Residenzen und Paläste für Onassis und arabische Scheichs entworfen bzw. umgebaut, wovon hier aber abgesehen werden soll.

7 Ich verweise hier nur auf einschlägige Literatur: Geist 1980–1989, Führ/Stemmrich 1985, Bollerey 1977; Kähler 1985 und die fünf Bände der Geschichte des Wohnens Stuttgart 1996–1999 (unterschiedliche Herausgeber)

Villen und Wohnbauten Cäsar Pinnaus

Die Wohnbauten Cäsar Pinnaus in Deutschland gehören eindeutig zur ersten politischen Position, sind aber mehr als nur deren ›Herunterbrechung‹.

Bereits vor den Aufträgen zur Innenarchitektur und zur Architektur staatlicher Bauten entwarf Cäsar Pinnau einige kleinere Wohngebäude, so ein
Wohnhaus mit Reetdach für Marieluise Claudius in Berlin (um 1935), das
Landhaus Kolditz im Harz (um 1936), Haus Körner in Kleinmachnow (1936),
ein Haus für seinen Kollegen bei den *Contempora Lehrateliers für Neue Werkkunst*, das Haus Arpke (1936) und ein Haus für seinen zukünftigen Schwie-
gervater, das Haus Müller in Hamburg (1937).

Die ersten Wohnhäuser aus
der Mitte der dreißiger Jahre

    Nach den nicht realisierten Entwürfen für moderne Wohnbauten, noch
während der Studienzeit entworfen (siehe Höhns 2015), sind die zum großen Teil nun realisierten Wohngebäude aus der Mitte der 30er-Jahre noch
sehr heterogen und vermutlich bauherrenorientiert. So sind sie heimattü-
melnd mit Reetdach (Haus Claudius) ausgestattet oder nehmen Vorbilder
der Zeit vor dem Ersten Weltkrieg auf (Haus Müller). In der Beziehung zur
Straße zeigt sich dieses Haus durch das große Fenster des Esszimmers und
weitere Fenster auf die Straße hin geöffnet, zeigt also eine Kommunikation
des erweiterten Wohnbereichs mit der Öffentlichkeit der Straße.

    Das Wohnhaus Arpke schließt sich ebenfalls nicht völlig ab, allerdings
gibt es hier nur eine kleine Essecke und ein sehr schmales Fenster zur
Straße. Eines der Fenster des Ateliers ganz am Rande öffnet sich ebenfalls
zur Straße, man kann als Passant hier aber keinen Einblick in die Arbeit im
Atelier erheischen; die Anbindung des Wohnens im Haus zu den Passanten
und Nachbarn auf der Straße ist also sehr reduziert.

    Haus Körner und Haus Arpke liegen quer zur Erschließung, die Funk-
tionsräume sind mit einzelnen Ausnahmen zum Eingang angeordnet, die
Wohnräume zum Garten. So werden die Funktionsräume also als eine Art
Barriere genutzt, um die Wohnräume vor Einsicht von der Straße her zu
schützen und dadurch privater zu machen. Bei dem auf einem Eckgrundstück
liegenden Haus Claudius richtet sich eine fensterlose Querseite mit einem
mächtigen Kamin zur Straße, die zur zweiten Straße gerichtete Gartenseite
wird durch eine umlaufende Pergola, durch Büsche und durch eine umlaufende äußere Hecke vor den Blicken der Passanten geschützt, verhindert
aber auch das Hinausschauen der Bewohner. Zum Garten hin grenzt Pinnau
durch Winkligstellen einzelner Bauteile (Garage oder Schlafzimmer) stets
eine Terrasse aus, deren Ausgrenzung vom Garten er oftmals noch zusätzlich durch eine Pergola betont. Beim Haus Arpke gibt es eine unglückliche

Mischung von Achssymmetrie (Eingangssituation) und von durch Funktionen (Garagentor, Atelierfenster) bestimmter Asymmetrie. Die Fassaden des Hauses Müller folgen den Prinzipien der *Arts & Crafts Bewegung*; allerdings versucht Pinnau hier, durch Vorlegen von Pergolen parataktische Ordnungen zu etablieren, die aber leider wenig zur Wirkung kommen. Allein beim

Abb. 67 Haus Arpke, Berlin 1936
(W 007) (oben)

Abb. 68 Haus Arpke, Berlin 1936
(W 007) (unten)

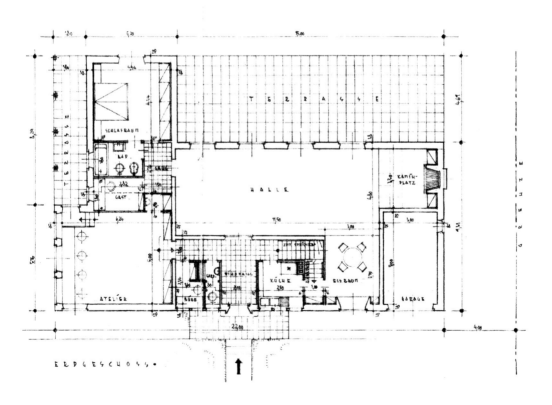

kleinen Haus Körner gelingt ihm dies in etwa. Es deutet sich aber schon hier an (siehe das Fenster links, das zum Teil die Waschküche und zum Teil die unter der Treppe liegende Toilette belichtet, das aber genauso erscheint, wie das Fenster der Küche rechts), dass diese Ordnung der Fassade sich schwer mit der Aufteilung der Räume im Inneren vereinbaren lässt. Die Ab-

Abb. 69 Haus Körner, Kleinmachnow 1936 (die blauen Linien sind vom Autor einmontiert) (oben)

Abb. 70 Haus Körner, Kleinmachnow 1936 (die blauen Linien sind vom Autor einmontiert) (unten)

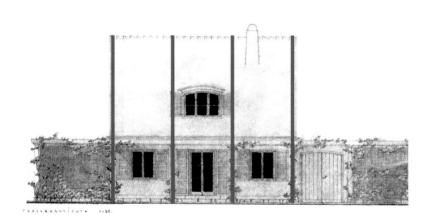

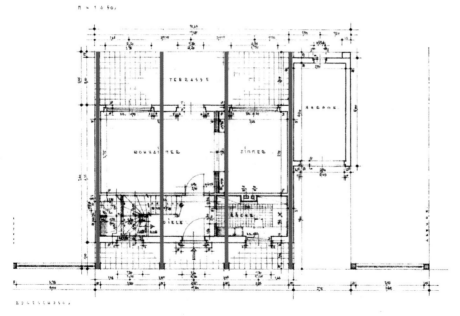

grenzungsstrategie zur Straße, der große zumeist querliegende Wohnraum mit Kamin, der sich auf der Breitseite zum Garten öffnet und die eine ästhetische Ordnung stiftende parataktische Ordnung der Pergolen zeigen bereits in Ansätzen die spezifische Entwurfshaltung Cäsar Pinnaus nach 1945.

Cäsar Pinnau hat eine große Anzahl von Wohnhäusern und Villen entworfen und realisiert. Will man sie auf seine architektonische Haltung hin analysieren, so muss man bedenken, dass gerade beim Einfamilienhaus der Geschmack der Bauherren[8] eine große Rolle spielt[9]. Zudem hatten seine Bauten teilweise eine Sonderfunktion (wie etwa die Ferienhäuser) oder sind untypisch für ihn (wie etwa das moderne Haus Gruner). Ferner findet bei der Einrichtung und Nutzung erneut eine subjektive Interpretation statt. Will man also das architekturtypologische und ästhetische Verständnis eines Architekten möglichst genau erfassen, so eignen sich am besten die Entwürfe für das eigene Haus oder für Häuser sehr enger Freunde.

Das erste Haus, das Cäsar Pinnau für sich selbst und seine Familie entwirft, *Haus Pinnau an der Elbchaussee*
ist das Haus an der Elbchaussee von 1950/1951.

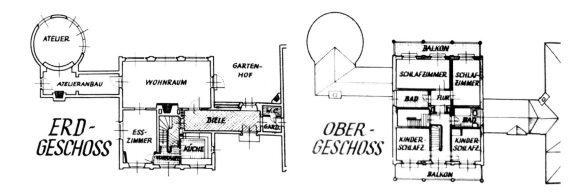

Abb. 72 Erdgeschoss

Abb. 73 Obergeschoss

Die äußere Erscheinung des Haupthauses ist durch die sich über die gesamte Breite der Front erstreckenden Loggien bestimmt, die durch sehr
schlanke Säulen, die sich über zwei Geschosse erstrecken, aneinander ge-
bunden werden und die gesamte Fassade parataktisch in drei Felder unter-
teilen, ähnlich dem Haus Körner (s. o.). Man könnte, wenn man das flache
Walmdach als eine Art Giebel liest, hier auch von der Hoheitsform einer
Tempelfassade sprechen. Auch der übergiebelte Eingang weist in diese Inter-
pretationsrichtung. Das Wohnhaus ist auf einem fast quadratischen Grundriss errichtet, wenn man von den beiden Loggien auf der Straßen- und auf
der Gartenseite absieht. Es ist auf der einen Seite durch einen Gang, in dem
auch der Eingang zum Haus liegt, an die etwas distanziert gebaute Garage
angeschlossen und auf der anderen Seite ebenfalls durch einen Gang mit
dem runden Atelier Cäsar Pinnaus verbunden. In der Mitte des Wohnhauses liegt ein Treppenhaus, zur Straße liegen im Erdgeschoss Küche und Esszimmer und im Obergeschoss zwei Kinderzimmer, zum Garten im Erdgeschoss das Wohnzimmer und im Obergeschoss die beiden Schlafzimmer
der Eltern. Die Außenwand des Wohnzimmers öffnet sich durch drei große
Fenster auf den Garten, die Innenwand hat in der Mitte einen Kamin und
symmetrisch rechts und links davon zwei Türen, eine zur Diele, die andere
zum Esszimmer. An den Querwänden liegen sich jeweils eine Tür gegenüber,
ein Ausgang zum Gartenhof und eine Tür zu einem Gang zum Atelier. Wie
kann ein für die Zeit so ungewöhnlich großer Wohnraum genutzt werden?

Darüber informiert eine Fotostrecke in der Zeitschrift *Film und Frau*: Pinnau richtet das Wohnzimmer durch eine Sitzgarnitur ein, die im Reigen der zur damaligen Zeit verbreiteten Inneneinrichtung von Familien mit ähnlichem sozialen Anspruch, wie sie auch in der Zeitschrift *Film und Frau* in großem Umfang gezeigt wird, fast schon als ›modern‹ zu bezeichnen ist. Die Sitzgarnitur im Haus Pinnau formt in einem rechteckigen Zimmer um den Kamin herum einen Binnenraum, der der eigentliche Wohnraum im Wohnzimmer ist. Der weitere Raum ist nur durch wenige Einrichtungsstücke markiert, ansonsten leer und ›Raum pur‹, nutzbar nur als Verkehrsraum (Eintrittsbereich, Gang zum Atelier). Das Wohnzimmer ist das Antichambre zum Atelier. Hier kann der Architekt seinen zukünftigen Auftraggebern einen entsprechenden Empfang gewähren, denn hier kann er zeigen, wie er Wohnen versteht.

Für die drei Kinder (1950 im Alter zwischen 6 und 13 Jahren) aus Pinnaus erster Ehe war dieser Raum nicht kindgerecht – wenn man an unser heutiges Verständnis von Kindsein denkt. Historischer formuliert: Der Raum verlangt von den Kindern ein erwachsenes, diszipliniertes Verhalten.

Gegessen wird getrennt von der Küche in einem separaten Esszimmer. Seine eigenartige Form (Schrägstellung der Eingangstür vom Flur und der der Tür gegenüberliegenden Eckwand) ist vielleicht der Entscheidung Pinnaus zur Ausweitung der Mittelachse (siehe Abb. 72) geschuldet. Der

Abb. 74 Wohnzimmer (Aus *Film und Frau* 1955) (links)

Abb. 75 Wohnzimmer (Aus *Film und Frau* 1955) (rechts)

Raum enthält ansonsten nur einen kleinen Esstisch mit sechs rokokoisier-
ten Stahlsesseln sowie eine neobarocke Deckenlampe. An der Rückwand
hängt das Gemälde einer französischen Familie aus dem späten 18. oder
frühen 19. Jahrhundert von unbekannter Hand, das Ruth Pinnau als ›Fami-
lienbild‹ bezeichnet. Es weist in der Tat das Esszimmer als das eigentliche
Familienzimmer aus.

Das Elternschlafzimmer und die Kinderzimmer liegen im Obergeschoss.
Die Schlafzimmer der Eltern sind getrennt, was im 20. Jahrhundert einem
eher großbürgerlichen Verständnis entspricht; Erwachsenenwelt und Kinderwelt sind ausdrücklich getrennt, was sich zu dieser Zeit im deutschen
Einfamilienhausbau über alle sozialen Schichten hinweg findet.

Allerdings sind vor allem auf der Straßenseite Innen und Außen nicht auf-
einander bezogen. Hinter den drei parataktischen Interkolumnien von circa
1,80 m auf der Straßenseite befindet sich im Erdgeschoss hinter dem rechten Fenster das zum Essen genutzte Zimmer mit einer Breite von 3,37 m.
Es folgen in der Mitte ein sehr schmales Treppenhaus (1,98 m) und daneben die Küche (3,06 m).

Diese Lösung verweist auf ein grundlegendes Problem bei der Benutzung historischer Stile: Seit dem 19. Jahrhundert differenzieren die Bauher-

Abb. 76 Esszimmer (Aus *Film und Frau* 1955) (links)

Abb. 77 Esszimmer vom Vorgarten aus fotografiert (Aus *Film und Frau* 1955) (rechts)

10 »Geometrie« ist keine
ästhetische Kategorie sondern ein
wissenschaftliches Fach, ein spezifischer Ansatz zur Beschreibung von
Ordnung in der Wirklichkeit. Man
kann auch einen ›rollenden Stein‹
geometrisch betrachten.

ren ihre Zimmer nach den Funktionen aus. Die Diensträume, die vorher im
Keller oder in separaten Gebäuden untergebracht waren, werden ins Haus
gezogen, aber dort – auch in der Größe – als Sekundärräume realisiert.

Diese Ausdifferenzierung der Innenräume wird auch nach außen sichtbar gemacht, etwa durch Vorbauten oder Rücksprünge und durch die Größe
und Lage der Fenster. Benutzt man nun für einen solchen modernen Grundriss eine parataktische Fassadenordnung, so ergibt das eine Strukturdiffe-
renz, die unter der baukünstlerischen Norm der »Übereinstimmung von Innen und Außen« als Missverhältnis anzusehen ist. Technisch ist das möglich,
zeugt aber gerade nicht von einem »Dreiklang von ästhetischer Ordnung[10],
Zweck und Schönheit«, wie Fest sagt. Die durch schlanke, zweigeschossige

Abb. 78 Analyse der Straßenfront
des Hauses an der Elbchaussee

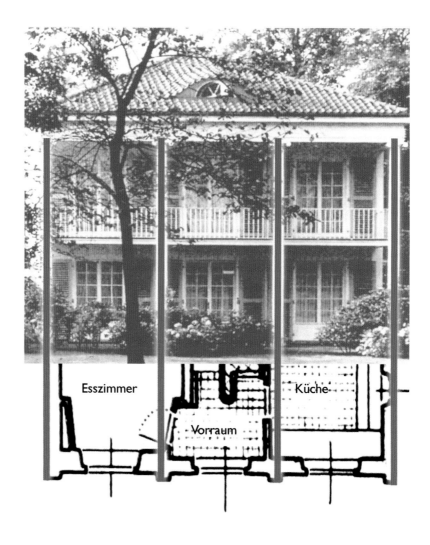

Esszimmer   Küche

Vorraum

Säulen herausgebildete parataktische Ordnung benutzt zwar einzelne klassische Vokabeln (Säule, Assoziationen des Dachs an einen Giebel), tut dies aber weder in ihrem orthodoxen Sinne (die Säulen der Fassade sind zu schlank), noch in ihrer orthodoxen Grammatik (das Dach assoziiert einen Giebel, ist aber kein Giebel). Die Säulen vor der Garage tragen überhaupt nichts und gehören aus Schicklichkeit (Vitruvs Begriff des *decorum*) absolut nicht vor eine Garage (siehe Abb. 72).

Ich hatte festgestellt, dass die Fassaden – wenn man sie nicht in einem Bezug zur inneren Organisation sieht – gelungen seien. Gleichwohl kann man hier wegen der unorthodoxen Gestaltung nicht auf mitteleuropäische Baugeschichte verweisen und von Klassizismus sprechen. Vielmehr handelt es sich um eine – vermutlich eher bewusste – Aufnahme eines ›colonial‹ oder ›neocolonial‹ Stils der USA. Er findet sich bei weiteren Villen Pinnaus und sogar in einem seiner Mehrfamilienhäuser. Darauf wird noch einmal weiter unten eingegangen.

Mitte der siebziger Jahre entwirft Cäsar Pinnau ein Wohnhaus für Joachim Fest, Historiker und Journalist. Bis 1968 hatte dieser beim NDR gearbeitet, dann Albert Speer bei der textlichen Überarbeitung und der Herausgabe seiner Erinnerungen (1969) unterstützt und 1973 eine Hitler- Biographie vorgelegt. 1973–1993 war er Mitherausgeber der FAZ und Leiter des Feuil-

Haus Fest

Abb. 79 Haus Fest, Entwurf Pinnaus, 1973 (HAA – P 202 13)

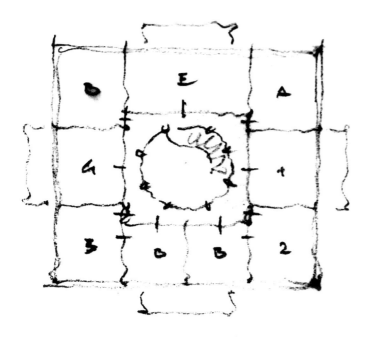

11 Fest 1982: 60

12 A.a.O. 63

13 siehe etwa http://www.cloud-cuckoo.net/journal1996-2013/in-halt/de/heft/ausgaben/112/Beitrae-ge/3.6%20%20%20Werner.pdf

Abb. 80 Eingangsfassade Haus Fest (links)

Abb. 81 Zeichnung Gartenfassade Haus Fest (rechts)

letons. 1982 wurde Fest Autor des ersten Œuvreverzeichnis der Werke Cäsar Pinnaus, bei dem Ruth Pinnau als Herausgeberin fungierte und vermutlich die Biographie und den Abbildungsteil verantwortete. Fest und Pinnau standen sich also nahe genug, um hier das von Pinnau entworfene Wohnhaus für Fest ebenfalls als gutes Beispiel für Entwurfsverfahren, ästhetische Haltung und Architekturverständnis von Cäsar Pinnau zu zeigen.

Bisher unveröffentlichte Skizzen zeigen, dass Pinnau für Fest vom Grundriss her zunächst eine zweite Villa Rotonda bauen wollte, (was wenig Gespür für die sehr unterschiedlichen landschaftlichen Eigenarten von Taunus und Venetien zeigt), dann aber auch eine Art Gartenbelvedere[11] und ein Landschloss[12] vorschlug. 1973 legte Pinnau noch ein Duplikat seines eigenen Hauses von 1950/1951 vor (siehe Abb. 101) und versuchte, es in die Reihe seiner Villen im ›neocolonial style‹ aufzunehmen. Allerdings scheint das nicht die Zustimmung von Fest gefunden zu haben. In der Interaktion mit dem Bauherrn – wie ich unterstelle – kam es dann zu einem dreigeschossigen Gebäude, das sich wegen der Hanglage zur Straße eingeschossig als Mauer mit Eingangstür zeigt.

Pinnau spielt diese Diskrepanz nicht wie Adolf Loos im Haus Steiner[13] ästhetisch aus, indem er etwa wie dieser zur Gartenseite drei volle Geschosse formuliert. Er nimmt die Diskrepanz vielmehr zurück und zeigt das dreigeschossige Haus auf der Gartenseite zweigeschossig mit einem durch drei Dachhäuser zum Wohnen nutzbar gemachten Dachgeschoss.

Im Untergeschoss befinden sich mit direktem Anschluss an den Garten die beiden elterlichen Schlafzimmer. Das Zimmer des Herrn ist mit seinen zwei Fenstern zum Garten ungefähr doppelt so groß wie das Zimmer der Dame mit nur einem Fenster. Dies zeigt eine ungleiche Wertsetzung von Mann und Frau, was für die Wohnarchitektur in der ersten Hälfte des 20. Jahrhunderts nicht ungewöhnlich ist, für die 70er-Jahre schon. Darüber, stra-

ßenseitig im Erdgeschoss, um einige Meter auf der Gartenseite zurückgesetzt, befindet sich das Eingangsgeschoss mit Eingangshalle, zwei separaten
Treppenhäusern, Küche, Speisezimmer, Wohnzimmer und dem angeschlossenen Kaminzimmer. Da das Speisezimmer in diesem Haus nicht, wie sonst
bei Pinnau üblich, zur Straßenseite sondern zur Gartenseite zeigt – sicherlich um die Abgeschlossenheit des Hauses zu erhalten – ist das Wohnzimmer nur mit einer Schmalseite zum Garten gelegt. Ganz im Zentrum liegt
das Kaminzimmer, das nur durch das Wohnzimmer und nicht direkt aus der
Halle (was baulich möglich gewesen wäre) zu erreichen ist. Damit wird es
zu einer Art ›Cella‹, zum prozessionalen End- und Höhepunkt des Hauses, die die Bewohner einerseits – auch durch das Feuer des Kamins – am
intensivsten umfängt und ihnen eine Mitte gibt, ihnen aber auch andererseits im Gegensatz zum dunklen Innenraum der antiken Tempel gleichzeitig einen Blick aus dem Fenster in die Natur und ›über die Welt‹ gewährt.

Abb. 82 Erd- und Untergeschoss
Haus Fest (schwarz Untergeschoss, blau zurückspringendes
Obergeschoss (siehe auch die
rote Linie)

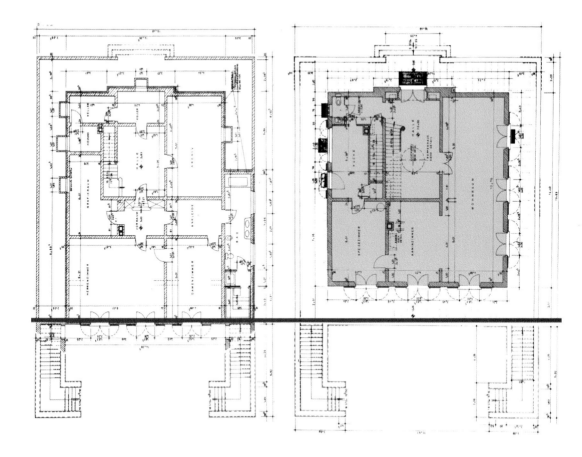

Die beiden Kinderzimmer mit circa 20 m² bzw. 25 m² zeigen eine auch für die 70er-Jahre des 20. Jahrhunderts ungewöhnliche Wertschätzung der Kinderwelt, liegen aber im Dachgeschoss zusammen mit dem Sekretariat und dem Archiv, werden also an den Rand der Erwachsenenwelt geschoben.

Aus dieser Verteilung der Räume ergibt sich für die Gartenfassade das funktionale und ästhetische Problem der Anbindung des im zweiten Stock liegenden Wohnbereichs an den Garten. Pinnau löst dies durch eine doppelte nach vorne an die beiden Flanken gezogene Treppenanlage[14], die geschickt an der Seite ansetzt. Dadurch können die Eltern aus ihren Räumen heraus ungestört in den Garten sehen und das Gefühl, in einem Souterrain zu leben, entsteht so kaum. Zugleich aber entsteht genau diese Wahrnehmung von außen im Blick auf die Fassade, ausgelöst durch die unnötige Verdoppelung der Treppe sowie durch ihre Steifheit und Wuchtigkeit (die durch die Brennweite des Fotos noch erhöht wird). Ästhetisch störend ist die Situierung der Fenster des Erdgeschosses. Sitzen die Fenster der drei Geschosse im axonometrischen Plan (gelbe Linien) direkt übereinander, so verschieben sich die beiden seitlichen Fenster des Erdgeschosses in der perspektivischen Wahrnehmung (blaue Linien). Das hat damit zu tun, dass die Fassade des Obergeschosses ca. 3 m hinter der Fassade des Erdgeschosses liegt. Was im Plan symmetrisch präzis in der gleichen Achse liegt, ist in der realen, d. h. perspektivischen, Wahrnehmung verzerrt (Abb. 83).

Man könnte davon sprechen, dass Pinnau das Bauwerk gedacht hat als ein in eine ästhetische Ordnung gebrachtes Ding-an-sich und nicht als Gegen-Stand einer subjektiven Wahrnehmung durch einen sich an einem Standpunkt befindlichen konkreten Menschen. Pinnau scheint Architektur beim Haus Fest also nicht als Element einer konkreten, topografischen, geschichts- und kulturbezogenen Lebenswelt zu verstehen, sondern als Solitär (Ding an sich), der unabhängig von seiner Örtlichkeit (Venetien oder Taunus), von seiner geschichtlichen und kulturellen Situation (16. oder 20. Jahrhundert) und unabhängig von seinem Wahrgenommenwerden in eine Objektqualität zu bringen ist.

14 Das stets veröffentlichte, mit einem Weitwinkelobjektiv gemachte Standardfoto verzerrt die Treppenanlage noch zu Ungunsten des Hauses.

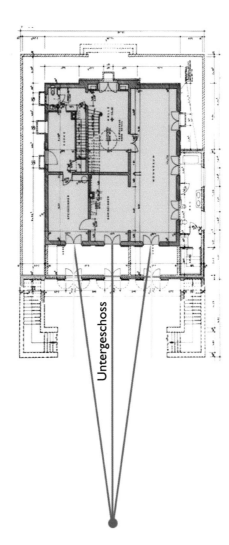

Untergeschoss

Abb. 83 Haus Fest, geschossüber-
greifende Achsen der Gartenseite
(oben)

Abb. 84 Untergeschoss (schwarz)
und im Plan daraufgesetztes Erdgeschoss (blau) (unten)

Haus Pinnau in Baurs Park

15 Pinnau 2002: 7

16 A.a.O.: 9

Kurz vor seinem Tod baute Cäsar Pinnau noch ein weiteres eigenes Wohnhaus in Baurs Park (1986). Anlass zum Bau eines neuen Wohnhauses war Ruth Pinnaus Befürchtung, dass das bisher bewohnte Haus mit seinen 350 m² im Alter für Cäsar Pinnau und sie zu groß sei[15], allerdings ist das neue Haus mit den Garagen und der Gästewohnung nur geringfügig kleiner.

Das neue Haus ist auf einem achteckigen Grundriss errichtet, wobei sich Cäsar Pinnau – wie Ruth Pinnau hervorhebt – an achteckigen Bauten in Europa orientiert habe, an dem Pavillon in Versailles, dem Turm der Winde in Athen und an der Amalienburg in München.[16] Was den von ihr genannten ›Turm der Winde‹ betrifft, scheint mir der Vorbildcharakter zweifelhaft, denn er ist im Verhältnis von Höhe zu Durchmesser tatsächlich ein Turm und hat keine Fenster, war also vielleicht eine vage Anregung zu einer achteckigen Bauweise, aber sicherlich nicht zu der Villa in Baurs Park.

Die zweigeschossige Nymphenburger Pagodenburg (Joseph Effner, 1716 –1719) in der Überarbeitung (1767) von François de Cuvilliés, dem Älteren, ist ein reiner Rokokobau. Vielleicht hätte Ruth Pinnau hier eher den Rastatter Nachbau von 1722 erwähnen sollen, der zwar jünger als die *Nymphenburger Pagodenburg* ist, aber in seinem spätbarocken Klassizismus erhalten blieb. Der Französische Pavillon (Ange-Jacques Gabriel, 1750) folgt zeitlich den deutschen Beispielen, zeigt aber eine völlig andere Grundrissorganisation.

Als tatsächliches Vorbild wäre vielmehr das Versailler Belvedere, das von Richard Mique zwischen 1778 und 1781 für Marie-Antoinette entworfen und gebaut worden war, zu nennen; hier gibt es eine sehr ähnliche Lösung beim Aufeinandertreffen der Außenwände.

Abb. 85 Pinnaus Wohnhaus, Baurs Park (links)

Abb. 86 Pinnaus Wohnhaus Grundriss, Baurs Park (rechts)

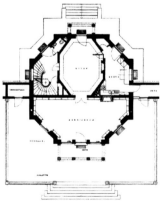

Ulrich Höhns[17] bringt noch eine weitere mögliche Anregung für den achteckigen Grundriss, die wegen der Adaptation eines US- amerikanischen ›colonial‹ oder ›neocolonial style‹ gar nicht abwegig ist, die Plantation *Poplar
Forest* (1806–1826) in der Nähe von Lynchburg, Virginia, die der damalige
US-amerikanische Präsident Thomas Jefferson nicht nur bewohnt, sondern
auch entworfen hat. Höhns bildet bei seinem Vergleich *Poplar Forest* aber
nicht ab. Stellt man nun Abbildungen von Pinnaus Haus in *Baurs Park* und Jeffersons *Poplar Forest* nebeneinander, so fallen bei einigen wenigen Ähnlich-
keiten große Unterschiede auf, die gleichwohl helfen, die Villa in *Baurs Park*
zu verstehen und zu bewerten: *Poplar Forest* ist eine isoliert auf dem Land
liegende Plantation, eine Plantage mit repräsentativem Wohnhaus. Hier resi-
dierte der ›Gutsherr‹ Jefferson im oberen sichtbaren und zumeist auch nur
abgebildeten Teil der baulichen Anlage; im Keller und im Souterrain befanden sich die Unterkünfte der Sklaven, die für ihren Herrn die Baumwollfel-
der bearbeiteten[19]. Thomas Jefferson entwirft einen Grundriss, bei dem ein
zentraler quadratischer Raum von vier langgezogenen Oktagonen umlegt
und so ein größeres regelmäßiges Oktagon erzeugt wird. Dieses Oktagon
ist aber nur eine Zwischenstufe in der Umwandlung des zentralen Quadrats des Hauses in einen landschaftlichen Kreis, der mit einem Durchmesser von 500 ft durch eine Allee um das Anwesen gezogen ist. Dieser geometrisch vermittelte Weg von innen nach außen, von solitärem Haus zum
Raum der Landschaft, von der Vollendetheit des Quadrats zur Vollendetheit
des Kreises ist das Thema in *Poplar Forest*.

17 Höhns 2015: 27

Abb. 87 Pagodenburg, 1716–1719
/1767, Amalienburg

Abb. 88 Belvedere, Versailles

18 Die Abbildung ist aus Kimball,
1922, und war Pinnau im Prinzip
zugänglich.

Abb. 89 *Poplar Forest*, Grundriss[18]
(links)

Abb. 90 *Poplar Forest* Rückseite
(rechts)

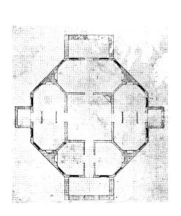

Cäsar Pinnau hingegen halbiert sein Oktagon und legt ein einziges weiteres langgezogenes Oktagon in die andere Hälfte. Das lässt in der Form
und in der Raumqualität zwei völlig irreguläre Resträume übrig, die Pinnau
auf der einen Seite als Treppenhaus mit Gästetoilette und auf der anderen
Seite als Küche einrichtet. Bei Jefferson entsteht ein rationales Gesamt-
system von innen nach außen, bei Pinnau ist die äußere Form vorgegeben
und wird dann innen aufgeteilt. Jefferson hat die Geometrie als Denksys-
tem, Pinnau Vorbilder.

Der Vergleich der Innenarchitektur macht erneut den Unterschied deutlich: Jefferson richtet sich spartanisch ein und experimentiert mit neuen technischen Lösungen; die Eheleute Pinnau richten ihr Haus in einem pseudo-
historistischen Mix mit hellen Regalen, barockisierten Sitzmöbeln, dunklen
Holztischen und hochwertigen Gemälden des 18. und frühen 19. Jahrhunderts ein. Pinnaus Vorbilder stammen alle aus dem absolutistischen Schloss-
bau des 18. Jahrhunderts, Jeffersons Prinzip aus der Geometrie. Die Villa in
Baurs Park erzeugt die Alterswelt einer großartigen Bescheidenheit, einer
Distanz von der Urbanität der Stadt und ihrer Bürger und eines topogra-
fisch und sinnbildlich gehobenen Lebens und der Zugehörigkeit zur Elite.
Die Lage vom Haus Pinnau in Baurs Park war raffiniert gewählt: Die Villa
wird einerseits visuell von Straße und Ort, d.h. von Nachbarn und Mitbür-

Abb. 91 Zufahrt zum Wohnhaus
Baurs Park 3

gern getrennt. Andererseits wird das Haus zu Elbe und Landschaft geöffnet und über mehrere vermittelnde Räume und durch die Durchlässigkeit ihrer Grenzen hinweg in die Landschaft eingebunden. Die erste geöffnete Außengrenze ist die Außenwand des Wohnzimmers mit den Fenstern, die einen Blick aus dem Wohnraum in die Landschaft ermöglichen. Dann folgt der bereits weiter geöffnete, aber immer noch ans Haus gebundene Raum unter dem Portikus, der als Grenze zur Landschaft nur noch die Form des durch das Dach gebildeten Raums und die vier Säulen hat.

Der dann folgende nächste Raum zur Landschaft wird vor dem Haus durch eine Terrasse gebildet. Jenseits der Terrasse liegt der wiederum nun nicht mehr umgrenzte transitorische Raum einer Treppe, von der man in die Natur des Gartens tritt, dabei aber die Umgrenzung durch Gartenmauern, Buschwerk und Bäume erfährt.

Was sieht man auf diesem Weg nach außen? Die Elbe im Vordergrund, auf der die großen und kleinen Schiffe aller Weltmeere verkehren, und jenseits des Flusses am Horizont eine leicht hügelige Landschaft, die »Harburger Berge«. Hier ist man nicht mehr Stadtbürger, nicht mehr Hamburger, sondern distanzierter Schauender eines zur Weite der Welt offenen Raumes, der den Schauenden aber wegen dieser Weite, wegen der statischen Atmosphäre nicht als offene und dynamische Situation, in der man handeln

Abb. 92 Abbildung des Blicks aus Baurs Park (in Pinnau 2002)

Während Prinzessin Elisabeth in ihrer Loge mit dem neben ihr sitzenden Graf Matuschkyn ganz ungeniert flirtete und sich für die Darbietung auf der Bühne nicht weiter zu interessieren schien, wies Casanova auf die Louison unten auf der Bühne und fragte den Prinzen an sei-

könnte, berührt. Die Eheleute Pinnau, die sich der aristokratischen Herkunft ihres Haustyps bewusst waren, lebten täglich mit dieser Assoziation (siehe in Abb. 92 auch den Text). Eine kostbar eingebundene Publikation zum Haus (2002) von Ruth Pinnau zeigt zudem, dass eine aristokratische, d.h. sich von den Leuten abtrennende Exklusivität (im doppelten Sinne), stark wird, wenn man sie öffentlich macht.

Das Politische des Seins in der Welt

Lage, Ausblick und Einblick der drei Wohnhäuser kommunizieren den Besitzern, den Besuchern und den Passanten Distanz, Ordnung und einfache Natürlichkeit. Das ist ein politisches Konzept.

Was aber ist zu verstehen unter dem Begriff ›Politik‹? Üblicherweise versteht man darunter die Aktivitäten von Parteien, in denen sie versuchen, ihre Programme umzusetzen, ferner die parlamentarischen Aktivitäten zur Findung eines konsensuellen Wollens der Gemeinschaft, auch das so entstandene Regel- und Normensystem und die gouvernementalen und administrativen Aktivitäten, die zweifelsohne immer wieder, kurzfristig, aber auch über Jahrzehnte hinweg, den Alltag der Leute strukturieren und inhaltlich bestimmen. Das findet in einem politischen Raum statt, der sich über den Bürgern befindet (obwohl es auch immer wieder Ansätze gibt, die Bürger einzubinden). Diese Politik wirkt in das Wohnen hinein.

Das Wohnen ist überdies politisch zu nennen, weil sich aus der konkreten und spezifischen Ordnung der Räume in einem Wohnhaus, aus der baulichen Anbindung an Straße, Stadt und Landschaft, aus den durch Fenster und Türen vorgegebenen Möglichkeiten zu Einblicken und Ausblicken, weil sich aus all diesen architektonischen Gestaltungen ganz spezifische individuelle und soziale Praxisspielfelder, Weltansichten und Ethiken ergeben. Hier versteht man unter ›Politik‹ nicht die Tagespolitik, nicht die Absichtserklärungen und Legitimationen der Politiker, nicht das Geschäftige des Gemeinwesens, sondern eine spezifische, das Gemeinwesen in seiner Struktur und in seinem Sinn bestimmende Gestaltetheit und Geordnetheit der Einzelphänomene, die – wenn sie denn alle zu einem gemeinsamen Sinn zusammenstimmen – eine sinnhafte Welt ergeben.

Politisch ist der Zuschnitt einer Wohnung auf eine spezifische historisch gegebene Form der Familie, hier der Kernfamilie. Politisch sind Größe und Ort der Kinderzimmer, politisch sind die Art und Anzahl der Räume für den Ehemann und die Ehefrau. Politisch ist die Einhausung und Privatisierung des vormals öffentlichen Schwimmbads als Swimming Pool. Politisch ist die Einhausung des ehemals außen befindlichen Abtritts als wassergespülte Toi-

20 Ein 1949 von Braudel geprägter Begriff aus der Geschichtswissenschaft, mit der er – im Gegensatz zur Ereignisgeschichtswissenschaft – die langsamen, kaum merkbaren, aber langdauernden Entwicklungen meint.

Gartenanlage des Hauses mit Blick über die Elbinseln und das Alte Land

Wohnsitz einer Hamburger Familie an der Elbe.

lette bei gleichzeitiger Sozialisierung der Zulieferung des frischen Wassers und der Entsorgung der Abwässer. Das sind Politiken, die eine ›longue durée‹[20] haben, sich oft auch nur einschleichen und deshalb als Politik nicht bewusst werden. Sie sind zudem nicht individuell, nicht bauwerk- und nicht architektenspezifisch. Deshalb wird in diesem Kapitel über die Wohngebäude Cäsar Pinnaus nicht explizit darauf eingegangen.

Abb. 93 Abbildung des Blicks aus Pinnaus zweitem Wohnhaus (1961) in: Fest 1982

Abb. 94 Blick vom Wohnhaus Hinneberg (1964/1978)

Die von Pinnau entworfenen Wohnhäuser und Villen liegen in der Mehrheit – allgemein gesagt – im Grünen, mit erkennbarer Absicht, Distanz zum Gemeinwesen zu schaffen und anzuzeigen (siehe Abb. 91). Dies demonstriert aber auch die Abgrenzung durch das Plateau vom Wanderweg vor dem Grundstück oder der Rhododendron zur Straße beim Pinnauschen Haus von 1951. Das ist auch erfahrbar durch die ausgrenzende Eingangsfassade beim Haus Fest (Abb. 80). Zwar hat das nicht immer nur der Architekt zu verantworten. Die Lage und ihre Gestaltung sind jedoch Elemente des Wohnens. Wie bei der eigenen Villa in Baurs Park ausführlicher geschildert, aber auch zumeist bei den anderen Villen erkennbar, wird die Landschaft als Abwendung vom Nützlichen (Landschaftsgarten, kein Nutzgarten), vom Alltag, vom Bezug zur Gegenwart und vom Gemeinwesen realisiert und als Hinwendung zur Kunst konzipiert.

Lage als Politik

Keine Urbanisierung stört den Blick über die Elbe in das *Alte Land*. Aber selbst noch im Kleinen, bei den Häusern, die auf der Straßen- und auf der Gartenseite von Rasenflächen umgeben sind, die Bilder vom Englischen Garten hervorrufen, geschieht dies. Sie grenzen sich aus der urbanen Mitwelt aus und stellen das Haus und seine Bewohner frei.

Diese visuell wahrgenommene Freiheit ist aber nicht die Abwesenheit von Politik, sondern eine weitere politische Welt mit ihren ethischen Normen und praktischen Handlungsfeldern. Gerade die Abwesenheit von Stadt, Industrie und Geschäft in dieser geografischen Lage, in der allein ab und zu majestätisch ein Ozeandampfer vorbeifährt und klar macht, wie groß diese Welt ist, erschafft diese Familiensolitäre mit Assoziationen – wie bei der Villa in Baurs Park – zu einer quasi aristokratischen Sphäre, demonstriert die Abwendung vom Gemeinwesen als Politik des Wohnens.

Und es gibt eine weitere Ebene des Politischen: Denn diese Abwendung ist letztlich nur möglich, weil die Bauherren zugleich oder zuvor im Nützlichen, in der Gegenwart und im Gemeinwesen verankert sind oder waren und ihr finanzielles Glück gemacht haben und weil die spezifische Ordnung des Gemeinwesens ihnen die Möglichkeit gibt oder gab – durch seine Ordnung des Ökonomischen, der darin bestimmten differenzierenden Bewertung von leitender und ausführender Arbeit, von Unternehmens- und Arbeitsrecht, von Eigentum, von Steuerrecht, von Erbschaftsrecht, von den unterschiedlichen Ausbildungschancen der Kinder und vielem mehr – ihr subjektives Wollen zum objektiven Erfolg zu führen. Die Idylle ist politisch, weil sie nur möglich ist in den Bedingungen dieser spezifischen politischen Ordnung der Welt.

Funktion und Form als Politik

Das Politische der einzelnen Wohnhäuser Cäsar Pinnaus zeigt sich nicht nur in der Beziehung des Hauses zur Außenwelt. Es zeigt sich auch in der Ordnung der Grundrisse und ihrer Präsentation nach außen, also in Funktion und Form.

Cäsar Pinnau legt Wohnzimmer, Esszimmer und Bibliothek in das Erdgeschoss, macht diese Räume so für Gäste leicht zugänglich und charakterisiert sie somit als öffentlich. Der Wohnraum liegt bis auf einige Ausnahmen (etwa beim Haus Fest) mit seiner Längsseite zum Garten und öffnet sich durch viele und große Fenster. Die Gäste dürfen nicht nur an der Atmosphäre des Wohnzimmers, sondern auch am Blick auf Garten und Umwelt teilhaben. Kinderzimmer und die Schlafzimmer der Eltern legt er ins Obergeschoss, dadurch macht er sie privat. Weitere Wohnräume legt er ins Obergeschoss, so dass durch die Barriere der Treppe deren privater Charakter deutlich wird.

Als Interface zwischen Innen und Außen und zwischen Erdgeschoss und Obergeschoss wird zumeist eine durch eine bedeutsame Form betonte zweigeschossige Halle entworfen, in der sich oft eine grandiose Treppenanlage befindet. Sie gibt den Gästen im Erdgeschoss, denen in der Regel kein

Zugang zum Obergeschoss gewährt wird, eine Fiktion vom Obergeschoss. Zudem gibt sie die Möglichkeit zur großbürgerlichen Performanz des Herunterkommens und Hinaufgehens, auch des Herunterschauens der Kinder, wer denn da wohl gekommen sein mag. Die Funktionsräume (Küche, Gästetoilette) legt Pinnau zur Straße und schiebt so das Nützliche, das Alltägliche, die körperliche Arbeit im Haushalt, die früher vom Gesinde ausgeführt wurde, zur Eingangsseite. Das generiert so zum einen eine Barriere zur Öffentlichkeit und macht dadurch das Wohnen privater. Zum anderen befreit er den Wohnbereich von diesen Funktionen und macht das Wohnen freier und kontemplativer. Zugleich aber organisiert er den Eingang so, dass Besucher um diese Barriere herumgeführt werden, wie bei seinem ersten eigenen Haus, oder er gestaltet das Eintreten durch Garderoben und Wohnhallen so, dass diese Nutzräume nicht wahrgenommen werden können.

Wir haben es hier also mit einer schrittweisen Stufung des Gebauten, oder – wenn man den Prozess des Wohnens bedenkt – mit einem phasenhaften Prozess der Abkehr aus der Alltagswelt und der Einkehr in das rein Private als familiäre Phase der Öffnung auf eine idyllische Welt zu tun.

Das Prinzip einer autonomen Fassade, also der Trennung von Funktion und Form, der Trennung von Innen und Außen ist eines der durchgängigen architektonischen Prinzipien des Entwerfens von Cäsar Pinnau; das äußert sich besonders auf der Eingangsseite. Dabei operiert er ästhetisch mit großen, bodentiefen Fenstern, die zusammen mit durch sehr schlanke Säulen gebildete, parataktisch gereihten Interkolumnien eine ästhetische Ordnung schaffen. Die dahinter liegenden Räume haben sich danach zu richten. Wir haben das bei seinem ersten eigenen Wohnhaus gesehen, wo ein großes, das eigentliche Zentrum der Familie (etwa Abb. 76 und 77) bildende Esszimmer, die allein zum Kochen nutzbare Küche und ein technisch verstandenes schmales Treppenhaus nach außen durch ihre Fenster und durch die parataktischen Interkolumnien nicht nur als gleich große sondern auch als in ihren Funktionen gleichwertige drei Räume dargestellt werden. Das geschieht so auch beim Haus Fest, aber eher zurückhaltend, weil dort zumindest die hinter den Fenstern liegenden Räume eine ähnliche Funktion haben (Schlafzimmer des Herrn, Schlafzimmer der Dame etc.). Beim Haus Fest scheint es, dass die Organisation der Räume geplant und dann eine Fassade vorgesetzt wurde. Bei der Villa in Baurs Park ist die Diskrepanz von Innen und Außen extrem. Hier ist sicherlich zuerst die repräsentative äußere Form entstanden, in die dann die Räume eingeplant wurden. Die einzige glückliche Raumform ist hier die achteckige Halle; selbst das Wohnzimmer dürfte im Inneren nur als abgeschnittener Restraum erfahren werden.

Pinnau nutzt diese Ablösung der Fassade dazu, sie als weiteres Instrument zur ästhetischen Verdrängung des Nützlichen einzusetzen und den Bewohnern, ihren Gästen und den Passanten ein Image von historischer und kultureller Identität anzubieten, das in die Nachkriegszeit in der Bundesrepublik passt.

Seit den bahnbrechenden Wendungen der Architekturtheorie in den siebziger Jahren des 20. Jahrhunderts (erinnert sei an Robert Venturis Publikation über Learning von Las Vegas von 1977) und der Entwicklung eines postmodernen Ansatzes im Architekturverständnis hat sich ein Verständnis der Fassade als eigenständiges Medium von architektonischen Aussagen etabliert und neben das Verständnis von Fassade als Außenseite einer inneren Ordnung gestellt. Die Haltung Cäsar Pinnaus zum Verhältnis der Organisation der Funktionen zur Fassade dürfte von Vertretern der Postmoderne ohne Probleme akzeptiert werden. Ob Cäsar Pinnau sich mit dieser Zuordnung glücklich gefühlt hätte, kann hingegen bezweifelt werden. Er dürfte mit dem Spielerischen und Unverbindlichen der Postmoderne nicht einverstanden gewesen sein.

Image und bauliche
Identität als Politik

Nicht alle Wohnbauten Pinnaus sind nach einer einzigen Vorstellung entworfen, dennoch kann man von einem speziellen Pinnau-Stil im Bau privater Wohnhäuser sprechen.

Cäsar Pinnau wird Schinkels Teepavillon (und wenn auch nur in der etwas zarteren Zeichnung) und weitere Entwürfe und Bauten Schinkels gekannt und es gerne hingenommen haben, wenn man seine eigene ästhetische Haltung auf Schinkel zurückführt (siehe die Schinkelbüste in seinem Atelier an der Palmaille in Abb. 11). Vergleicht man jedoch Schinkels und Pinnaus (nach 1945) Verständnisse, so erkennt man den Unterschied: Beim Teepavillon und beim Charlottenhof sind die Säulen als tragende Stützen ausgebildet, in das gesamte System des als historischer Typus eines Tempels verstandenen Gebäudes integriert. Wenn man schon eine deutsche Referenz erwähnen will,

Abb. 95 Erstes Wohnhaus Pinnaus, 1951 (links)

Abb. 96 Teepavillon *Tempel der Pomona*, Potsdam; Schinkel (1800/1801, 1992/1993 rekonstruiert) (Mitte)

Abb. 97 Herrenhaus für Baron Voght, Hamburg, Klein Flottbek. Johann August Arens (1794–1797, 1798) (rechts)

dann das Landhaus von Caspar Voght, der 1802 zum Reichsfreiherrn geadelt und Baron Voght genannt wurde. Er verdiente sein Vermögen durch Handel in Europa und in den USA[21], experimentierte mit ›aufgeklärter‹ Landwirtschaft und kooperierte mit Sieveking bei der Entwicklung einer Armenfürsorge. 1794–1797 ließ er sich von Johann August Arens (1757–1806) in Klein-Flottbeck ein Herrenhaus bauen, in dessen Nähe Cäsar Pinnau 1951 sein erstes Wohnhaus errichtete. Arens kam vom Klassizismus (Römisches Haus in Weimar) her, greift aber für das Herrenhaus Voght das Design von Plantation Houses aus den Südstaaten der USA auf.

Pinnau – und so bereits ansatzweise Arens im Landhaus Voght – verwenden klassische Architekturelemente, verändern sie aber in ihrer Form und in ihrer strukturalen Ordnung. Bei Pinnau wird vor allem durch die Schlankheit der Säulen und die im Verhältnis zur Höhe sehr breiten Zwischenräume deutlich, dass er seine Fassaden nicht als Teil des konstruktiven Systems des Gebäudes, sondern als Form versteht und dem nach einem anderen architektonischen Prinzip errichteten eigentlichen Gebäude vor setzt (auch, wenn beide – wie bei seinem ersten eigenen Wohnhaus – ein gemeinsames Dach haben). Das gilt für den Unterschied zu Schinkel, zu Jefferson und zu klassizistischen Bauten um 1800.

Diese erste Ebene wird hinterfangen von einer sich darauf beziehenden zweiten Ebene von breiten und bodentiefen Fenstern. Diese Gestaltung findet ihre erste markante Realisierung in seinem eigenen Haus von 1950/1951 und erscheint dann auch in anderen Häusern (z. B. Alsen, 1955/1985, Hinneberg, 1964, Büll, 1978–1980 (das eine Kopie seines eigenen Hauses von 1951 ist), Country House in Virginia, 1976, Residence Oetkers in Bridgehampton, 1981/82), aber auch in der Front des Clubhauses des *Bielefelder Tennis-Turnier-Clubs*. Anfang der fünfziger Jahre experimentiert Pinnau auch bei einem Mehrfamilienhaus in dieser persönlichen Art der Gestaltung (Abb. 98). In vielen Publikationen über Pinnau wird seine Architektur als »klassizistisch« bezeichnet, ohne dass es hier zu einer näheren Bestimmung der Art des Klassizismus oder gar einer Analyse kommt. Allein die Verwendung einzelner Elemente aus der klassischen Architektursprache legitimiert offensichtlich diese Klassifizierung, die zugleich als ästhetisches Werturteil und zur Abwehr einer politischen Interpretation benutzt wird, so als würde man die literarische Qualität eines Schriftstellers darin begründen, dass er in deutscher Sprache schreibe. Das ist natürlich inakzeptabel (siehe Kapitel 3).

Warum gerade dieser Stil? Pinnaus Fassaden verweisen auf Vorbilder, die viel jünger als der europäische Klassizismus, welcher Art auch immer, sind: In der Nachkriegszeit orientierten sich die deutsche Wirtschaft und

21 Ihm gehörte dort zusammen mit seinem Partner Sieveking ein 99 992 acres (ca. 404 ½ Quadratkilometer) großes Grundstück im Montgomery County, Virginia (Sieveking 1912)

Abb. 98 Pinnau, Wohnbebauung
Strandweg

Abb. 99 Pinnau, Haus Hinneberg

Abb. 100 Pinnau, Haus Pinnau
1951

Abb. 101 Pinnau, Entwurf für
Haus Fest

Abb. 102 Pinnau, Haus Büll

Abb. 103 Pinnau, Haus Guth,
Virginia

Abb. 104 University of Virginia, Professoren- und Studentenwohnungen

Abb. 105 Filmstudiogebäude (gebaut 1918) (wurde in dem Film *Gone with the Wind* (1939) als Plantation genutzt)

Abb. 106 Hotel Lord Paget, Williamsburg VA

Abb. 107 Cross Manor

Abb. 108 Boone Hall Plantation, Charleston SC (gebaut 1936)

Abb. 109 Mount Vernon (Washingtons Plantation House)

22 Mount Vernon war der Wohnsitz von George Washington und seiner Familie. Das Haus wurde 1930 in Connecticut und Kalifonien nachgebaut. Cäsar Pinnau hat Mount Vernon als Vorlage für das Country-Haus in Virginia, 1976, von Dr. Guth genommen, dabei aber auf eine allzu große Nähe des privaten Wohnhauses eines Deutschen in Virginia zum Wohnhaus des ersten amerikanischen Präsidenten verzichtet.

23 Dazu etwa Eduard Führ; *Becoming Americans. Colonial Williamsburg als Gründungsmythos*; in: Anke Köth / Anna Minta / Andreas Schwarting (Hg.) Building America. *Die Erschaffung einer neuen Welt*, Dresden 2005: 93–121

24 Siehe hierzu ebenfalls Fiske Kimball, der Rockefeller beraten und stark beeinflusst hat: *The Restoration of Colonial Williamsburg in Virginia*; New York 1935

25 USA 1939

26 Siehe etwa Abb. 72, 74, 133, 136, 137, 147, 186 in Fiske Kimball; *Domestic Architecture*; New York 1922; Abb S. 86 in Fiske Kimball; *American Architecture*; Indianapolis 1928; Abb. 9, 83, 137 in G. H. Edgell; *The American Architecture of Today*, New York London 1928 oder Abb. S. 6, 35 in Katherine Scarborough; *Homes of the Cavaliers*; New York 1930

27 Cohen 1994

28 Taylor 1961

29 Höhns 2015: 136

Öffentlichkeit ›oversea‹ und ›transatlantic‹. Und das passte gerade zu Hamburg mit seinem Hafen, seiner hanseatischen Tradition und zu dem Interesse vieler Bauherren der Pinnauschen Villen (Unternehmer und Zeitungsverleger). Sie hatten – wie man unterstellen muss – kein Interesse, ihre Identität in Bezug zum – preußischen und durch den Nationalsozialismus belasteten – Klassizismus zu demonstrieren, noch sich in irgendeiner Weise auf Rom oder Athen zu beziehen. Vielmehr waren die USA die neuen Partner und der schickliche kulturelle Bezugsraum.

Das ästhetische Vorbild boten Bauten der ersten Jahrzehnte der US-amerikanischen Unabhängigkeit, besonders Jeffersons Entwürfe für seine eigenen Häuser und für die Bauten der University of Virginia. Ihre Architektur wurde in der Bebilderung der Nachrichten und über andere Medien in Deutschland bekannt (so etwa das *White House* (1792–1800) oder die Bauten der Ministerien in Washington aus den dreißiger Jahren des 20. Jahrhunderts). Allerdings konnten viele Staatsbauten wegen ihrer Nähe zur Staats- und Parteiarchitektur des *Dritten Reiches* für den privaten Wohnungsbau nicht übernommen werden.

Als Vorbild bot sich der ›neocolonial‹ oder ›colonial revival‹ oder ›Mount Vernon Style‹[22] genannte Stil an, der sich seit Rockefellers Interesse für ›Colonial Williamsburg‹ (1930er-Jahre)[23] als neuer architektonischer Ausdruck amerikanischer Identität entwickelt hatte. Rockefeller wollte damals mit ›Colonial Williamsburg‹ die Bürger der USA in eine anglophile historische Identität einbinden und so u. a. auch die Bereitschaft zum Widerstand gegen das *Dritte Reich* und zur Teilnahme am Eintritt in den Krieg vorbereiten[24]. Die US-amerikanische Regierung, später auch die einzelnen Bundesstaaten und private Bauherren haben sich dieser Haltung angeschlossen. Nach Deutschland importiert wurde er durch Spielfilme (z. B. *Vom Winde verweht*[25]) und durch Printmedien[26]. Aber auch die nach dem Zweiten Weltkrieg für die Besucher neu errichteten Bauten in Williamsburg, VA, wie etwa das *Lord Paget Motel* (Abb. 106) oder auch das *Martha Washington Motel* in Maryland könnten hier genannt werden. Das ist auch ein *Amerikanismus*[27], der Bezug zur Architektur der Gründungsphase der USA und zu der der Südstaaten und ist aber von neuer Art: non-urban, architecture of the *Cavaliers*.[28]

Auf diese Architektur verweist Cäsar Pinnau durch die Fassaden seiner Wohnbauten und bindet so die Bauherren in eine anglophile und US-amerikanische Kultur ein. Das Gerücht, der Vorbau des Umbaus des Hauses Hinneberg wäre sogar aus den USA importiert worden[29], bezeugt hier – sei es wahr oder erfunden – diesen Bezug.

Das Verwaltungsgebäude der Reederei Hamburg-Süd

Die *Hamburg Südamerikanische Dampfschifffahrts-Gesellschaft* (HSDG) (allgemein *Hamburg-Süd* genannt) wurde 1871 gegründet. Nach dem Ersten Weltkrieg verband sie sich mit dem *Norddeutschen Lloyd* (NDL) und der *Hamburg-Amerikanischen Packetfahrt-Actien-Gesellschaft* (HAPAG). Nach der Weltwirtschaftskrise und am Anfang des *Dritten Reichs* wurde der staatliche Einfluss auf die Reedereien verstärkt, der *NDL* und die *HAPAG* verdrängt. 1936 beteiligte sich die Firma *Dr. Oetker* mit 25% an *Hamburg-Süd* und ließ Teile der Flotte zu Kühlschiffen umbauen. Der damalige Geschäftsführer der Firma *Dr. Oetker*, Richard Kaselowsky, wurde Aufsichtsratsvorsitzender.

Nach dem Krieg wurde erneut eine Schiffsflotte aufgebaut, darunter Tankschiffe und wiederum Kühlschiffe. 1956 wurde *Hamburg-Süd* von der *Rudolf-August Oetker KG* übernommen und ein neues Verwaltungsgebäude geplant.

Zur Vorbereitung auf den Entwurfsprozess reisten 1957 Rudolf-August Oetker, ein Manager sowie sein künstlerischer Berater Paul Herzogenrath zusammen mit Cäsar Pinnau in die USA und sahen sich dort Hochhausbauten an, besonders das sich damals noch im Bau befindliche *Seagram Building* von Ludwig Mies van der Rohe und das schräg gegenüberliegende und bereits fertige *Lever House* von Gordon Bunshaft, das Rudolf-August Oetker derart beeindruckte, dass er Pinnau bat, sich an diesem Gebäude zu orientieren[30].

Wie Sara Stroux[31] mit Recht herausgestellt hat, muss man sich hüten, den Einfluss der US-amerikanischen Architektur auf die Hochhausarchitektur in Deutschland zur Grundlage einer eindimensionalen Baugeschichte zu machen. Bei *Hamburg-Süd* ist diese direkte Beziehung aber nicht nur durch die Reise und durch die Entscheidung des Familienkonzernchefs, sondern auch durch eine starke formale Ähnlichkeit gegeben.

Obwohl sich Ruth Pinnau sehr bemüht, die neue bauliche Anlage für *Hamburg-Süd* zu einem »der ersten Hochhäuser mit Vorhangfassaden in Deutschland«[32] zu qualifizieren und damit den Entwurf ihres Mannes als baugeschichtlich bedeutsam darzustellen, muss festgehalten werden, dass in Deutschland bereits zur Zeit der *Weimarer Republik* eine Reihe von Bauten mit Vorhangfassaden, aber auch mit anderen innovativen Techniken entworfen und zum Teil auch realisiert worden waren. Zu erwähnen wären ein Fabrikationsgebäude der Firma *Steiff* in Giengen von 1903, das Glashochhaus am Bahnhof Friedrichstraße in Berlin von Ludwig Mies van der Rohe (1921–1923) oder das Fabrikationsgebäude der *Fagus-Werke* in Alfeld (a.d. Leine) (1911–1914) und das Ateliergebäudes des *Bauhauses* in Dessau (1926), beide von Walter Gropius, das erste zusammen mit Adolf Meyer. Kern der neuen Tech-

30 Höhns 2015: 143

31 Stroux 2008

Zeitgenössischer Hochhausbau

32 Pinnau 1989: 35; siehe oben
S. 17

nik war die Trennung von konstruktiven Stützen aus Stahl oder Stahlbeton von der nicht konstruktiven Hülle, die deshalb ziemlich frei und offen gestaltet werden konnte. Mit dem Bau der Werkhallen des neuen Schachts der Zeche Zollverein in Essen durch Schupp/Kremmer, die 1932 in Betrieb ging, setzte sich die Trennung von Tragwerk und Hülle (vorgehängtes, einfach ausgemauertes Stahlfachwerk) auch im Industriebau durch. Bei den Heinkelwerken in Oranienburg (Einweihung Mai 1937) wurde das modifiziert wieder aufgenommen.

Gleich in den ersten Jahren der Bundesrepublik Deutschland boomte der Bau von Fabrikations- und Verwaltungsbauten, weil viele Bauten im Krieg zerstört worden waren und zudem nach dem Zweiten Weltkrieg die im *Dritten Reich* entstandenen und politisch kontrollierten Konzerne in einzelne Unternehmen entflochten wurden und eine staatliche und ökonomische Sicherheit zum erneuten Startup gegeben war. Die betriebliche Notwendigkeit zu einem neuen eigenen Verwaltungsbau wurde dabei genutzt, dem Betrieb ein Image zu geben, teilweise in modernisierter alter Tradition, teilweise auch modern, um den Bruch mit dem *Dritten Reich*, den Neuanfang und eine zeitgemäße Weltoffenheit zu kommunizieren. Die modern eingestellten Bauherren und ihre Architekten orientierten sich dabei an US-amerikanischen Vorbildern, also an Hochhäusern, aktuellen Konstruktionen (Stahlbetonskelett, Stahlskelett vor allem bei Verwaltungsbauten der Stahlindustrie, aber auch Schottenbauweise), modernen und funktionalen Erschließungen und Grundrissen und an modernen leichten Fassaden, seien sie hinter der Stützenebene oder in ihr angebracht oder vorgehängt. Wie Sara Stroux herausgearbeitet hat[33], waren die Bauherren bei der neuen Technik sehr unsicher und zogen ausgewiesene Experten hinzu; zudem wählten sie die Baustoffe nach ihrer eigenen Produktepalette.

Sara Stroux informiert ferner darüber, dass die deutschen Bauherren und ihre Architekten – teilweise während des Baus – in die USA reisten, um Lösungen von Detailproblemen zu erkunden[34]. Zugleich wollte man aber verhindern, dass die eigenen Firmenbauten als Kopie US-amerikanischer Bauten erschienen[35]. Neben einer Orientierung an funktionellen, baukonstruktiven und visuellen Vorbildern in den USA, die bereits mit dem ›Fordimus‹[36] der Weimarer Republik üblich geworden war, stand die Präsentation der Identität eines Unternehmens im Fokus.[37]

Hier einige in den Anfängen der Bundesrepublik viel diskutierte Beispiele: 1953 schrieb die *Badische Anilin- & Soda-Fabrik AG* (BASF) einen eingeladenen Wettbewerb für ein neues Verwaltungsgebäude aus, den das Büro Hentrich/ Petschnigg gewann. Die Architekten lösten die Bauaufgabe mit einem durch

33 Stroux 2009

34 Stroux 2009: 186

35 A.a.O.: 180

36 Siehe Führ 1979

37 Sara Stroux ist in ihrer Dissertation detailliert den schwierigen und komplexen Entscheidungsprozessen nachgegangen: siehe Stroux 2009 oder als kurze Zusammenfassung Stroux 2012 in W|C|B)

ein eingeschossiges Eingangsgebäude erschlossenen 19-geschossigen Hochhaus in Stahlbetonskelett-Bauweise, das sie quer zur Straße stellten. Das
Gebäude war aufgeständert, die Fassade war vorgehängt. Realisiert wurde
die Fassade dann mit Ortbetonaußenwänden, auf die farbige Mosaikstein-
chen aufgeklebt waren sowie mit gereihten Lochfenstern[38].

38 Stroux 2009: 103 und 101

1954–1958 errichtete die *Mannesmann AG* ein Hochhaus in Düsseldorf
nach einem Entwurf von Paul Schneider-Esleben in der für die Bundesrepublik Deutschland ungewöhnlichen Stahlskelettbauweise, mit der die Firma
für ihre eigenen Stahlprodukte werben wollte[39] (siehe Abb. 110). Die doppelte Erschließung erfolgte auf einer Seite. Die Fassade bestand aus vorgehängten Platten aus emailliertem Stahlblech und quadratischen Fenstern, die
Erschließung lag mittig im Kern. Es folgte das Verwaltungshochhaus (Wettbewerb 1955, Realisierung 1957–1960) der *Phoenix-Rheinrohr AG* in Düssel-

39 Stroux 2009

Abb. 110 Mannesmann-Archiv, M31.013, Informationen, H. 5/6, 1958: 4–5

dorf, das sogenannte *Dreischeibenhochhaus*, von Hentrich/Petschnigg. Hervorgehoben werden muss, dass der Trend zu modernen Verwaltungsgebäuden bundesweit war. In Duisburg-Hamborn wurde von 1957 bis 1963 das sehr US-amerikanisch anmutende Verwaltungshaus der *August Thyssen-Hütte AG* nach einem Entwurf von Gerhard Weber in Stahlskelettbauweise und mit Vorhangfassade gebaut, in Essen das *Rheinstahl-Hochhaus* (1958–1963) von Albert Peter Kleinwort und Hanns Dustmann. Dieser Trend wurde auch für Verwaltungsgebäude von mittelständischen Unternehmen (Abb. 112) und für kommunale Einrichtungen übernommen, sei es das Europahaus in Duisburg, das 1954 von Paul Bode und Peter Poelzig mit einer innovativen Mischnutzung (Kaufhaus, Kino, Kabarett, Gaststätten, Büros, Wohnungen) und einer Vorhangfassade aus opakem Glas mit Fensterbändern realisiert wurde, oder das *Kulturzentrum* in Wolfsburg von Alvar Aalto (1962).

Abb. 111 Thyssenhaus Düsseldorf
(Hentrich, Petschnigg (1955–1960)

Auch in Hamburg boomte nach Gründung der Bundesrepublik der Neubau von Verwaltungsbauten, die zumeist als Hochhäuser verwirklicht wurden. Zunächst wäre das Verwaltungsgebäude der Iduna-Germania am Alsterufer von Ferdinand Streb (1950–1951) zu nennen, ein sehr helles, offenes modernes Gebäude. Streb zeichnet auch für das Springer-Hochhaus (Grundsteinlegung 1950, Einweihung im Frühjahr 1956[40]) verantwortlich, das mit einer – wie man heute sagen würde – Medienfassade ausgestattet war und damit in Europa eine erst drei Jahrzehnte später einsetzende Entwicklung vorwegnimmt. Weitere in Technik, Funktion und Gestaltung moderne Bauten waren das Verwaltungsgebäude der Firma *Reemtsma* (1952–1954) und das Geschäfts- und Bürohaus am Neuen Wall 41–43 (fertiggestellt 1956), beide von Godber Nissen sowie die *Hamburger Bank* (1954) als Stahlbetonskelettbau mit vorgehängten Fenstern in Holzrahmen von Werner Kallmorgen.

Etwas später entstand das Haus der *Alsen-Portland-Zement* von Schramm & Elingius (1956), das eines der quergestellten Häuser an der Nikolaikirche ist (Gebäude A, siehe Abb. 148), an der dann auch das Gebäude der *Hamburg-Süd* stehen wird. Herauszuheben aus vielen weiteren technisch, funktional und gestalterisch innovativen Bauten wäre noch die Hauptverwaltung der *Neuen Heimat (Alster Tower)* von Ernst May, Diether Haase und weiteren Mitarbeitern der Neuen Heimat-Planungsabteilung (Beginn der Planung 1955, 1958 fertiggestellt). Zeitgleich mit dem von Cäsar Pinnau für *Hamburg-Süd* wurden weitere Hochhäuser geplant und gebaut, darunter das *BAT/Burmah-Gebäude* an der Esplanade 39 von Hentrich und Petschnigg (1958, 1959/1960 fertiggestellt), das Unileverhaus von den gleichen Architekten (1958/1959 Wettbewerb, 1. Bauabschnitt 1961–1963 fertiggestellt) sowie das Polizeipräsidium (Arbeitsgemeinschaft Atmer & Marlow, Hans

Abb. 112 DEMAG Verwaltungsgebäude in Duisburg von Kurt Viertel (Entwurf 1953) (links)

Abb. 113 Europahaus Duisburg (rechts)

40 http://www.axelspringer.de/artikel/60-Jahre-Axel-Springer-Haus-Hamburg_1444787.html

Abb. 114 Springer Hochhaus
1956, Modell 1953 Ferdinand Streb
(links)

Abb. 115 Springer Hochhaus 1956
Foto EF (rechts)

41 So Stroux 2009: 212–217

Th. Holthey, Egon Jux und Harro Freese, Wettbewerb 1955, Fertigstellung 1962), das Verwaltungsgebäude der *Bank für Gemeinwirtschaft* von Schramm & Elingius und H.-J. Guckel (1962 fertiggestellt), sowie das Hochhaus *Deutscher Ring* von Joachim Matthaei und Heinz Graaf (1959 Wettbewerb, 1964 Fertigstellung), um nur die wichtigsten zu nennen.

Die Höhe der Gebäude sowie das technische Vermögen (das nicht mehr nur Mittel zum Bauen, sondern Darstellungsziel war) und der finanzielle Aufwand wurden zu Signifikanten der Modernität, der Wichtigkeit und der Großartigkeit des Unternehmens und seiner Produkte für die externe Öffentlichkeit. Intern war es der Ausblick[41] über die Umgebung, aber besonders auch das Erleben einer Distanziertheit und eines Abgehobenseins der *White Collar* Angestellten von der niederen körperlichen Arbeit in den oft immer noch schmutzigen ›Niederungen‹ der Fabrikhallen. Die Hochhäuser gestatteten Überhebung im wörtlichen und im metaphorischen Sinne. Nicht nur die Höhe der Gebäude und der Einsatz neuer Technik, sondern auch die Lage der Bauten wirkten an der Erzeugung einer Firmenidentität mit, für die Mitarbeiter und Geschäftspartner, aber auch für die umliegend wohnende Bevölkerung und für das Verständnis von Stadt. Besonders deutlich wird dies bei dem Hochhaus der *Mannesmann AG*. Das Gebäude liegt

Abb. 116 *BAT-Haus* (links)

Abb. 117 Polizeipräsidium (rechts)

in einem Knie des Rheines. Es ist zwar hinter die Bauflucht der Gründer-
zeitbauten gelegt, durch seine Höhe aber beherrscht es beide Richtungen
des Rheins, zudem den Hafen und die Innenstadt. Die Leitung des Unternehmens und die Mitarbeiter ›thronen‹ so über Stadt, Land und Fluss. Die
Bürger Düsseldorfs und der Umgebung nehmen das Hochhaus als Orien-
tierungs- und Bezugspunkt. Für die Schiffe auf dem Rhein hat es die Funktion eines Leuchtturms, der ihnen nicht nur den Weg weist, sondern auch
die Identität des Ortes vermittelt. Das *Mannesmann Haus* ist nicht nur Solitär, sondern eine in die Umgebung ausgreifende und sie dominierende städtebauliche Anlage. Über die Architektur wird auch das Unternehmen räumlich dominant, ihr kilometerweiter Umraum ist Mannesmann-Land.

Um ein zweites Beispiel für diese Art von Raumpolitik zu geben: Auch
das *Thyssenhaus* ist nicht nur als Solitär zu verstehen. Die drei Hochhaus-
scheiben erstrecken sich exakt von Nord nach Süd. Sie nehmen zum einen
das Raster der Neustadt Düsseldorfs auf und geben ihm eine dritte Dimension. Damit stellt sich das Hochhaus als überhöhender Teil Düsseldorfs dar,
nimmt aber auch Bezug auf den Rhein, der – abstrakt gesehen – von Süd
nach Nord fließt. Das Hochhaus will zugleich Kern der Region sein, in der
seine einzelnen Betriebsstätten verteilt sind. Die Scheiben – und das sieht

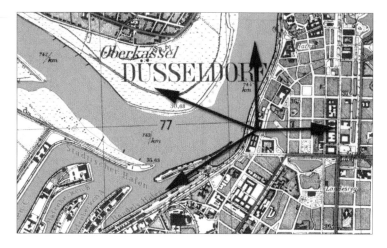

Abb. 118 Lage *Hochhaus Mannes-mann AG* (links)

Abb. 119 Lage *Thyssenhaus* (siehe auch das Straßenraster in Abb. 118 und den Verlauf des Rheins ab dieser Stelle von Süd nach Nord) (rechts)

42 Mittag 1962; (hier nicht abgebildet)

43 siehe Tamms 1962: 9

man besonders gut auf einem zeitgenössischen Foto in einem Marketing-buch über das *Thyssenhaus*[42] – lösen sich visuell im Raum auf. Sie sind we-niger Architekturkörper denn lokale Materialisierung von Raumstreifen.

Auch das *Thyssenhaus* zeigte den Bürgern der Stadt Düsseldorf in ihrer alten Welt der »Häuser des Staates, der Gemeinde und der Kirchen«[43] eine Parallelwelt der Industrie, Banken und Organisationen. Es wird in der Ana-lyse von *Hamburg Süd* also nicht nur auf die Konstruktion zu achten sein, sondern auch, welche typologischen Verweise und welche räumlichen Be-deutungen mit dem Bau realisiert wurden.

Um zu verstehen, worauf sich Pinnau bezog und was er geändert hat, soll zunächst ein Blick auf das *Lever House* in New York an der Kreuzung Park Avenue und East 54th St. geworfen werden. Es wurde von Gordon Bunshaft und Natalie de Blois bei *Skidmore, Owings&Merrill* (SOM) entworfen und 1952 fertiggestellt. Es hat mit seinen 24 Geschossen eine Höhe von 307 ft (ca. 94 m). Bauherrin und Nutzerin war die britische Firma *Unilever*, die als *Lever Brothers* seit 1885 Wasch- und Lebensmittel herstellte. Bunshaft und de Blois entwarfen einen Stahlskelettbau mit Vorhangfassaden aus grün gehal-tenen Glasscheiben. Die bauliche Anlage besteht aus einem nahezu quad-ratischen zweigeschossigen Flachbau, der im Erdgeschoss weitgehend auf-geständert ist. In diesen ist im rechten Winkel zur Park Ave ein Hochhaus gesteckt. Der Flachbau ist wie ein Atrium gebaut; er bildet mitten im hek-tischen New York einen begrünten Freiraum, eine Art *Pocket Park*, der im heißen Sommer beschattet ist und durch den auch ein kühles Lüftchen zie-hen kann und, weil er eben doch ein wenig eingehaust ist, auch Sicherheit verspricht. Auf dem Dach des Flachbaus befindet sich eine begrünte Ter-

Abb. 120 *Lever House* (Foto EF)
(oben)

 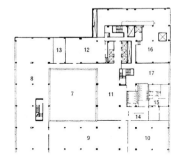 

rasse für die Mitarbeiter, die auf dieser Ebene im Hochhaus eine Cafeteria haben. Der Hochhausteil des *Lever House* hat über dem Flachbau 18 Normalgeschosse und darüber ein extra hohes nach oben offenes Abschlussgeschoss mit technischer Infrastruktur. Zu drei Seiten hat es eine Vorhangfassade, auf der Abschlussseite an der East 54th St. eine Fluchttreppe aus Beton. Es wird vom Ende her durch Aufzüge und ein Treppenhaus erschlossen. Das neue Verwaltungsgebäude der *Reederei Hamburg-Süd* war also nicht eines

Abb. 121 Lever House, Erdgeschoss (Abbildung aus Joedicke 1959 (links)

Abb. 122 Lever House, Obergeschoss (Abbildung aus Joedicke 1959 (Mitte)

Abb. 123 Lever House, Hochhausgeschoss (Abbildung aus Joedicke 1959 (rechts)

44 siehe auch Schmidt 2016

Der Neubau der Verwaltung
von Hamburg-Süd

Die Aufgabe, Oetkers Vorgaben[44]

der ersten mit einer modernen Vorhangfassade (siehe oben S. 17), sondern
eines der vielen um 1960, die nach 1903 quasi die vierte Welle der modernen Entwürfe bildeten. Zugleich vermitteln die vorhergehenden Realisierungen, was ein Hochhaus architektonisch alles sein kann.

Mit Blick auf dieses Gebäude und im Umfeld der deutschen Bautätigkeiten entwirft Cäsar Pinnau für die *Hamburg-Süd* in Hamburg ein neues Verwaltungsgebäude, und bereits ein erster Blick macht deutlich, dass es nicht
nur um technische Innovationen, nicht nur um Oetkers Entscheidung für

Abb. 125 Lageplan von *Hamburg
Süd* am Nikolaifleet in Hamburgs
Innenstadt

die US-amerikanische Referenz, sondern auch um die Bedeutung geht, die durch die Intervention an dem Ort entsteht.

Pinnau legt in seinem Entwurf ein Plateau an, dem ein kleinerer Teil des öffentlichen Nikolaifleets zugeschlagen wird (siehe die rot eingezeichnete Linie in Abb. 127) und entwirft darauf ein bauliches Ensemble mit einem 14-geschossigen Hochhaus (13 Büroetagen über einem sehr hohen Ein-

Abb. 126 Hamburg-Süd und *Condor Hochhaus* (Blick von Südosten) (oben)

Abb. 127 Lage (Vom Autor eingezeichnete rote Linie hebt den Verlauf des ehemaligen Ufers des Nikolaifleets hervor.) (unten)

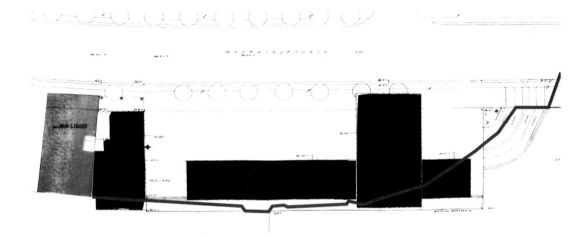

gangsgeschoss) (*Hamburg Süd*), einen sechsgeschossigen Bau (*Condor*) am westlichen Ende), der die Höhe der noch nach dem Krieg erhalten gebliebenen Häuser entlang des Fleets aufnimmt und einen am Fleet langgezogenen Flachbau, der diese beiden Bauten verbindet. Der Ensemblecharakter der drei Bauten wird durch die Fassadengestaltung betont. Das Condorgebäude nimmt die Fluchtlinie der noch erhaltenen Häuser auf. Das mit seinem ersten Stock auf Stützen stehende Hochhaus *Hamburg Süd* grenzt im Norden an den Rand der neu angelegten Ost-West-Achse, der heutigen Willy-Brandt-Straße. Der Flachbau ist bis fast an das Fleet zurückgezogen und generiert so zur heutigen Willy-Brandt-Straße einen Platz.

Abb. 128 Condorhaus, Fassade nach Osten (oben)

Abb. 129 Condorhaus Erdgeschossgrundriss 1958 (hier gedreht) (unten)

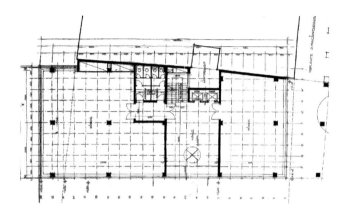

Das sechsgeschossige Verwaltungsgebäude für die Condor Versicherungen wurde von Pinnau zunächst an der bestehenden Fluchtlinie zum Fleet orientiert, dann aber bis an den hinteren Rand des neuangelegten Plateaus verlängert.

Condor

Abb. 130 Hochhaus *Hamburg Süd* (Sicht von Westen her)

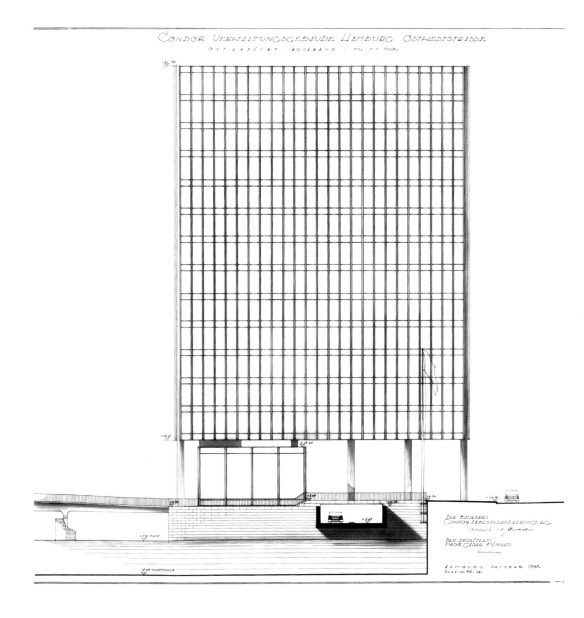

Seine Fassadengestaltung ist mit der von *Hamburg Süd* identisch. Dadurch wirkt es ein wenig wie der klein gebliebene Zwilling des Hochhauses *Hamburg Süd*. Das Gebäude ist bis an die heutige Willy-Brandt-Straße gezogen und bildet im Erdgeschoss einen Durchgang für die Fußgänger aus. Der Eingang zum Gebäude liegt zum Platz.

Der Grundriss ist trapezförmig, er passt sich dem schrägstehenden Nachbarhaus an, kann aber so zugleich einen rechten Winkel mit dem Flachbau und eine Parallelität mit dem Hochhaus und so einen rechteckigen Platz erzeugen. Die Grundrisse zeigen ein Stützensystem, das offene Büros und Flexibilität in der Nutzung ermöglicht. Der Flachbau erstreckt sich, etwas zurückgesetzt, parallel zum Fleet, liegt unter dem Hochhaus *Hamburg Süd*, bildet so dessen Erdgeschoss, lässt aber am westlichen Ende eine Lücke zum *Condorhaus*. Diese Lücke ist wichtig, da die ursprüngliche Passage über die Reimersbrücke bebaut wird, Passanten nun am Fleet entlang gehen müssen, um dann durch diese Lücke weiter zu kommen. Er ist inklusive des Galeriegeschosses zweigeschossig, sollte aber ursprünglich von außen als eingeschossig wahrgenommen werden (siehe Abb. 130). In der realisierten Lösung sind diese Glasscheiben geschossbezogen unterteilt (siehe Abb. 126). Sie setzen sich damit als quadratische von den hochrechteckigen beim *Condorhaus* und beim Hochhaus *Hamburg Süd* ab.

45 siehe Necker/Schilling 2016

Hamburg-Süd

Abb. 131 Grundriss im Ensemble (genordet)

Das 1964 fertiggestellte Hochhaus *Hamburg Süd* war zunächst mit einem Erdgeschoss und 10 weiteren Etagen geplant, wurde zeitweilig mit 16 Etagen geplant[45] dann aber mit nur 13 Etagen gebaut. Im Rahmen der Renovierung in den vergangenen Jahren ist eine 14. Etage hinzugefügt worden.

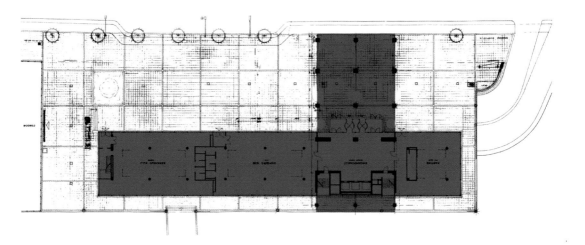

Es ist so gestellt, dass es im rechten Winkel an der heutigen Willy-Brandt-Straße steht und damit – wie andere Neubauten auch – den durch Hamburg gehenden Zug der neuen Ost-West-Achse unterbricht, Untereinheiten herstellt und der Wahrnehmung Haltepunkte vermittelt.

Es steht an einer Stelle, an der es den Raum der Straße Neue Burg (hellblau) aufnimmt und in körperliche, bauliche Substanz (dunkelblau) umwandelt (mehr zum Ort des Hochhauses im Ensemble siehe unten). Der Eingang ins Gebäude orientiert sich nach Norden, die Aufzüge und das Treppenhaus liegen im Süden, an der Fleetseite. Das entspricht der Situation beim Lever House in New York; dort ist die Treppenhausseite nicht durch eine Vorhangfassade bekleidet, sondern aus Beton und zeigt nach außen ganz deutlich, wo die Rückseite des Hauses ist. Bei *Hamburg Süd* ist das eleganter und aufwändiger mit vier Vorhangfassaden zu jeder Seite gelöst. Der Eingang von Norden her, von der heutigen Willy-Brandt-Straße, macht diese Seite zur Vorderseite, das Treppenhaus und die Toiletten auf der Südseite machen diese Seite zur Rückseite.

Abb. 132 Hochhaus im Durchführungsplan D 145 (1954)

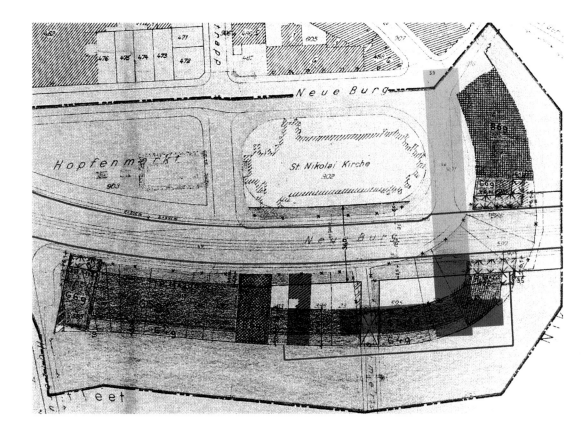

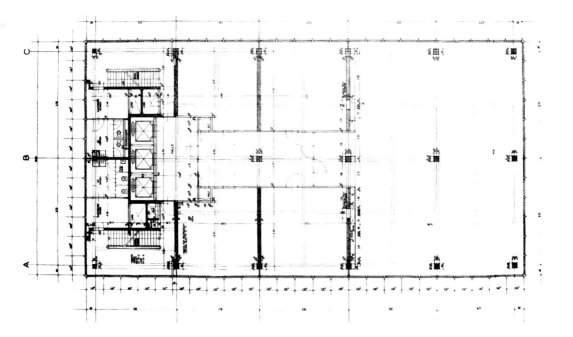

Abb. 133 Plan des 12. Geschosses,
(Norden / Willy-Brandt-Straße
rechts) vom 28. 11.1961

Die Aufständerung und die gläsernen Vorhangfassaden in ihrer eher senkrechten Orientierung lassen das Hochhaus leicht erscheinen; die Farbigkeit des Glases ist ein Alleinstellungsmerkmal. Die Strukturierung der vier Fassaden ist sehr viel besser als beim *Lever House* (Abb. 120). Dort ist ein Modul durch eine eher quadratische Glasscheibe bestimmt, unter der sich zwei schmalere Scheiben befinden, die man von außen nicht der konstruktiven Struktur des Hochhauses zuordnen kann. Pinnau entscheidet sich hingegen für eine Markierung der Geschossdecken durch schmale Scheiben, zwischen denen dann geschosshohe hochrechteckige Glasscheiben angebracht sind. Das ist sowohl als Ordnung der Fassadenfläche als auch als Kommunikation der inneren Struktur nach außen ›wahrer‹ (wie dieses Kriterium in den Diskussionen zu Beginn des 20. Jahrhunderts bezeichnet wurde).

Ursprünglich war die Vorhangfassade enger anliegend gedacht, so dass die Breite der Front 18,90 m und die Breite der Flanken 37,75 m hätten sein sollen (hier wurde an der äußeren Spitze der vorstehenden Rippen gemessen); die Fensterbreite an der Front/Rückseite wie an den Flanken sollte durchgehend 1,45 m sein (Geschosspläne von 1958 bei Necker/Schilling 2016). Gemessen wurde immer an der Außenkante der den Glasscheiben vorliegenden Streben. In der Ausführung wurde die Fassade dann 51 cm nach außen vor die Stützen geschoben; die Breite des Gesamtbaus war nun 19 m, die Länge 37,85 m (gemessen wurde nun an der Fensteraußenseite, woraus sich die auf den ersten Blick auffällige Ungleichheit beim Nachrechnen ergibt.) Die Scheiben an der Breitseite sind nun 1,514 m breit, die an der Front und Rückseite mit 1,583 m um knapp 7 cm breiter (Alle Maße aus Grundrissplänen vom Ende 1963; HAA). Das erhöht nicht nur die jeweilige Nutzfläche (pro Etage um ca. 27 m²), sondern ändert auch die äußeren Proportionen. Das Gebäude besteht aus einem Stahlbetonskelett, das die Büroräume flexibel hält; es gab zum Teil Großraumbüros, aber auch Etagen mit Einzelbüros. Der Vorstand arbeitet im vorletzten Geschoss, das letzte Geschoss enthält zum einen die erforderliche Gebäudetechnik (nach Süden) und dient mit Küche, Pantry, Speisesaal und einem nach Norden gehenden Arbeits- und Besprechungsraum Rudolf-August Oetkers auch gesellschaftlichen Zwecken. Der Blick geht von hier aus zum Rathaus, zur Innenstadt mit der Börse, auf das Geschäftszentrum und zwar von oben herab, was sicherlich nicht nur räumlich zu verstehen war.

Die ästhetische Organisation des Ensembles war ursprünglich wohl so gedacht, dass die geschossübergreifenden hochrechteckigen Glasscheiben des Flachbaus ein Echo auf die Scheibenformate der beiden anderen Bauten sein sollten. Dieses Konzept wäre in sich schlüssig gewesen: Es hätte eine in allen Bauten wiederkehrende Proportion gegeben, die die Gebäude als Gleiche miteinander kompatibel macht. Die Veränderung des Formats am Flachbau zeigt die Fenster und den Flachbau als ungleich. Auch das hätte eine Grundlage für eine gelungene ästhetische Komposition sein können, wie man es an dem *Bauhaus*-Ensemble in Dessau sehen kann. Dann aber hätte zumindest das Fensterformat auch des Condorgebäudes geändert werden müssen, wenn nicht gar auch dessen Gestalt. Die Entscheidung zur Änderung des Formats der Fenster des Flachbaus sind vermutlich nicht von Pinnau getroffen worden, sondern aus Kosten- und Sicherheitsgründen durch Vertreter des Bauherrn. Aber nun ist es so und irritiert.

Lage
Bau und Umraum

    Das Ensemble bildet zur heutigen Willy-Brandt-Straße einen Platzraum aus, der zunächst teilweise als Parkplatz und zur Anfahrt von PKWs und Bussen für die Schiffspassagiere und ihr Gepäck gedacht war, dann aber, nachdem eine Tiefgarage eingeplant wurde, funktionslos wurde.

    Darin unterscheidet sich das Hochhaus *Hamburg Süd* vom *Lever House*. Der Platz des *Lever House* lädt die Passanten und Anwohner zum Verweilen ein und bietet Sicherheit (Das ist eine genuine amerikanische Außenraumqualität und führt dort zur positiven Wahrnehmung eines Raumes. In Deutschland spielte diese Empfindung damals keine – negative oder positive – Rolle, trag also auch nicht zum Wohlempfinden eines Platzes bei.) Da der Platz zwischen *Hamburg Süd* und dem *Condor Gebäude* für die Anfahrt der Schiffspassagiere gedacht war, lädt er nicht zum Verweilen ein. Dies hat natürlich auch mit der geographischen Lage zu tun. New York liegt auf dem 40. Breitengrad, Hamburg auf dem 53. Das bedeutet doch einen sehr viel kühleren Sommer in Hamburg. Zudem liegt der Platz nach Norden und direkt ohne größere Lärmbarrieren an der vielbefahrenen Willy-Brandt-Straße, während man beim *Lever House* von einem *Pocket Park* sprechen kann, mit seiner Bepflanzung, den Bänken und der zwar offenen aber doch ausgrenzenden Bebauung rundum.

Wäre der Flachbau mehr nach Norden an den Rand der Willy-Brandt-Straße geschoben, so hätte sich ein Platz nach Süden und zum Fleet hin ergeben, zudem mit Blick und damit sozialer Anbindung hin zur Wohnbebauung entlang der Reimerstwiete, so wäre das anders gewesen und hätte sich mehr der Funktion (nicht der Form) des *Pocket Parks* beim *Lever House* angenähert.

Was bedeutet nun diese Orientierung des Ensembles nach Norden? Es gewinnt Bedeutung durch die Öffnung zur Straße, die dadurch mit all den anderen neuen Verwaltungsbauten an ihr wie eine Kette wirkte, an der all die wichtigen Institutionen der jungen Bundesrepublik wie Perlen aufgereiht waren und dadurch einen gemeinsamen Machtraum (oder eine Machtkette) bildeten. Davon kann man sich nicht abwenden, wenn man nicht ausgegrenzt werden will. Zudem richten sich Platz und Haus mit dem Rücken zum Hafen und mit dem Kopf zum Geschäftszentrum mit Börse und Rathaus.

Sichtbarkeit von Hamburg Süd und Nikolaikirche

Bei der Planung von *Hamburg Süd* gab es in der Presse eine durch Leserbriefe und Artikel ausgetragene Kontroverse über ein Hochhaus in der Mitte der Stadt, das in der Silhouette eine Konkurrenz für die Kirchtürme der *Nikolaikirche* und der *Katharinenkirche* bedeuten würde. Dabei gab es Traditionalisten, die gegen ein Hochhaus waren, und Moderne, die sich für eine ›weltstädtische‹ Bebauung einsetzten. Vor allem wurde die Höhe der Kirchtürme (147 und 115 m) als Argument eingesetzt, um zu zeigen, dass von dem mit 55 m Höhe angegebenen ›mittelhohen‹ Hochhaus keine Beeinträchtigung ausgehe.

Zudem wurden Ballons auf die Höhe des zukünftigen Hochhauses gebracht, damit der Bürger entscheiden könne, ob und wieweit es eine Beeinträchtigung gebe, wobei diese Methode durchaus fragwürdig ist, da sie visuell nur Punkte und nicht die ganze Körperlichkeit des neuen Gebäudes vermittelt. Für das Hochhaus warben auch Perspektiven von der hochgelegten S-Bahnbrücke Rödingsmarkt (Abb. 134). Und in der Tat ist diese

Perspektive überzeugend. Hinzu kommt noch, dass das Hochhaus eine re-flektierende Außenhaut hat und damit sowohl seine eigene Körperlichkeit zurücknimmt als auch den Kirchturm der *Nikolaikirche* mit dem durch das Alter und den Krieg eingeschwärzten Stein herausstellt. Deutlich wird in der Abbildung aber auch schon, dass das Hochhaus in der Flucht der Ost-West-Straße steht und der Turm der *Nikolaikirche* an den Rand gerückt ist. Zugleich verliert dabei aber der Turm der Katharinenkirche subjektiv ge-sehen relative Höhe zum Hochhaus *Hamburg Süd*.

Nimmt man diese Frage heute erneut auf und nähert sich auf der heuti-gen Willy-Brandt-Straße einmal von Osten und das zweite Mal von Westen, so gehen Nikolaikirchturm und Hochhaus *Hamburg Süd* permanent neue Beziehungen ein, die zwar nicht so wohlausgewogen sind wie in der zeitge-nössischen Zeichnung, aber vielleicht gerade in ihrer immer neuen Inter-aktion und Dynamik spannend sind. Dabei fungiert die Willy-Brandt-Straße bisweilen als Trennung von Kirchturm und Hochhaus, bisweilen – vor al-lem aus größerer Distanz von Westen her – verbindet sie die beiden, wie in der Perspektive Ende der 50er-Jahre (Abb. 134). Bedeutung generieren

Abb. 134 Perspektive Ende der 50er-Jahre

aber auch die Blicke durch die Reimerstwiete und von der Katharinenbrücke her. Von der Katharinenstraße her durch die Reimerstwiete kann man entweder die *Nikolaikirche* oder das Hochhaus von Hamburg-Süd sehen. Erst wenn man sich in den letzten Teil der Reimerstwiete vor der Reimersbrücke begibt, kommen beide zusammen in den Blick. Allerdings so, dass man bei der Annäherung nur den Zwischenraum und das flache Zwischengebäude sieht und sich damit zunächst einer Leere bewusst wird.

Je nachdem von welcher Seite man sich annähert, sieht man entweder nur den Turm der *Nikolaikirche* oder nur das Hochhaus *Hamburg Süd*. In letzter Sicht nimmt das Hochhaus *Hamburg Süd* einen ästhetischen Bezug zum winzig erscheinenden Turm des Hamburger Rathauses auf. Konstruiert man die Perspektiven in einem Plan, so gibt es nur ein kleines Dreieck (in Abb. 135 rot eingefärbt bei α), in dem ein Betrachter zugleich Teile der beiden Bauten wahrnehmen kann. Interessant ist deshalb die Passage durch die Katharinenstraße, von der man zuerst das eine Gebäude, dann beide und dann nur das andere Gebäude sehen kann. Passiert man die Reimerstwiete auf dem nördlichen Bürgersteig der Katharinenstraße, so kann man die beiden Gebäude niemals zusammen in den Blick bekommen. Von der *Katharinenbrücke* sieht man das Hochhaus *Hamburg Süd*, schräggestellt in einer idealen Ansicht (Abb. 138), wie in einem Gemälde gerahmt durch

Abb. 135 Blick auf Hamburg Süd Position α (Reimerstwiete) westlich außerhalb des roten Dreiecks (links)

Abb. 136 Blick auf Nikolaikirche Position α (Reimerstwiete) östlich außerhalb des roten Dreiecks (rechts)

die Gebäude im Vordergrund. Wenn man sich überlegt, warum Pinnau das Hochhaus gerade an diese Stelle im Ensemble gestellt hat, dann weil er zum einen den Straßenraum der Straße ›Neue Burg‹ aufnimmt und im Bau verkörperlicht, aber sicherlich vor allem, weil er diese Ansicht von der *Katharinenbrücke* aus im Sinne hatte.

Zugleich verdeckt das Hochhaus dem Betrachter – ausgenommen von einer letzten Spitze – den Blick auf den Turm der *Nikolaikirche*[46]. Das Hochhaus ›stiehlt‹ im wörtlichen und im metaphorischen Verständnis der *Nikolaikirche* ›die Show‹.

Es geht aber nicht nur um die Höhe von Nikolaikirchturm und Hochhaus *Hamburg Süd*, sondern auch um die Konstruktion von Räumen aus den Gebäuden heraus und im urbanen Kontext und um die Bedeutung dieser Räume. Für das Verwaltungsgebäude von *Hamburg-Süd* war ein Grundstück an der neu angelegten Ost-West Straße durch Hamburg im Umfeld der sehr beschädigten *Nikolaikirche* gefunden worden. Mit der Entscheidung, hier ein Hochhaus zu errichten, greifen Bauherr, Architekt und der den Bau fördernde Oberbaudirektor in ein komplexes, historisch entstandenes Bedeutungsgefüge ein. Dieses wird bestimmt durch den Großen Brand und die Zerstörung der *Nikolaikirche* von 1842, durch deren Neubau im 19. Jahrhundert,

46 Der Fotograf muss – wie ich unterstelle – ein Vertreter der Hochhauskritiker gewesen sein. Er hat den Aufnahmepunkt so tief gelegt, dass man nur einen kleinen Teil der Kirchturmspitze sieht, von der man heute, wo das Hochhaus um einen Stock erhöht wurde, bei einer Aufnahme in Aughöhe (ca. 180 cm) von der Spitze mehr sieht als bei der historischen Aufnahme.

Bedeutungsraum

Abb. 137 Ausblicke von der Reimerstwiete (α) und der Katharinenbrücke (β) (links)

Abb. 138 Blick auf *Hamburg Süd* und *Nikolaikirche*, Position β (Katharinenbrücke in einer Aufnahme aus der Bauzeit von *Hamburg Süd*) (rechts)

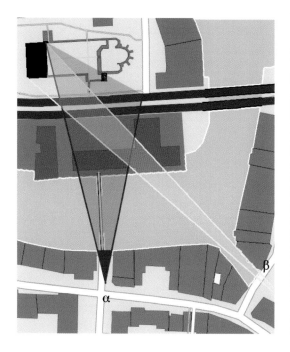

durch die Planung einer Ost-West Verkehrsverbindung in Hamburg seit Beginn des 20. Jahrhunderts, schließlich durch die Zerstörungen des Zweiten Weltkriegs und die Planungen direkt nach dem Krieg. Beim Großen Brand im Mai 1842 wurde die bis zum Ende des 12. Jahrhunderts zurückzuverfolgende und immer weiter ausgebaute *St. Nikolaikirche* ein Opfer der Flammen. In den beiden folgenden Jahren wurden die Ruinen abgetragen und Planungen für einen Neubau aufgenommen. Die damals für den Wiederaufbau Hamburgs verantwortliche *Technische Commission* beschloss, am Rande des das Gelände umfließenden Alsterarms noch eine Bebauung zu errichten, damit aus dem *Hopfenmarkt* ein gut geformter Raum entstand, in dem das neue Kirchengebäude das Zentrum einnehmen konnte. Zu diesem Zwe-

Abb. 139 Alte Nikolai Kirche vor dem Großen Brand (1842) Karte von Braun-Hogenberg (links)

Abb. 140 Neue Nikolaikirche (Scott), Luftaufnahme 1934 (Hamburger Bildarchiv Bild Nr. 2594) (rechts)

Abb. 141 Neue Nikolaikirche (Scott), Luftaufnahme 1934 (Hamburger Bildarchiv Bild Nr. 2594) (unten)

cke verschob man den Standort der Kirche ein wenig nach Südosten[47]. Ein Wettbewerb wurde ausgeschrieben, Gottfried Semper legte einen neogotischen und einen Zentralbau-Entwurf vor, der zwar zunächst den ersten Preis erhielt, doch zwei durch den Kirchenvorstand hinzugezogene ›Obergutachter‹, Sulspice Boisserée und Ernst Friedrich Zwirner, setzten einen ebenfalls neogotischen Entwurf von George Gilbert Scott als ersten Preis durch. Der Grundstein wurde 1846 gelegt, die Kirche 1863 eingeweiht. Die neue *Nikolaikirche* wurde von einer niedrigen Wohnbebauung so umrahmt, dass sich ein klarer Platz ergab, der der Kirche einen Raum gab, in dem sie ihre Majestät entfalten konnte.

Aber bereits 1911[48] schlug Wilhelm Fränkel einige Durchbrüche durch die dichte Bebauung der Hamburger Innenstadt vor, darunter eine Straße, die sich in Ost-West Richtung erstrecken sollte. Dabei zeigte er keine Scheu vor dem Abriss größerer Quartiere. In der Gestaltung der Straße an der damals gerade 50 Jahre alten *Nikolaikirche* und ihrem urbanen Raum sah er eine interessante Situation, die er offen ließ: »…Hier schwingt sich in leichtem Bogen eine massive Brücke nach der Kirche zu. Die zwischen Brücke und Kirche liegenden Gebäude müssen niedrig, höchstens zwei Geschosse hoch gehalten werden, damit die Kirche nicht zu sehr verdeckt wird und gewaltiger erscheint…«[49]. 1935 folgte ein weiterer Vorschlag von der Bauverwaltung (Pfotenhauer-Plan) für neue Verkehrsführungen durch die Innenstadt, der ebenfalls eine Brücke über das Nikolaifleet vorsah und die *Nikolaikirche* sehr eng im Süden passieren sollte, sich dann aber zu einem nach Norden führenden halben Ring ausbilden sollte[50]. Es ist interessant, dass dies weit vor dem Beginn des Zweiten Weltkriegs und der Bombar-

47 Hirschfeld 2010: 37

48 Ich folge hier weitgehend der ausgezeichneten Untersuchung von Wawoczny 1996

49 Fränkel 1911: 14; zitiert nach Wawoczny 1996: 32

Abb. 142 Plan von Gutschow vom Juli 1939, abgestimmt mit dem Tiefbauamt im März 1940 (lange vor dem großen Bombenangriff (Operation Gomorrha) vom 24.7 –3.8. 1943) (Ausschnitt)

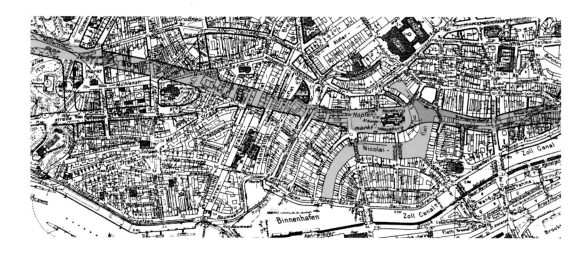

50 Wawoczny 1996: 34

51 Wawoczny 1996: 37

52 2.Vorskizze vom 31. 12. 1943; abgebildet in Wawoczny 1996: 41

53 Abbildungen bei Wawoczny 1996: 43

54 Abbildungen bei Wawoczny 1996: 46

dierung Hamburgs genau die Lösung ist, die sich in Bezug auf die *Nikolaikirche* und den Hopfenmarkt nach dem Krieg dann schlussendlich durchsetzt. Hier scheint eine infrastrukturelle Rationalität am Werk, die identitätspolitisch jedes parteipolitische Wollen übergreift und offensichtlich eher das Nikolaifleet denn die Kirche erhalten will.

1938 legte Konstanty Gutschow einen Plan für ein Gauforum am Elbufer vor (hier ohne Abbildung), den er noch einige Mal überarbeitete. Darin wurde die *Nikolaikirche* im Norden tangiert, wobei er der Kirche selbst eine schöne Raumbucht im Süden ließ[51]. Aber auch er hatte keine Hemmungen, die *Nikolaikirche* zum Abriss frei zu geben (Abb. 142). Und auch als die Stadt später durch Bombenangriffe zerstört war, wiederholte er diesen Vorschlag[52], dem sich weitere Vorschläge von anderen anschlossen[53].

Nach dem Krieg gab es Entwürfe für einen Generalbebauungsplan, in denen drei Alternativen[54] zum Verlauf einer Ost-West Straße umgesetzt wurden, ein Verlauf südlich des Nikolaifleets, in dem die *Nikolaikirche* und ihr Umraum, sowie der Hopfenmarkt wie vor der Bombardierung eingezeichnet waren. Zudem wurden eine Mittellösung und eine Nordlösung ausgearbeitet, die beide die *Nikolaikirche* im Süden tangierten und den Raum bis zum Nikolaifleet besetzten. Auf dieser Basis wurden im Laufe der folgenden Jahre weitere Pläne vorgelegt. 1949 publizierte Oberbaudirektor Meyer-Ottens eine kleine Broschüre mit einem Bestandsplan und Vorschlägen zum Wiederaufbau. Dabei drehte er in Bezug auf einen Entwurf Sempers den Hopfenmarkt um 90 Grad, verzichtete nach Süden auf eine Bebauung und schloss ihn so direkt an das Nikolaifleet an. Den Raum um die *Nikolaikirche* schloss er zum Hopfenmarkt durch ein langgestrecktes fünfgeschossi-

Abb. 143 Meyer-Ottens 1949, Bestand

Abb. 144 Meyer-Ottens 1949, Bebauungsvorschlag (links)

Abb. 145 Meyer-Ottens 1949, Bebauungsvorschlag (rechts)

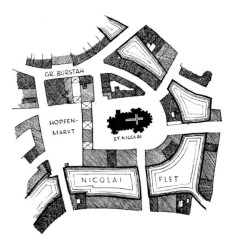

Abb. 146 Entwurf zum Wettbewerb Mahnmal Nikolaikirche von Hopp&Jäger (1953) (blaue Markierung von EF)

ges Gebäude mit drei Durchgängen ab. Die *Nikolaikirche* erhielt drei weitere Zuwege (von Süden, von Osten und von Nordosten her) und wurde durch eine hufeisenförmig angeordnete Reihe von sechsgeschossigen und damit (im Vergleich zur Höhe des Kirchturms) niedrigen Bauten gerahmt, die zudem Glasfassaden haben sollten und so der Kirche einen zarten und kontrastreichen, ihre Materialität, Größe und Herrlichkeit herausstellenden Sockel gaben, der stark zur Großartigkeit der gesamten Szene beitrug. Im August 1952 übernahm Werner Hebebrand das Amt des Oberbaudirektors. Er ließ für die Ost-West-Straße eine Art Masterplan entwickeln[55], auf dessen Basis detailliertere Durchführungspläne entworfen wurden.

Zugleich entstanden die weiter unten besprochenen Entwürfe zur baulichen Zukunft der *Nikolaikirche*nruine. Dabei legten Hopp&Jäger einen Entwurf vor, bei dem von der Ruine der *Nikolaikirche* baulich nur der Turm erhalten blieb und so die Abwesenheit des Hauptschiffes zum Thema gemacht wurde. Zudem wurde der Gesamtplatz durch langgezogene moderne Bauten mit Flachdach artikuliert, und es wurden nach Osten und nach Westen jeweils zwei Torsituationen ausgebildet. Der Durchführungsplan D145

Abb. 147 Gebäude D: Haus der Hamburg-Mannheimer, Schramm&Elingius (1956) aus Wawoczny 1996

55 Wawoczny 1996: 69

vom 15. Oktober 1954 veränderte diesen Grundgedanken ein wenig. Der gesamte Platz (Hopfenmarkt und Neue Burg) sollten nun durch vier querstehende und in den Straßenraum hineinragende höhere Häuser (im Plan wieder blau markiert) gegliedert werden. Ein Gebäude (siehe Abb. 148) (A) markierte den Anfang der Bebauung am Hopfenmarkt, eines (B) stand in der Mitte und verwies auf den Kirchturm, zwei (C&D) bildeten eine Torsituation auf der Ostseite.

Die Trasse der ehemaligen Ost-West-Straße führte südlich eng an der *Nikolaikirche* (gelb) vorbei, sie erhielt aber durch eine Rücksetzung der Bebauung am Nikolaifleet einen rahmenden Raum, der die Kirche oder ihre Ruine bedeutsam gemacht hätte. Dabei sollte im Süden die Vorkriegsparzellengröße erhalten bleiben und damit eine Einzelbebauung entstehen, die zumindest grob auf die Kleinteiligkeit der Vorkriegszeit verwies. Diese ästhetisch und typologisch lebendige Bebauung hätte der Kirche die Möglichkeit gegeben, den Raum aus ihrer Mitte her zu bestimmen, bei der sie selbst und nicht die Randbebauung zum Primärelement wurde. Parallel zu dieser Stra-

Abb. 148 Durchführungsplan D145 vom 15. Oktober 1954 (Markierungen von EF)

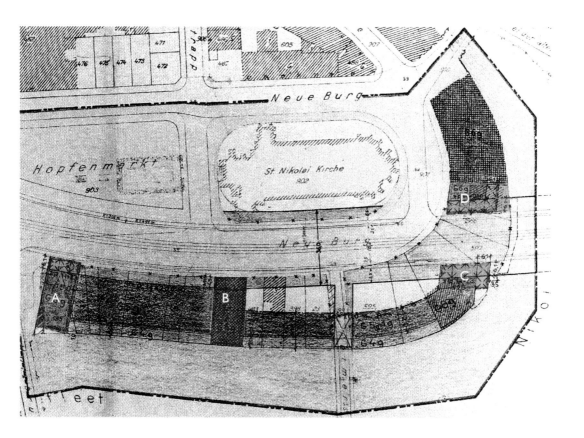

ßenplanung wurde in der Gemeinde der *Nikolaikirche* und bei Stadtplanern diskutiert, was mit dem ziemlich zerstörten Gebäude der *Nikolaikirche* geschehen sollte. Es gab Pläne zum Wiederaufbau in der alten Situation (wie der Entwurf des Oberbaudirektors Otto Meyer-Ottens von 1949 deutlich macht), aber auch Planungen wegen der Schrumpfung der Gemeinde. Diese hatte ihre Ursache in der bereits vor dem Krieg begonnenen und durch den Bau der Ost-West-Straße nun verstärkt auch zu erwartenden Tertiärisierung[56] der Hamburger Innenstadt und führte zu Plänen, die Gemeinde ganz aufzugeben und an anderer Stelle in Hamburg neu zu gründen. Die Denkmalpflege setzte sich für die Sicherung des Turmes ein, unterstützte aber nicht den Wiederaufbau der Kirche[57]. Die Gemeinde und ein Architekt (Gerhard Langmaack) plädierten dafür, den Turm als Kirchturm zu erhalten, eine kleine Kapelle im ehemaligen Chor zu bauen und die Fläche des ehemaligen Langhauses als Gedenkplatz zu nutzen. 1953 gab es dazu einen Architektenwettbewerb. 1960 wurde erneut ein Wettbewerb ausgelobt, den Gerhart Laage mit einem Entwurf gewann, in dem der Turmruine eine Dornenkrone aufgesetzt wurde[58]. Damit wurde das Leid der Hamburger enthistorisierend in einen religiösen Zusammenhang gestellt und zugleich von jeder Mittäterschaft befreit. Die Große Flut von 1962 und die finanziellen Aufwendungen der Stadt zur Beseitigung der Schäden verhinderten die Ausführung. Erst 1977 kam es schließlich zur Realisierung eines wiederum neuen Entwurfs zur Gestaltung der Gedenkstätte.[59] An diesen vielen und unterschiedlichen Planentwürfen zeigt sich deutlich, dass der Bauplatz von *Hamburg Süd* ein Ort ist, der für die Geschichte der Stadt Hamburg und ihren Stadtraum, die religiös-kulturelle Identität und ihre ästhetische Darstellung für die Erinnerung an das Geschehen des Zweiten Weltkriegs und als Stellungnahme zur Verantwortung daran von großer Bedeutung ist. Es wundert also nicht, dass die Auseinandersetzungen und Entscheidungen öffentlich diskutiert und zum Teil von lautstarken Bürgerprotesten begleitet[60] wurden; Cäsar Pinnau wird die Brisanz des Ortes bewusst gewesen sein.

Eine ähnliche Konstellation für eine kriegszerstörte Kirche, von der nur der Turm erhalten geblieben ist, gab es in Berlin: *Die Kaiser-Wilhelm Gedächtniskirche* war im Zweiten Weltkrieg erheblich zerstört und danach dem Verfall anheim gegeben worden, 1956 war der einsturzgefährdete Chor abgerissen worden.

Parallel dazu gab es öffentliche Diskussionen über Wiederaufbau und Neubau, wobei die Neubaufraktion zunächst gewann und ein Wettbewerb ausgeschrieben wurde, den Egon Eiermann 1957 gewann. Allerdings beendete dies nicht die kontroversen Diskussionen und so wurde ein Kompro-

56 Mit dem Begriff ›Tertiärisierung‹ wird bezeichnet, dass immer mehr Geschäfte und Verwaltungen sich in der Innenstadt niederlassen und das Wohnen und die Bewohner verdrängen.

57 Hirschfeld 2010: 24

58 A.a.O.: 26

59 Siehe Grundmann 1960 und Plagemann 1996: 165)

60 Hirschfeld 1010: 25

Abb. 149 *Kaiser-Wilhelm-Gedächtniskirche* Berlin

miss gefunden, bei dem die Ruine als ›Mahnmal für den Frieden‹ stehen bleiben sollte und dazu ein Neubau nach dem Entwurf Eiermanns hinzugefügt werden sollte. Dieser im Dezember 1961 fertiggestellte Neubau bestand aus einem freistehenden achteckigen Kirchenraum und einem separaten sechseckigen Kirchturm. Kirchturm und Kirchenraum hatten eine einschalige, selbsttragende Haut aus quadratischen Feldern, die beim Kirchenraum wiederum aus 7 × 7 und beim Turm aus 5 × 5 blauen Glassteinen gebildet wurden. Eiermanns zweiter Kirchturm wurde sicherlich errichtet, weil man langfristig mit dem Abriss der Turmruine rechnete. Jetzt stören sich die beiden Türme gegenseitig. Der achteckige Kirchenraum, in Form, Konstruktion, Fassade, in der Art der Umsetzung religiöser Symbolik ein Inbegriff der Moderne, und der Turm der wilhelminischen Gründerzeit mit den Schäden des Zweiten Weltkriegs als Ausdruck zerstörter nationaler Größe und konkret als erfahrbares Ergebnis nationalsozialistischer Kriegstreiberei bilden eine heterogene Einheit, die diesen Widerspruch verstörend und eindrucksvoll präsent macht.

In Hamburg war die Situation komplizierter, hier mussten ein Verwaltungsbau und eine Kirchenruine ästhetisch miteinander interagieren. Der

Abb. 150 Durchführungsplan mit *Hamburg-Süd* (Montage von EF)

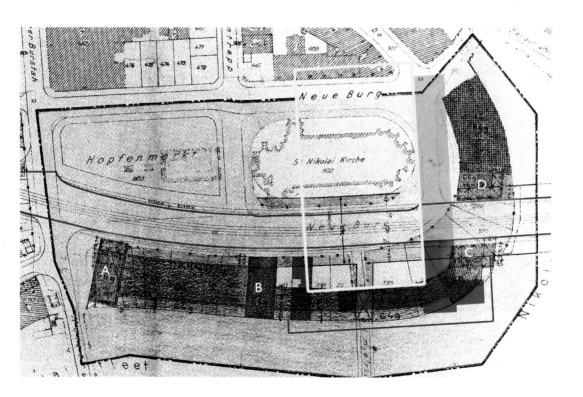

Durchführungsplan D 145 wurde zunächst eingehalten, zwei der Gebäude (A und D) wurden realisiert (D ist inzwischen erneuert worden). Das *Hamburg Süd / Condor Ensemble* bricht aber mit dem Plan. Das Gebäude der Condor-Versicherung wurde nicht an die Stelle des im Durchführungsplan von 1954 vorgesehenen Gebäudes B gestellt, es ist zwar quergestellt, aber nach Osten hin verschoben. Es konterkariert so auch den Gesamtplan und stellt das vorher realisierte Gebäude D in seinen Intentionen infrage, da es als Teil einer Torsituation gedacht war, dem nun das gegenüberliegende Pendant fehlt. Stattdessen wird mit dem Platz zwischen Condorgebäude und dem Hochhaus *Hamburg Süd* ein enger Raum ausgegrenzt, der über die Ost-West-Straße hinaus den Raum der Kirche bestimmt. Er ist sehr viel enger als in dem Durchführungsplan vorgesehen (siehe die gelben Rahmen) und gibt der *Nikolaikirche* einen Seinsraum, der ihr zu eng ist.

Weder Bauherr noch Architekt sind für die ›Schneise‹ der Ost-West-Straße und die Abschnürung der *Nikolaikirche* und ihres Raums verantwortlich. Für die Entscheidung, gerade hier ein Hochhausensemble zu errichten und dieses in der realisierten Weise zu entwerfen, tragen sie jedoch die Verantwortung. Dies zu erkennen, verhilft das Gedankenexperiment, das Hochhaus weiter nach Osten zu schieben, an die Stelle des Gebäudes C und als Pendant des Gebäudes D. Natürlich würde dies eine Reihe neuer Probleme (weitere Privatisierung des öffentlichen Fleets, Zugang zur Tiefgarage) generieren. Man erkennt aber in dieser Alternative, wie wichtig es für die Wirkung der *Nikolaikirche* gewesen wäre, ihr mehr Umraum zu widmen.

Die Ruine der *Nikolaikirche* als Gedenkstätte wäre durch die neue Lage der Neubauten deutlich artikuliert und hätte beiden, dem Denkmal für die Zerstörungen des Zweiten Weltkriegs und dem Repräsentationsanspruch des Unternehmens, zugleich gut getan. Die Abwesenheit des Hauptschiffs der *Nikolaikirche* wäre als Leere wahrnehmbar geworden und hätte den Memorialcharakter der Anlage deutlich gemacht. Das Hochhaus *Hamburg-Süd* wäre in das alte und in das neue urbane Gewebe der Stadt Hamburg integriert worden, ohne dass es seine Sonderstellung verloren hätte. In Pinnaus Realisierung hingegen nimmt die Moderne (der baulichen Anlage von *Hamburg-Süd*) der Gedenkstätte zum Zweiten Weltkrieg seine Wirkmacht. Im Bezug auf die Lösung der Gedächtniskirche kann man für die *Nikolaikirche* in Hamburg sagen: Der Neuanfang wird zur Bedrängung der Erinnerung.

Pinnaus Architektur in der Bundesrepublik

Zur Architektur Cäsar Pinnaus nach 1945 wird nicht mehr so richtig untersucht, was sie mit Politik zu tun habe. Ähnelt sie in der Verwendung klassischer Architekturelemente seinen Entwürfen vor 1945, so wird sie als Nazi-Architektur verstanden, was man zumeist in persönlichen Gesprächen hören, in Texten aber nur selten lesen kann. Die Wohnbauten und seine Gebäude im Internationalen Stil werden bei den einen mehr und bei den anderen weniger zur Kenntnis genommen, ihre Politik aber nicht weiter thematisiert. Damit wird man ihnen aber nicht gerecht.

Die Architektur Cäsar Pinnaus

Wir hatten im ersten Kapitel gesehen, dass es schwierig ist, Architekturwerke von ihren Architekten her zu interpretieren, da ›Architekt‹ keine objektive Gegebenheit ist, sondern das Ergebnis einer Fremd- und Selbstauslegung ist

Im zweiten Kapitel haben wir – zunächst einmal ohne vorhergehende Diskussion des wissenschaftstheoretischen Ansatzes – die Architektur vom Werk her analysiert. Dabei wurde das Werk aber nicht als solitäres, sachliches Endprodukt eines vergangenen Handelns genommen, sondern als Werkzeug eines gegenwärtigen und zukünftigen Handelns, zu dem nicht nur Tun, sondern auch Wahrnehmung, Kognitionen und Auslegung gehören als materiale Intervention, die eine Situation innerhalb eines synchronen (urbanen und typologischen) und diachronen Kontextes erzeugt. Das geht einher mit einem Verständnis von Architektur, bei dem die Funktion eines Bauwerks eine Form und die Form eine Funktion hat und bei der das Werk zugleich Dinglichkeit und konfigurierendes Element in einer Situation ist. Es ist Ergebnis des Gestaltungswollens von Architekt, Bauherr etc., der Vertreter der diversen amtlichen und gesellschaftlichen Gestaltungs- und Geschmacksnormierungen wie z. B. Bauämter, Bauindustrie, Öffentlichkeit und Nachbarn, sowie der Aufnahme und Aneignung durch Nutzer. Wegen dieser Abhängigkeiten haben die einzelnen Werke sehr multiple und komplexe Bedeutungsdimensionen, die nicht auf einzelne Dimensionen reduzierbar sind.

Der Zusammenhang von Architektur und Politik wird in starkem Maße auf die methodische Frage reduziert, wie man den Zusammenhang von Bauwerken und Politik in totalitären Staatssystemen fassen kann. Der Zusammenhang von Bauwerken und Demokratie wird nur in wenigen Fällen (Plenarsaal des Deutschen Bundestages in Bonn von Günther Behnisch (1992)) untersucht, die Frage von Architektur und Demokratie nur in einzelnen Publikationen (etwa Adolf Arndt *Demokratie als Bauherr* 1960) diskutiert. In vielen Diskursen über politische Aspekte der Architektur wird vorgebracht, dass es sich bei der Architektur, besonders bei der Architektur Cäsar Pinnaus (siehe die Publikationen von Joachim Fest und Ruth Pinnau) um Kunst handle und es deshalb nicht um Politik gehe; dabei werden Kunst und Politik als sich gegenseitig ausschließende Definitionen von Architektur angesehen. Die Kenntnis von Pinnaus Verständnis von Kunst findet sich in den Publikationen von Fest und Ruth Pinnau, durch kurze Statements und über ehemalige Mitarbeiter. Kunst wird dort durch Klassizismus (dazu Kap. 3) und durch Proportion bestimmt. Proportion hält sich im Rahmen der ›musikalischen‹ Proportionen (Quarte 3:4, Quinte 2:3, Große Sexte 3:5 etc.), man findet sie vor allem bei den Grundrissen (Breite × Länge) seiner Hochhäuser.

Gibt es bei ihm einen *Goldenen Schnitt*? Immer wieder wird das Gefühl Cäsar Pinnaus für Proportionen herausgestellt. Bei *Hamburg Süd* wird sogar von einem *Goldenen Schnitt* gesprochen; Schmidt[61] erwähnt die Möglichkeit eines *Goldenen Schnitts* bei einer Höhe von 17 Geschossen, Necker/Schilling bilden dazu eine Präsentationszeichnung zum Richtfest von *Hamburg Süd* mit 16 Geschossen ab. Beide gehen davon aus, dass das Gebäude ursprünglich eigentlich hätte höher sein sollen, und dann einen *Goldenen Schnitt* ergeben hätte.

61 Necker/Schilling 2016: 20

Der *Goldene Schnitt* ist die Proportion, auf die man kommt, wenn man eine beliebige Strecke so in zwei Abschnitte teilt, dass das Verhältnis des kleineren Abschnitts zum größeren Abschnitt dem Verhältnis des größeren Abschnitts zur Gesamtstrecke entspricht (a : b = b : (a+b)). Das ist arithmetisch formuliert, und dabei ergibt sich immer eine irrationale Zahl; wobei man diese Proportion auch geometrisch konstruieren kann. Der kunsttheoretische ›Witz‹ dieser Proportion liegt in der Magie der Mathematik, nicht in der sinnlichen Wahrnehmung. Deshalb kann es auch kein ›ungefähr‹ geben, sondern nur mathematische Präzision. Die Frage, um die es stets bei einer Prüfung der These, es handle sich um einen *Goldenen Schnitt*, geht, ist, welche Maße denn eigentlich in Frage kommen, die Strecken des *Goldenen Schnitts* zu sein. Bei *Hamburg Süd* kann es eigentlich nur um den möglichen *Goldenen Schnitt* beim aufgeständerten Körper der Verwaltungsetagen gehen. Nimmt man die Maße des ausgeführten Baus aus den Plänen von Ende 1963 (im *Hamburger Architekturarchiv*), also 19 m Frontbreite, 37,85 Flankenbreite und 46,35 m Höhe des Körpers (13 × 2,65 Fenster in Innenraumhöhe + 14 × 0,85 m Glasscheiben für die Geschossdecke (von der Unterkante abgehängte Decke bis Oberkante Fußboden)), so ergibt sich weder für die Front- und Rückseite noch für die beiden Flanken ein *Goldener Schnitt*. Denkt man sich das Gebäude um zwei Geschosse höher, ergäbe das eine Höhe (2 × 2,65 + 2 × 0,85 m) von 53,35 m. Auch das ergibt für diese beiden

Seiten keinen *Goldenen Schnitt*. Erhöht man es um ein weiteres Geschoss, so ergibt sich eine Höhe von 56,85 m. Alle diese Maße ergeben keinen *Goldenen Schnitt* (Berechnungen siehe Anhang, Seite 209).

Soweit es die hier einbezogenen Bauten betrifft, proportionierte Pinnau sie nach seinen politischen Verweisen (parataktische Reihung der Säulen nach den Vorgaben der im *Dritten Reich* herrschenden Vorstellungen; weit auseinanderstehende schlanke Stützen als Bezug zum *Colonial Revival* in der Bundesrepublik Deutschland).

Wenn man bei Pinnau von Kunst sprechen möchte, dann ist sie nicht Feier der technischen Innovation (Eiffel), nicht die *concinnitas* einer Maschine als moderner *Nike von Samothrake* (Le Corbusier), nicht das Narrative und Pittoreske einer *line of beauty* (Jugendstil), nicht die ins Schöne umschlagende höchste Funktionalität (Bruno Taut), nicht die subjektive Ponderation einzelner in ein Spiel gebrachter Formen (Dessauer Meisterhäuser), nicht das den gegebenen Kunstbegriff Überschreitende, nicht die dialektische Negation von Sinnlichkeit und Begriff und nicht Dekonstruktion (um nur einige zu nennen), sondern das Traditionelle, das Etablierte, »comme il faut«, »das haben wir immer schon so gemacht«, was man als Tradition, als »vernacular«, als Heimatstil bezeichnen und positiv finden kann.

In diesen Auseinandersetzungen um Kunst und Politik bei Cäsar Pinnau spielte stets Albert Speer eine große Rolle. Er hatte im *Dritten Reich* als Architekt, als Generalbauinspektor und als Minister die bedeutendsten Ämter inne und war Hitlers Architekt. Er stellte sich ein Team von Gefolgsleuten (im wörtlichen Sinne des Wortes; siehe S. 64, Anm. 6) zusammen und protegierte sie. Nach dem Krieg stand er im Licht der Anklagen, für die Architekturgeschichte war er lange die Person exemplarischer Auseinandersetzungen. Mit »Speer« sind stets auch Pinnau und die Anderen gemeint.

Architektur als Entwurf oder: Identitätspolitik III

Dass die Theorie an das Ende und nicht an den Anfang einer theoretischen Abhandlung gestellt ist, ist ungewöhnlich, hat aber Gründe: Die Publikation erscheint in einem spezifischen Kontext der Auseinandersetzung um Cäsar Pinnau und anlässlich der Eröffnung einer Ausstellung seiner Arbeiten. Daran sollte zunächst angeknüpft werden. Auf dieser Basis werden dann die politischen wissenschaftstheoretischen Diskussionen um Architektur im *Dritten Reich* vorgestellt.

Beide Verfahren haben ihre methodischen Probleme: Fängt man mit der Theorie an, impliziert man bereits die konkrete Architektur, für die die Theorie gelten soll, ohne dass diese benannt oder vorgestellt wird und ohne auf den Leser zu achten, der sie möglicherweise erst durch die Publikation kennen lernen will. Beginnt man mit den konkreten Bauten, so vermisst der Leser eine Orientierung, warum gerade diese ausgesucht wurden, warum gerade so interpretiert wird und wohin das alles führen soll. Da das Verhältnis von Einzelwerk und Theorie weder ein ›Herunterbrechen‹ – wie man einer geisteswissenschaftlichen Interpretation der Theorie der Fraktale folgend heute sagt – noch eine alle Konkretheit abschüttelnde Induktion einer Theorie sein soll, sondern ein fortlaufender dialektischer hermeneutischer Zirkel zwischen konkretem Werk und Theorie, bei dem man am Ende des ersten Durchlaufens einen Zwischenstand erreicht und dann erneut startet, sind beide Möglichkeiten zu beginnen gleich schlecht oder gleich gut.

In den 60er-Jahren – im Zusammenhang mit der Kritik an der etablierten Politik, mit Veränderung der Mehrheitsverhältnisse der Parteien im Bundestag, mit einem kritischen Aufbruch junger Bürgerinnen und Bürger, einer Veränderung der Alltagskultur sowie der Lebensziele und als Auseinandersetzung mit den selbstgerecht und selbstgefällig gewordenen Altvorderen – begann dann die Auseinandersetzung mit dem unterdrückten Geschehen, den biografischen Verstrickungen der Politiker, Unternehmen, Lehrer, Professoren, Kollegen und Familienangehörigen, mit der Architekturproduktion und den Architektenbiografien im *Dritten Reich*. Dies ging nicht ohne persönliche Auseinandersetzungen, aber auch nicht ohne fachliche und wissenschaftstheoretische Kämpfe um die Bestimmung der eigenen Disziplinen, ihre Methoden, ihre Erkenntnis-, Planungs- und Entwurfsziele. Architektur war nicht mehr unangefochten das traditionale Reich des Schönen der Internationalen Moderne oder der technokratisch verstandenen Funktionalität sondern Architektur- und Identitätspolitik. Dieser Politik der Identität der Disziplin wird hier im dritten Kapitel nachgegangen. Ziel ist eine chronologisch orientierte systematische Synopse.

Dies ist natürlich nicht die erste Synopse. Bereits 1984 gab Wolfgang Schäche einen Überblick über die Auseinandersetzung mit der Architektur im *Dritten Reich*. Er begrüßte die Ausweitung der Publikationen zu Beginn der 70er-Jahre und die Bildung von Theorien, bemängelte aber auch die Vernachlässigung der Quellenforschung und die Verselbständigung der Theorien von der Architektur[1], womit er sicherlich Recht hatte. Er hob Arbeiten von Anna Teut, Angela Schönberger, Roswitha Mattausch, Ute Peltz-Dreckmann, Manfred Walz und Marie-Luise Reckers positiv hervor, warnte aber auch vor populär und allzu glatt geschriebenen Publikationen, die die politischen Dimensionen der Architektur mehr verdeckten als offenlegten und zur Legitimation der Architektur im *Dritten Reich* beitrügen.

Im Vorwort des Katalogs der Ausstellung *Bauen im Nationalsozialismus. Bayern 1933–1945*[2] ging Nerdinger knapp 10 Jahre später auf die Verdrängung der Zeit des *Dritten Reichs* ein und sah zugleich Ansätze einer Wiederkehr in den 90er-Jahren. Er erwähnte, dass es nach einigen Schlüsselpublikationen in den 50er-Jahren (hier hob er Alexander Mitscherlichs *Unfähigkeit zu trauern* hervor) erst in den 60er-Jahren erste Publikationen zur Kunst und zur Architektur im Nationalsozialismus gab und dann, in den 70er-Jahren auch einige Ausstellungen dazu. Diese wissenschaftlichen Arbeiten seien zugleich moralische Empörung, Politisierung, Abrechnung mit der Vätergeneration und Verdrängung der Adenauer-Zeit gewesen, wobei Verdrängung – so könnte man ergänzen in Bezug auf Pinnaus Arbeit in der Organisation Todt – auch bedeutet, Quellen und Dokumente zu beseitigen, so dass sich einem Historiker nur noch »tabula rasa« bietet. Wissenschaftstheoretisch sei man zunächst so vorgegangen, dass man in der ideologiekritischen Analyse von Einzelobjekten auf das System schloss und es »decouvrierte«, tatsächlich aber Vorwissen über die Formen stülpte[3]. Im Rahmen dieser Enttabuisierung habe es zugleich kunsthistorische Ausdeutungen, stilistische Gleichsetzungen und positivistische Katalogisierungen gegeben, die den Gegenständen sowohl ihre politische wie historische Bedeutung genommen hätten. Erst in den 80er-Jahren – wie Nerdinger meint – wären dann wissenschaftstheoretisch auch die strukturellen Zusammenhänge einbezogen worden. Spätestens mit Hans Magnus Enzensbergers *Tausend ganz normale Jahre*[4] sei die »Normalität des Alltags in den Focus gerückt«[5].

1 Schäche 1984: 80

2 Nerdinger 1993

3 Nerdinger 1993: 10

4 Nördlingen 1987

5 Nerdinger 1993: 12

Noch einmal 15 Jahre später schrieb Winfried Nerdinger die Geschichte des Umgangs mit Architektur und Architekten des *Dritten Reichs* von der Nachkriegszeit bis ins 21. Jahrhundert. Er sah vier Phasen (1945–1949 Entnazifizierung und Positionierung/ 1949–1968 Integration und Normalisierung/ 1968–1990 Instrumentalisierung und Historisierung/ 1990–2008 Aneignung, Vermarktung und Dokumentation[6]). Die Details dieser exzellenten Übersicht über die Entwicklung in beiden deutschen Staaten sollen hier nicht wiederholt werden, wohl aber die Hinweise Nerdingers, dass es in der Bundesrepublik sehr schnell zur Bildung von zwei Architekturverständnissen um zwei Fachzeitschriften kam: Die Konservativen gruppierten sich um den *Baumeister*, die Vertreter einer Internationalen Moderne um die Zeitschrift *Baukunst und Werkform*. Zu dieser stießen auch Vertreter einer Internationalen Moderne, die im *Dritten Reich* mit Industriebau beauftragt worden waren, die dies allerdings in Distanzierung vom Nationalsozialismus als ihre Überlebensstrategie darstellten. Diese beiden Gruppierungen standen sich auch nach der Gründung der Bundesrepublik in kleinen und großen Kämpfen um Aufträge, Posten, Professuren und öffentliches Ansehen (was man weder unter- noch überbewerten sollte), aber auch in ihren ehrlichen moralischen und politischen Überzeugungen gegenüber (2. Darmstädter Gespräch über *Mensch und Raum* (1951). Streit gab es auch um die Einstellung Schulte-Frohlindes (Leiter des Amtes *Schönheit der Arbeit* in der *Deutschen Arbeitsfront* und des *Reichsheimstättenamtes*) als Leiter des Hochbauamtes und des Bau-Aufsichtsamtes in Düsseldorf (1952) und um den Versuch von Rudolf Schwarz, der nicht im Stil der Internationalen Moderne entwarf, sein nichtnationalsozialistisches traditionales architektonisches Denken in die Gruppe der Internationalen Moderne einzubringen (1953)), soweit Nerdinger. Ende der 1960er-Jahre erschienen die ersten Untersuchungen zur Architektur im *Dritten Reich*, die mal deutlich und mal implizit die Architektur des *Dritten Reichs* als unmenschlich und verwerflich verurteilten. Dies war aber auch die Zeit der beginnenden Postmoderne, die sowohl naiv und affirmativ, aber auch witzig und manieristisch, mit dem Formenrepertoire eines indefiniten Klassizismus operierte und bald auch Publikationen nach sich zog, die die Architektur im *Dritten Reich* als Klassizismus sahen und verteidigten und massive Attacken gegen die Moderne als die eigentlichen »Faschisten« führten[7].

Während dieser erneuten Konfrontation erschienen Speers Erinnerungen (1969) und eine Neuausgabe seiner während des *Dritten Reiches* publizierten Architektur (1978). Mit der Qualifizierung der Architektur des *Dritten Reichs* als Klassizismus, ging eine Staatsformen und Politik übergreifende

6 Nerdinger 2009

7 Jencks 1977

Gleichsetzung einher, die die Architektur vollends entpolitisierte. Zwar gibt es, wie auch Nerdinger sagt, ‚eine zunehmend genauere wissenschaftliche Erforschung des Nationalsozialismus'; das führt aber nicht notwendigerweise dazu, dass »das Bauen in der NS-Zeit differenzierter und in seiner Verflechtung mit der Gesellschaft betrachtet wurde«[8], wie er hoffte, (siehe unten). Seine komparativen und historischen Darstellungen sind wichtig, weil sie das Lagerdenken zeigen und weil sie schon andeuten, dass es nicht nur um persönliche Vorteile, sondern auch um die Bestimmung geht, was genau Architektur sei.

Hier wird nun der Chronologie der Auseinandersetzungen der beiden Lager um die Interpretation der Architektur im *Dritten Reich* nicht weiter nachgegangen. Es wird vielmehr versucht, die jeweiligen methodischen und wissenschaftstheoretischen Ansätze herauszustellen und zu diskutieren.

Anna Teut; Architektur im *Dritten Reich* 1933–1945 (1967)

Von einer einzelnen, auch kritischen, aber nicht veröffentlichten Arbeit zur Architektur im *Dritten Reich* (Armand Dehlinger um 1950), die sich allein mit der Architektur in München und Nürnberg befasste, und einzelnen Untersuchungen zur Kunst im *Dritten Reich* (Lehmann-Haupt 1954, Brenner 1963 und Wulf 1963 und 1964), in denen es auch um Architektur ging, und dem 11-minütigen Dokumentarfilm *Brutalität in Stein*[9] von Alexander Kluge, Dieter Lemmes, Peter Schamoni und Wolf Wirth (1961)[10] abgesehen, war es Anna Teut, die mit der Monografie *Architektur im Dritten Reich 1933–1945* in der Reihe der *Bauwelt-Fundamente* (Bd. 19) die erste Arbeit allein zu diesem Thema vorlegte.

Man kann das Buch nicht hoch genug bewerten. Es macht in 14 Kapiteln mit 112 Dokumenten aus der Zeit vor 1945 mit den baurechtlichen und institutionellen Veränderungen im *Dritten Reich* und mit Texten von Architekten, die sich im *Dritten Reich* an verantwortlicher Position befanden oder wichtige Bauvorhaben realisieren konnten oder durch Publikationen hervortraten, mit den Intentionen der Architekturpolitik dieser Zeit bekannt. Anna Teut schlägt einen Bogen von der Architekturtheorie über das Verständnis der Disziplin, über die Berufspolitik, Institutionen und Verbände, Planungen und reales Bauen, Hochbau in Stadt und Land, Infrastruktur bis zur Landschafts- und Raumplanung. Sie leitet mit einem Kapitel zur Vorgeschichte ein und schließt mit einem Kapitel *POST FESTUM*, in dem sie mit einem Foto auf die zerstörerischen Auswirkungen des *Dritten Reichs* hinweist. Damit gehört sie zu den Autoren[11], die einen deutlichen chronologischen und kausalen Bezug der Architektur des *Dritten Reichs* zu den Aus-

8 Nerdinger 2009: 394

9 https://www.youtube.com/watch?v=wMnC665fP7s

10 Zu sehen bei YouTube

11 Reichhardt/Schäche 1985, Harlander 1995, diverse Beiträge in Düwel et al 1995, Willems 2002, Durth 2010

wirkungen des Nationalsozialismus und des *Dritten Reiches* herstellen. Den Zusammenhang bringt sie auf den Punkt mit drei Nachkriegstexten von Rudolf Wolters, Albert Speer und einer Architekten- und Künstlergruppe. Von Speer zitiert sie in Dokument 111 Schlussworte aus seiner Verteidigung vor dem Nürnberger Prozess, in dem er das Geschehen im *Dritten Reich* verurteilt, alle Schuld aber Adolf Hitler zuspricht. In Dokument 110 druckt sie einen Brief Rudolf Wolters, der für Presse und Publikationen im Baustab Speer verantwortlich war, ab, in dem er einen rechtfertigenden Lebenslauf aufschreibt und sich darin als geläuterten Sozialisten darstellt, der sich dem *Nationalsozialismus als echter Volksbewegung* anschloss. Er argumentiert – wie viele andere in ähnlicher Verantwortung und Beteiligung – mit Plato, Allgemeinwohl, dem »Gefühl des Großen und Schönen«, jugendlichem Leichtsinn und einer inneren Distanz. Seit 1943 habe er sich von der »nationalsozialistischen Architektur« abgewendet und sich mit Plänen zum »Wiederaufbau zerstörter Städte« beschäftigt, mit denen er etwas völlig Neues vorbereitet habe, das nach dem Krieg – »leider« – nicht aufgenommen worden sei. (Wir wissen durch Durths Publikationen und auch durch die hier vorgenommene kurze Analyse des Wiederaufbauplans für Bremen von Cäsar Pinnau, dass das überhaupt nichts Neues geworden wäre.) Wolters endet seinen Brief, indem er aggressiv gegen Architekten argumentiert, die nun nach 1945 »neunmalklug« seien, sich ihm im *Dritten Reich* aber nicht in einem Kampf »Mann gegen Mann« gestellt hätten. Dieses Schreiben Wolters kann in der Tat exemplarisch für die Denkweise von Architekten stehen, die im *Dritten Reich* ihr Glück gemacht haben.

Anna Teut betont in ihrer Einleitung den Unterschied zwischen der Zeit vor 1945 und nach 1945; selbst wenn es die gleichen Architekten wären, die Einfluss auf das Baugeschehen hatten, sei die »Architektur … in die Universalität der zivilisatorischen Erscheinungsformen verflochten«[12] und damit unterschiedlich. Sie stellt auch klar, dass Hitler »über keinerlei Fähigkeiten, einen Bau zu konzipieren«[13] verfügte.

12 Teut 1967: 8

13 Ebd.

Diese beiden Kapitel rahmen 12 weitere Kapitel, in denen sie zeitgenössische Quellen aus dem *Dritten Reich* zu Baupolitik und Gebäudetypen von Partei- und Staatsbauten über den sozialen Wohnungsbau, »Schönheit der Arbeit« und der Reichsautobahn bis hin zur Ostkolonisation abdruckt. Die einzelnen Kapitel leitet sie jeweils durch einen eigenen Text ein, der die Dokumente in den zeitgenössischen Kontext einordnet und kommentiert. Sie gibt dem Buch 50 Abbildungen bei, davon werden 14 zur Markierung ihrer Kapitel eingesetzt. Sie zeigt die vielschichtige ideologisch-theoretische und planerische Einbindung der Architektur in die nationalsozialistische Politik. Sie hat einen weiten Architektur- und Architekturgeschichts-begriff, reduziert ihre Untersuchung also nicht auf Staats- und Parteibauten und Stadtentwürfe, sondern geht auch den politischen Verflechtungen und Programmen der Industriearchitektur, des Wohnungsbaus, der Freizeitar-chitektur und der Institutionalisierung der Architektur nach. Immer wieder folgt man ihren Typologisierungen. Ihre Datierungen von Phasen werden bis heute übernommen. Ihr Buch ist im Grunde eine Anthologie zur Architek-turtheorie des *Dritten Reichs*. Es umfasst zwar einen kürzeren Zeitraum als das Buch zur Architekturtheorie von Hanno-Walter Krufft (2004), ist da-für historisch präziser, stärker ausdifferenzierend und historisch kontextu-eller. Sie interpretiert weniger als dieser, lässt die Quellen aber ausführli-cher für sich sprechen.

So wie sie die Dokumente für sich selbst sprechen lässt, so zeigt sie die Fotos ohne Medienanalyse oder Quellenkritik und lässt die abgebildete Architektur ohne eigene Analyse allein durch ihre Erscheinung wirken. Sie geht auch nicht auf die Rezeption durch die Bewohner ein. Das war damals allerdings auch nicht zu erwarten, denn eine rezeptionsästhetische Heran-gehensweise in der Analyse von Architektur wird erst seit ein paar Jahren versucht. Der quellenunkritische Rekurs auf die originalen Abbildungen ist jedoch aus heutiger Sicht, in der sich ein medienkritisches Bewusstsein ent-wickelt hat, als problematisch anzusehen. Denn mit den Bildern werden die nationalsozialistischen Bilderzählungen übernommen. Wenn man – wie es sicherlich in den 60er-Jahren bei Lesern der *Bauwelt-Fundamente* vorauszu-setzen ist – einen modern eingestellten, medienkundigen und ideologiekri-tischen Leser voraussetzt, so ist das in Ordnung, erwartet aber von den Le-sern Mitarbeit. Dann aber erkennen sie – um auf eine der von ihr gezeigten Abbildungen einzugehen – den symbolischen Charakter des zarten Bäum-chens rechts im Bild, das die gezeigten Wohnbauten als *Start-ups* nicht nur für junge Familien sondern auch für den Nationalsozialismus und für die Wohnungspolitik der Nationalsozialisten vermittelt.

Sie erkennen den bildmedial stark gemachten Zaun als Versprechen für Privatheit und Sicherheit, den ruhenden jungen Mann und die vor der Ein-gangstür eines als Einfamilienhaus gezeigten Doppelhauses[14] stehende und so damit identifizierte zukünftige Hausfrau. Sie erkennen, dass die Wolken, der Bürgersteig und das im Bild dunkelgrau erscheinende Band der Vor-gärten der Reihe einen Zusammenhang und eine Einheit geben, die sie als Solitäre eigentlich nicht haben. Die Gefahr besteht allerdings, dass die Le-ser die fotografisch erzeugte ›Magie‹ der Bilder nicht dekonstruieren. Eine weitere Frage entsteht, die Anna Teut anreißt, aber nur mit einem einzigen

14 Die Doppelhaushälften haben ohne Flur und Treppenhaus in EG und DG eine Wohnfläche von ca. 50 m² (Grundriss bei Mittmann 2003: 103) Das Wohnzimmer war wegen der Lage der Kamine und der Türen nicht beheizbar.

40 Siedlung Mascherode. Architekt Julius Schulte-Frohlinde, nach 1936

Abb. 152 Siedlung Mascherode, Abbildung 47 aus Teut 1967

Bild im Kapitel *POST FESTUM* beantwortet, die dann zu einer Kernfrage wird: »Welcher Weg führte von den durch die Nationalsozialisten anfänglich propagierten Angeridyllen und Kleinsiedlungshäuschen ... zu den Trümmerwüsten, die an seinem Ende standen«[15], wie es Harlander später formuliert.

Ein erstes Buch über Architektur im *Dritten Reich* konnte nicht mehr sein, als Anna Teut auf ihren 367 Seiten anbietet. Vom Umfang, vom Architekturbegriff, in der Darstellung der Architekturpolitik wurde es zur Grundlage, der viele weitere Untersuchungen folgten.

15 Harlander 1995: 9

Ein halbes Jahrhundert später können die Publikationen und Ausstellungen zur Architektur des *Dritten Reichs* nicht mehr übersehen werden. Sie vertiefen die Analyse einzelner Gebäude und einzelner Typologien, schreiben Biographien und Œuvreverzeichnisse, setzen sich für den Erhalt oder die Zerstörung, für eine Musealisierung oder eine Entauratisierung ein. Auch darüber wird – mit Recht – gegensätzlich diskutiert, teilweise auch wissenschaftstheoretisch.

Anna Teut hat ein Thema formuliert und die theoretischen, historischen und soziologischen Bereiche der Architekturwissenschaft (Archäologie, Bauforschung, Bautechnikgeschichte, Baugeschichte, Stadtbaugeschichte, Kunstgeschichte der Architektur, Denkmalpflege, Architekturtheoriegeschichte etc.), die bis dahin verhältnismäßig brav nebeneinander arbeiteten, zu einer

Stellungnahme, zu einem Überdenken ihrer Methoden und wissenschaftstheoretischen Prämissen sowie zu einer Auseinandersetzung miteinander
gezwungen. Die Diskussionen wurden aber eher zentrifugal geführt, weg
von einem gemeinsamen Kernverständnis von Architektur. Das Lagerdenken der um Rechtfertigung bemühten ›Traditionalisten‹ und der anklagen-
den ›Modernen‹ wurde in die Wissenschaften prolongiert.

Bis heute schwierig werden die Diskussionen durch die Unbestimmt-
heit der benutzen Begriffe. Der Begriff ›Architektur‹ kann eine akademi-
sche Disziplin meinen. Es kann die Tätigkeit des Architekten, das Entwerfen, oder aber das Endergebnis dieses Vorgangs, das wahlweise ein Konzept
oder ein dinglicher Plan, aber auch das fertiggestellte Gebäude im Moment
der Übergabe an den Bauherrn bezeichnen. Es kann ferner die ›Hardware‹
meinen, die ein Nutzer vorfindet und die er zur Situation[16] seines Tuns, die
er zu seiner ›Wohnung‹[17] macht. Hinzu kommen unpräzise Benutzungen
des Begriffs ›Klassizismus‹, ›Tradition‹ und ›Moderne‹ (und deren Ersatz-
begriffe wie ›Internationale Moderne‹, ›Modernisierung‹, ›Neues Bauen‹,
›sachliche Architektur und Funktionalismus‹). Wie steht ›Architektur‹ zur
Baukunst? Ist Architektur immer *architectura* oder muss etwas hinzukom-
men, das aus einem *aedificio*[18], d.h. aus baulichen Anlagen, Baukunst macht?

Dabei gilt für den ›Kunstbegriff‹ das gleiche: Meint Kunst einen Bereich
spezifischer Gegenständlichkeiten oder ist es eine spezifische Qualität, ein
spezifischer Charakter? Ist dieser Kunstcharakter der Schein des Wahren,
des Absoluten, einer *idea*? Vorschein einer Heimat, in der noch niemand
war? Dekonstruktion? Suche nach dem Eigentlichen, Zerstörung des Unei-
gentlichen, Rettung aus der unterdrückenden Sinnlichkeit, Rettung aus der
unterdrückenden Rationalität? Was ist der Unterschied zwischen ›Kunst‹
und ›Ästhetik‹, was das Gemeinsame? Gibt es architekturspezifische Qualitäten der (Bau)Kunst? Proportion, *concinnitas*, Anwendung einer Architektursprache, eines Stils, Aufsetzen oder Assoziation einer Bedeutung? Gibt
es architekturspezifische Qualitäten einer architektonischen Ästhetik? Harmonie, Lebendigkeit, Sinnlichkeit, Präsenz?

Und wiederum, wie ist in der Architektur der Begriff ›Politik‹ verstanden? Repräsentation, Symbolisierung, Strukturierung und Reglement des Alltags? In der Auseinandersetzung um die Architektur des *Dritten Reichs* geht
es nicht nur um die Identität der Architekten in dieser Zeit, nicht nur um
die Identität der Bauten, sondern auch um die Identität der Disziplin Architektur. Das zeigt zum einen die Klassifizierung der drei Architekturver-
ständnisse, dem ›Klassizismus‹, des ›Traditionalismus‹ und der ›Moderne‹.
Zum anderen die Verständnisse von Baugeschichte und von Architektur-

16 Siehe Führ 2011

17 Heidegger 1951/2000

18 Ich benutze hier Vitruvs
Verständnisse.

wissenschaft. Ein halbes Jahrhundert später können die Publikationen und Ausstellungen zur Architektur im und des *Dritten Reichs* nicht mehr übersehen werden. Sie vertiefen die Analyse einzelner Gebäude und einzelner Typologien, versuchen sich aber auch in einer Analyse des architektonischen Gesamtgeschehens. Teilweise setzen sie den Ansatz von Anna Teut fort, teilweise versuchen sie neue Methoden der Analyse, teilweise aber auch stellen sie sich gegen die von Anna Teut begründete Untersuchung eines Zusammenhangs von Architektur und Politik. Dies zeigen sehr gut die Versuche aus den 1980er- und 1990er-Jahren, die Architektur Cäsar Pinnaus vom Zusammenhang mit der Politik des *Dritten Reiches* zu befreien und sie zu einem überhistorischen Klassizismus innerhalb einer vorgeblich unpolitischen Baukunst zu machen.

Identität der Architektur im *Dritten Reich* und der Klassizismus

Gerhard Fehl hat bereits 1983 in einem Vortrag an der Universität Leuwen herausgestellt, dass die Dichotomie eines ›Klassizismus‹ als Stil der Architektur des *Dritten Reichs* und einer Moderne, als Stil einer demokratischen Kultur, so nicht länger zu halten ist. Der ›Stil‹ der Architektur des *Dritten Reiches* sei ein hierarchisch aufgebauter ›programmatischer Eklektizismus‹ gewesen[19]. An höchster Stelle stünde »jener Modernismus, der vor allem für die Kultbauten der Partei vorbehalten war und die ›ewigen Werte‹ von Blut, Vaterland und Herrschaft für ›ewige Zeiten‹ vermitteln sollte«[20] Für Prachtbauten des Staates und der Partei sei ein ›Neu-Klassizismus‹ vorgesehen worden, für das Wohnen und regionale und landschaftliche Aufgaben der Heimatstil und für die ›Aschenputtel-Aufgaben‹ wie Fabriken und Sportanlagen der ›Moderne Stil‹[21].

    An erster Stelle soll der spezifische *Klassizismus* des *Dritten Reichs* analysiert und diskutiert werden, mit dem im ersten Kapitel die Diskussion über Cäsar Pinnau begann und die mit Paul Ludwig Troost und Albert Speer sehr prominente Vertreter im *Dritten Reich* hatte.

Albert Speers Rechtfertigung

1978 veröffentlichte der *Propyläen Verlag*, dessen Leiter Wolf Jobst Siedler bereits in *Die gemordete Stadt* (1964) schwere Attacken gegen die Moderne geritten und Speers Erinnerungen herausgegeben hatte, Speers Architekturbuch. In seinem Vorwort sprach Speer in einer argumentativen Volte seinen Bauten zu, dass sie Teil der nationalsozialistischen Bewegung gewesen seien und dass Hitler den »inneren Gehalt« seiner Bauten bestimmt hätte, seinen absoluten Herrschaftsanspruch verwirklicht und suggestive Wirkungen in-

19 Fehl 1985: 92ff

20 A.a.O.: 98

21 Ebd.

tendiert habe[22]. Dieses Zugeständnis des nationalsozialistischen Charakters seiner Architektur nutzte Speer aber zu seiner Entlastung: Er machte den Bauherrn und nicht sich als Architekten für den Charakter der Architektur verantwortlich. Er relativierte zudem den Vorwurf der Monumentalität seiner Bauten durch Bezug auf große Bauten der Baugeschichte, wie etwa auf die Kathedralen von Ulm oder Beauvais, auf das Stift Melk oder auf Schlösser des 17. Jahrhunderts, verwechselte dabei aber den ästhetischen Begriff der »Monumentalität« mit dem technischen der Größe des Bauvolumens. Speer unterschied in seinem Text zwischen Ideologie und Politik, seine eigene Architektur sei politisch aber nicht ideologisch. So verwehrte er sich dann auch vor einer Analyse der Ideologie seiner Straßenleuchten auf der Ost-West Achse (siehe unten). Obwohl Speer das nicht näher erläuterte, wird aus dem Kontext aber klar, dass er mit Politik funktionale Aufgaben innerhalb eines politischen Systems meinte und nicht Konzeptentwürfe, in die auch das Wollen der Konzeptautoren einfließt. So sei es zum Beispiel für die nationalsozialistische Bewegung wichtig gewesen, große Kundgebungen mit mehreren hunderttausend Menschen durchzuführen. Auf diese Vorgaben der Politik einzugehen, sei der politische Aspekt seiner Architektur gewesen, dafür trage deshalb nicht der Architekt die Verantwortung. Funktionen und Zwecke eines Bauwerkes zu seiner Entstehungszeit würden zudem irrelevant, wenn das Bauwerk die Existenz des politischen Systems überdauert. Er schloss sein Vorwort mit dem Hinweis auf das aus der Geschichte kommende Zukunftspathos[23] und gab damit die Zielrichtung eines überhistorischen Verständnisses seiner Architektur vor.

Dem Buch über Speer wurden drei Aufsätze von Karl Arndt, Georg Friedrich Koch und Lars Olof Larson beigegeben. Karl Arndt und Georg Friedrich Koch sahen in Speers Bauten politische Bezüge. Lars Olaf Larsson nannte in seinem Aufsatz vier Argumente zur Entpolitisierung von Albert Speers ›klassizistischer‹ Architektur:

– es gebe auch andere Produkte aus der Zeit, wie z. B. deutsche Autos und deutsche Fotoapparate, die man gar nicht erst in diesen Zusammenhang stelle,
– auch Industriebauten – denen er ungesagt unterstellt, dass sie unpolitisch seien - seien nach den Prinzipien der Staatsbauten errichtet worden,
– die inkriminierte Architektur, eine Art Klassizismus, gebe es in allen modernen Kulturen (USA, Sowjetunion, Italien, Schweden) dieser Zeit, sie sei zwar zur Propaganda eingesetzt worden, aber eigentlich nicht nationalsozialistisch und
– Kunst und Politik gehörten im Kunstverständnis der westlichen Kultur nicht zusammen.

22 Speer 1978: 7

23 Speer 1978: 8

Mit dem letzten Argument, das keineswegs Kunsttradition der westlichen Moderne ist, sondern allein die einer idealistischen Kunstphilosophie, unterstellt Larsson einen Syllogismus: Da Kunst und Politik nicht zusammengehörten, die Bauten von Speer und seinen Kollegen aber Kunst seien, können sie nicht zugleich politisch gewesen sein. So klar wie es sich hier um eine Verabsolutierung einer idealistischen Kunstphilosophie und um eine Verwechslung von normativer Theorie und analysierter Empirie handelt, so klar wird das Ziel des Textes von Larsson: Architektur als autonome Kunst darzustellen und darüber die Werke von einem inneren Zusammenhang zum Dritten Reich zu befreien[24]. Der Stil dieser international auftretenden Architektur sei als Klassizismus zu verstehen, als Versuch, die Umwelt zu harmonisieren und durch Selbstbescheidung und Begrenzung zu einem gemeinsamen modernen Stil zu gelangen[25].

Larsson bezog sich allein auf die ästhetische Ordnung des Äußeren der Gebäude, kein Wort zur Organisation der Räume und zum urbanen und gesellschaftlichen Kontext der Bauaufgaben. Er verzichtete darauf, die entsprechenden Werke zu analysieren, wie das Arndt und Koch (siehe unten) tun, sondern listete international auf, was Säulen hat, sei es gute (Polizeidirektion in Kopenhagen, Stadtbibliothek in Stockholm) oder – m. E. – schlechte Architektur (Konzerthaus in Stockholm). Es ging ihm um Bestimmung eines Klassizismus des 20. Jahrhunderts. Larsson beendete seinen Text wiederum mit einem impliziten Syllogismus: »Die klassizistische Repräsentationsarchitektur in den Diktaturstaaten ist kein isoliertes Phänomen, sie hat ihre Entsprechungen in anderen Ländern.«[26] Was heißt: Da in anderen Ländern wie Schweden und den USA kein diktatorisches Regime herrschte, könne weder deren noch die deutsche Architektur im Kern nationalsozialistisch sein.

Leon Kriers Verherrlichung

Vier Jahre nach dem Tod von Speer gab Leon Krier, Stadtplaner und Architekturtheoretiker aus Luxemburg, ein weiteres Buch über die Architektur Speers heraus (1985). Leon Krier schrieb einen eigenen Text, verstand sein Speerbuch aber als französisch- und englischsprachige Version von Speers Publikation[27], übernahm auch eine Reihe von Abbildungen daraus, sortierte sie aber neu. Zudem druckte er den Beitrag von Lars Olof Larsson und das Vorwort Speers aus dessen Buch von 1978 jeweils in einer englischen und französischen Übersetzung erneut ab. Während Speer seine Werke auf knapp 100 Seiten abbildet, gönnte Leon Krier ihm ca. 150 Seiten. Gleich am Anfang seines eigenen Aufsatzes mit dem Titel *The Architecture of Desire* machte Leon Krier deutlich, dass Speer »the most famous architect of the

24 Larson 1978: 151

25 A.a.O.: 153

26 Larsson 1978: 175

27 Siehe Krier 1985: 250

20th Century« sei. Gegen Ende seines Aufsatzes legte er noch nach.»In the Kingdom of knowledge, creation and action, he had been preeceded by the huge family of modern star-heroes, reaching from Descartes to Marx, Eiffel to Newton, Napoleon to Richard Wagner and Caruso«, sagte Krier in Bezug auf André Glucksman, er fügte aber hinzu:»The throne of Architecture and Town-planning was clearly waiting for him after the temporary accessions of Palladio, Schinkel and Haussmann.«[28] Deshalb sei es ungerecht, dass Speer dennoch abgelehnt werde, »the moral depravity of a profession which…claims against all odds that modernist architecture is better than it looks, and … that Nazi architecture is profoundly bad however good it may look.« Dabei läge diesem Urteil weder Recherche noch eine Analyse seiner Architektur zu Grunde. Krier verurteilte den Exorzismus (!) der Modernen, etwa die Forderung von Ulrich Conrads, die im *Dritten Reich* gebauten Laternen an der Ost-West-Achse zu beseitigen und durch moderne Lampen zu ersetzen.

Gegen die Aussage des Stuttgarter Bürgermeisters, dass die Zerstörungen des Krieges den Deutschen nun die Chance für eine Erneuerung der Städte gäbe, stellte er fest, dass diese Städte über 1000 Jahre Kriege und Pest überlebt hätten. Nur die letzten 30 Jahre der industriellen Erneuerungen habe sie zu bedeutungslosen ›settlements‹ reduziert. Er beklagte sich darüber, dass der Nationalsozialismus als ansteckende Krankheit verstanden werde, die bei dem geringsten Kontakt bereits übertragen werde.

Krier bemüht sich dann, die sozialistischen Einflüsse im Nationalsozialismus und die Suche nach einem dritten Weg zwischen kapitalistischem Liberalismus und bolschewistischem Zentralismus herauszustellen. »After the catastrophe of 1929 and the horrors of Soviet industrialization, this ingenious programme was to seduce, understandibly, and rally a great part of the German electorate«[29]. Nach der Katastrophe von 1929 und den Schrecken der sowjetischen Industrialisierung[30] sei dieses geniale Programm geeignet gewesen, einen großen Teil der deutschen Wähler zu verführen und zu sammeln.

Hitlers Sozialismus habe seine guten Seiten gehabt (»There was advanced social legislation and an astonishing development of the German civic spirit«[31]), eine These zu der es auch in den 1980er-Jahren bereits eine Fülle von seriösen historischen Untersuchungen gab, die dies widerlegten und die Krier sich hätte ansehen müssen, wenn er sich entsprechend äußert. Er schwärmt für Hitlers bewundernswürdige Liebe für die Landschaft, den Klassizismus und für alles Schöne: »…, and was there not also an admirable love for the landscape and for Classical architecture? … the Führer

28 Krier 1985: 226

29 Krier 1985: 321

30 Interessant ist, dass Leon Krier hier die kapitalistische weltweite Wirtschaftskrise, die sicherlich mehr Menschen ins Elend gestürzt hat als die sowjetische Industrialisierung, anonym lässt und als (Natur-)Katastrophe bezeichnet.

31 Krier 1985: 222

cherished a love for everything beautiful and solid«[32]. Kriers zentrale Aussagen werden im Kapitel VII[33] formuliert: »Nazi architecture, however, was never intelligently criticized or even looked at by the theorists of the modernist movements. Classical architecture was undeniably one of the most successful and reliable means of Nazi propaganda … Classical architecture was … the civilized and well-mannered face of an empire of lies. It was its aesthetic and ethical façade. Classical architecture is incapable of exerting terror by the force of its internal laws. The grandeur, elegance and solidity of these monuments was in no way designed to frighten. Their purpose was, on the contrary, to raise enthusiasm and seduce, to impress and overwhelm the masses, to offer protection and ultimately to deceive the captivated souls as to the final intentions of the industrial-military system. «[34]

Speers großartige, elegante und solide klassische und deshalb zu totalitärem Terror unfähige Architektur wäre also als zivilisierte und gesittete Fassade (miss-/ge-)braucht worden, um ein Imperium der Lügen zu überdecken, um die Massen zu täuschen, zu verführen und zu überwältigen. »Speer's strangely new and familiar works were to convince even the most incredulous and sceptical observers of the civilizing intentions of the Nazi regime«[35] Diese Aussagen von Krier sind architekturanalytisch und argumentativ nicht weiter begründete Meinungen. Gleichzeitig wirft er Architekturhistorikern der Moderne vor, nicht einmal richtig hingesehen und keine intelligente Analyse vorgelegt zu haben. An einigen Gebäuden unternimmt Leon Krier dann doch einen Versuch, die ästhetische Qualität der Speerschen Bauten aufzuzeigen. Dabei zeigt sich, dass Krier den Kunstcharakter der Architektur in der Benutzung einer klassischen Architektursprache sieht. Klassische Architektur wird von Krier von der Vitruvschen Trias (*venustas, firmitas* und *utilitas*) her bestimmt, als *harmony/harmonie – firmness/stabilité – utility/utilité*[36], wobei das so universal ist, dass es jede moderne Architektur ebenfalls impliziert. Klassische Architektur transzendiere aber den Missbrauch; wofür sie auch immer eingesetzt würde, sie bliebe unverschmutzt und überlebe ihre kurzfristige politische Instrumentalisierung. Sich einem Mitarbeiter Speers anschließend[37] stellt er fest, dass Speer auf dem Weg zu einem ganz eigenen neoklassischen Stil gewesen sei[38]. Zum Vokabular klassischer Architektur äußert sich Krier nicht.

Schaut man sich nun die von Speer eingesetzten Stützen (Stummelpfeiler im Gebälk, nichts tragende Vierfachpfeiler in den Seitentürmen) an, so sind sie zwar als Pfeiler, also als Elemente einer klassischen Architektursprache zu erkennen, zugleich wird aber auch deutlich, dass ihre Ausformung und Anwendung jeder klassischen Vorstellung und Grammatik widerspricht.

32 Ebd.

33 Krier nutzt jedes formale Mittel, seinen Text und sein Buch monumentenhaft zu machen. Ich habe das Layout und die Rahmungen bereits erwähnt, Hierzu gehört auch die Liebe zum Schreiben in großen Lettern, aber auch die Nummerierung von kurzen Abschnitten mit nicht einmal 50 Spaltenzeilen mit römischen Zahlen.

34 Krier 1985: 222, 223

35 Ebd.

36 Krier 1985: 223

37 Wolters 1940

38 Krier 1985: 226

Mühe und Kommunikationsbereitschaft zeigt Krier mit der Analyse der Proportionen der *Großen Halle*. Er zeigt sie den Lesern seines Buches in zehn, allerdings sehr kleinen Zeichnungen von nicht einmal 2 cm Breite[39]. Dabei muss man wissen, dass ein wichtiges Problem bei einer Analyse von Architektur, das selten in den theoretischen Abhandlungen zur Proportion angesprochen wird, nicht die Maße sondern davor noch die Auffindung prägnanter Orte im Bau sind, die Anfang und Ende einer der Strecken innerhalb einer proportionalen Beziehung bilden. Hier kann nur auf drei von Krier gezeigte Proportionen eingegangen werden. Zum besseren Nachvollzug für den Leser wurde die Abbildung (siehe unten) vergrößert. Allerdings muss man auch hier eine große Einschränkung machen: Durch die Länge der Großen Halle von 300 m beträgt das Maßverhältnis der kleinen Zeichnungen ca. 1:15 000. Die von Hand gezeichneten Linien im Druck des Buches wären real 2 m breit. Damit lassen sich Proportionen, die als mathematische Ordnung Präzision verlangen, nicht aufzeichnen, wie man als Architekt wissen müsste. In der hier vergrößerten Zeichnung erkennt man, dass das gleichschenklige Dreieck nicht direkt auf dem Boden der *Großen Halle* aufsetzt, sondern irgendwo im Sockelbereich schwebt. Zudem endet es im Irgendwo der Laterne, weder an ihrem Sockel noch in der Flamme oder im später

39 Krier 1985:79

Abb. 153 Proportionen der Großen Halle nach Krier 1985. Die Maßketten wurden von Krier übernommen und nur skaliert.

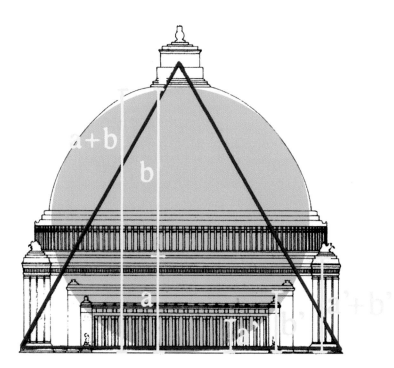

dort vorgesehenen Adler über einer Weltkugel. Das hätte Sinn gemacht. So aber ist der Nichtort der Spitze das beste Argument gegen eine Orientierung Speers an einem gleichschenkligen Dreieck. Überträgt man nun auch zum besseren Nachvollzug die bei Krier am Rand seines Buches stehenden *Goldenen Schnitte*, so entdeckt man, dass Beginn, Ende und Ort der Teilung nur zum Teil aus der Ordnung der Architektur definiert werden. Bei dem ersten *Goldenen Schnitt* (gelb, links) ist der Boden als Beginn und der Ansatz der Laterne als Ende angegeben, (aber was macht das für einen Sinn?) und ein belangloser Ort in dem Sockel für den Ring der Säulen. Beim zweiten *Goldenen Schnitt* (gelb, rechts) sind die Endpunkte der Strecken mal das obere Ende, mal die Mitte, mal der untere Rand von architektonischen Elementen. Das kleine Format der Proportionszeichnungen rettet die Interpretation Kriers; denn je größer aufgelöst die Vorlage, je präziser die Einzeichnungen, desto stärker erkennt man die Willkürlichkeit der Orte und damit auch der Proportionen.

Krier geht es wissenschaftstheoretisch bei seiner Beschäftigung mit den Bauten Speers um Einzelaspekte (klassische Architektursprache, Kunstcharakter/Proportion und Ausmaße), die auch für sein eigenes Architekturschaffen von Bedeutung sind. Er hat sich nicht, wie er das von den Modernen gefordert hat, das Werk als Ganzes in seiner Einzigartigkeit angesehen. Tut man das und folgt damit seiner eigenen von ihm selbst aber vernachlässigten, Aufforderung, so muss man feststellen, dass die Große Halle außen von der von Schinkel entworfenen *Nikolai Kirche* in Potsdam und innen von der Kuppel des *Pantheons* in Rom ausgeht und auch den Cenotaph (Erinnerungsmonument an einen Verstorbenen) für Newton (1784) von Etienne-

Abb. 154 Étienne-Louis Boullée, Cenotaph für Newton (links)

Abb. 155 Pantheon, Rom (Mitte)

Abb. 156 Nikolai Kirche, Potsdam (rechts)

Louis Boullée aufnimmt. Wenn man bedenkt, dass die Große Halle bei ihrer Fertigstellung – selbst wenn dies in den 50er-Jahren noch gelungen wäre – kaum noch ein Ort für die Reden des 1889 geborenen und in den vierziger Jahren bereits ziemlich erkrankten Hitlers gewesen wäre – was Hitler vielleicht verdrängte, Speer aber sicherlich erkennen konnte – so kann man die Große Halle als nichts anderes als ein Cenotaph für Hitler verstehen (dessen eigentliche Funktion vor dessen Tod natürlich verschwiegen werden musste).

Mehr als ein Wort zum ›Klassizismus‹

Thies (1976) und viele andere akzeptieren in der zweiten Hälfte des 20. Jahrhunderts bedauernd die Klassizismus-These: »Völlig unterschiedliche politische Systeme des 20. Jahrhunderts bevorzugten den Klassizismus als Herrschaftsarchitektur in dem Augenblick, als sie autoritäre Züge annahmen. Auch in Rußland gab es nach einer kurzen Phase der Revolutionsarchitektur um 1970 eine Umwälzung, die auf den Klassizismus Stalinscher Prägung hinauslief. Bei allen Unterschieden im einzelnen gehören in diese Entwicklung auch die Architektur des faschistischen Italiens und der Stil der Bauten im Dritten Reich. Denn daran, daß die großen Bauvorhaben die wichtigsten Elemente des Klassizismus enthielten: Säule, Gebälk, Treppensockel und Giebeldreieck, wenn auch in pervertiertem Maßstab, besteht kein Zweifel.«[40] 1970, in ARGO, der Festschrift für Kurt Badt, also an prominenter Stelle, rechnet Adolf Max Vogt mit der Klassizismus-Theorie der Architektur im *Dritten Reich* und dem von Speer in seinen Erinnerungen[41] behaupteten Vorbildfunktion der sogenannten »Revolutionsarchitektur« ab. Er gibt dabei »wohl oder übel« (er meint aber »übel«) zu, dass diese Architektur als ›Klassizismus‹ bezeichnet werden müsse, »denn der äußere Befund ist eindeutig genug: Säule und Gebälk, Treppensockel und Giebeldreieck sind zur Stelle, auch wenn sie mitunter in Plumpheiten der Vergröberungen durchgeführt sind, die noch alle Vergröberungen des Bankier-Klassizismus des 19. Jahrhunderts als schlicht erscheinen lassen«[42]. Vogt sieht den Klassizismus als »europäisches Schicksal«. Er bedauert, dass der Klassizismus (als »Hitler-Klassizismus«, »Stalin-Klassizismus« und »Mussolini-Klassizismus«) zwar »immerfort das Hohe, das Ideal, das Klassische nachbilden möchte«, »dabei aber unberufen immer wieder ins Gegenteil verfällt und die pure Macht, ja sogar den Terror, repräsentiert«[43]

Zugleich ist man durch Thies' und Vogts simple Definition des Klassizismus (Säule, Gebälk und Giebeldreieck) verwundert, so dass mehr als ein Wort dazu erforderlich ist: Man muss m. E. unterscheiden zwischen der

40 Thies 1976: 68

41 Speer 1969: 169–175

42 Vogt 1980: 354

43 A.a.O.: 362

»klassischen Architektursprache«, einem »Klassizismus« als Stilbegriff und einem klassizistischen Baukunstwerk. »Klassische Architektursprache« ist ein epochenübergreifendes Medienverständnis, das gewisse Elemente (Säule, Pfeiler, Gebälk, Gesims, Giebel etc.) und Kombinationsregeln (siehe etwa Vitruv) vorgibt, mit denen man im Medium der Architektur ästhetische Aussagen machen und Sinn und Bedeutung artikulieren kann. Mit Hilfe der klassischen Architektursprache – wenn auch manchmal in weitester kreativer Auslegung – kann eine hellenistische, römische, renaissancistische, manieristische, barocke, rokokoeske, klassizistische, historistische, nationalsozialistische, spätfaschistische, stalinistische oder – um die Chronologie fortzusetzen – auch postmoderne ästhetische und kunsttheoretische Aussage formuliert werden. Wie jede Sprache muss sie offen, flexibel und entwicklungsfähig sein. Es gibt alternative Architektursprachen, wie etwa die Architektursprache der Internationalen Moderne, die andere Elemente (liegende Fenster, Trennung von Stütze und Wand usw.) und Strukturen hat oder auch die des Funktionalismus (so wie sie etwa Bruno Taut verstand), bei dem die Elemente räumliche Zwecke sind und das System in der Effizienz von Handlungsabläufen und Zeitersparnis u.a. liegt. Aber bleiben wir bei der klassischen Sprache und beim *Klassizismus*.

Innerhalb des *Klassizismus* gibt es sehr unterschiedliche Ausformungen mit sehr unterschiedlichen kulturellen Bedeutungen, seien sie in der griechischen Antike mit einer spezifischen topografischen, chronologischen oder als Stil definierten Ausprägung oder in modifizierenden Weiterentwicklungen (Römische Architektur) oder in Revival-Strömungen wie der Renaissance, dem Manierismus, dem Barock, dem Rokoko, dem Klassizismus im 18. Jahrhundert sowie deren historistische Ausprägungen gegen Ende des 19. Jahrhunderts. Im 20. Jahrhundert wäre eine bestimmte Richtung der Architektur des *Dritten Reiches* dazuzuzählen, wie gegen Ende des Jahrhunderts die Postmoderne. Alle diese Stile sind bedeutsam und unterscheiden sich eindeutig von den anderen. Was sie gemeinsam haben, sind nicht ihre ästhetischen Aussagen, sondern die Benutzung der gleichen spezifischen klassischen Sprache. *Klassizismus* ist etwa neben dem Manierismus oder dem Barock ein Stil, in dem spezifische Vorstellungen von Konstruktion, Raum, von Innen-Außen Bezug, von Licht, von Einbezug der Nutzer usw. formuliert werden. Es hat sich salopperweise etabliert, allen im Medium der klassischen Architektursprache formulierten ästhetischen und künstlerischen Aussagen das Label des *Klassizismus* anzuhängen. Das verwischt zum einen die spezifischen Differenzen und Identitäten der einzelnen ästhetischen und kunsttheoretischen Aussagen der Werke, also den erheblichen künstlerischen Unterschied zwischen Werken der Renaissance, des Barocks und des Rokokos, oder zwischen dem von Knobelsdorf umgebauten Potsdamer Stadtschloss, Schinkels Altem Museum und Speers Nürnberger Zeppelinfeld. Zudem wird der Unterschied zwischen der klassischen Sprache und den einzelnen *Klassizismen*, zwischen Medium und konkretem (Bau)Kunstwerk verdrängt, was auch dazu führt, dass die pure Benutzung der klassischen Sprache bereits als Beleg für die Existenz eines Kunstwerkes mit spezieller ästhetischer oder funktionaler Qualität angesehen wird. Linguistisch gesprochen könnte man sagen, dass die Tatsache, dass jemand die Wörter und die Grammatik der deutschen Sprache benutzt, noch nicht bedeutet, dass es sich um einen künstlerischen Text handelt. Das gilt im Übrigen auch bei der Benutzung einer anderen Sprache, wie der der Internationalen Moderne oder des Funktionalismus. Nicht die Anwendung der klassizistischen Architektursprache begründet die Qualität des jeweiligen Werkes, sondern die tatsächliche Realisierung einer künstlerischen und ästhetischen Aussage in einem Werk.

Das soll hier noch einmal deutlich gemacht werden. Arndt hatte in seinem Artikel in der Publikation der Architektur Speers, in dem auch der Artikel von Larsson steht, bereits auf Ableitungen von Elementen Speerscher Architektur von Feudalarchitektur und daraus die Ableitung des neofeudalen Verständnisses im Nationalsozialismus hingewiesen und dabei den Bezug eines Risalits der Reichskanzlei auf die Gartenfassade des Stadtschlosses in Potsdam herausgestellt. Lässt man sich darauf ein und schaut sich beide Fassaden vergleichend aufmerksam an, so wird man die erheblichen Unterschiede in der ästhetischen Qualität bemerken: Vorbild für die Orientierung war der 1934 verstorbene Paul Ludwig Troost, der für Hitler die ersten offiziellen Bauten entwerfen durfte und den Heimatstil Schultze-Naumburgs in den Wohnungsbau und die Vorliebe Alfred Rosenbergs für die italienische und Internationale Moderne in den Industriebau abgedrängt hatte.

Die Fassade des Risalits der Reichskanzlei hat man auf den ersten Blick bereits erschöpfend erfasst; man versucht vielleicht noch zu verstehen, welchen Sinn die schmalen Vorlagen im Architrav haben und rätselt noch ein wenig darüber, warum die Pferde ihre Kruppe und nicht ihren Kopf Hitler zuwenden, dessen Arbeitszimmer hinter der Fassade liegt. Die Gartenfassade des Stadtschlosses in Potsdam kann man hingegen nicht abschließend erfassen. Und hier kann das nicht in der eigentlich erforderlichen Ausführlichkeit und anschaulichen Vermittlung geschehen, der Leser möge aber bei der Gartenfassade des Stadtschlosses das feine Spiel von Bezügen beachten, das in dem Feld der Reihe aus vier Doppelsäulen und zwei am Rand

stehenden Einzelsäulen entsteht, die fünf gleich weite Interkolumnien bilden.
Da ist zunächst – von unten nach oben – das Sockelgeschoss mit den drei
Rundbogentoren und der ausdifferenzierten Rustizierung der Wand, dann
vier stehende Doppelfiguren und an den Rändern zwei hockende Figuren,
ein Rundbogenmittelportal und jeweils zwei außenliegende Türen mit gra-
dem Sturz, fünf gleiche Fenster, eine Mittelkartusche und ein das alles zu-
sammenfassender Architrav, darüber wieder Skulpturen, von denen die am
Ende stehenden diesmal nach Außen schauen, das sichtbare Blechdach, das
nur die vier Doppelsäulen zusammenfasst und ganz oben eine Balustrade,
die wiederum nur die beiden inneren Doppelsäulen umklammert und damit die rundbögige Eingangstür des *piano nobile* zu einem Portal macht. Das
ästhetische Spiel, das diese Zuordnungsmöglichkeiten in Auge und Hirn eines Betrachters treiben, ist höchste Kunst, klassische Architektursprache,
aber mehr (norddeutsches und oberitalienisches) Rokoko als Klassizismus,
obwohl man sich darüber nicht streiten muss.

Ähnliches ergäbe ein ästhetischer Vergleich von Schinkels *Altem Museum* (1825–1828) in Berlin mit dem *Haus der Deutschen Kunst* von Troost
in München. Bei Schinkels Gebäude ist die Grammatik eingehalten: Kanne-
lierte und dadurch optisch wirksame jonische Säulen tragen ein jonisches
Gebälk und das Dach. Zugleich wird die Mitte der Säulenreihe durch eine
sieben Interkolumnien zusammenfassende Treppenanlage, mit dem sechs
Säulen zusammenfassenden Aufbau über dem zentralen Ausstellungsraum
in der Mitte des Gebäudes und dem fünf Interkolumnien zusammenfassenden Treppenhaus in ein raffiniertes Spiel gebracht. Beim *Haus der Deutschen Kunst* hingegen besteht die Reihe aus gegen ihr klassisches Verständ-

Abb. 157 Risalit Reichskanzlei

Abb. 158 Stadtschloss Potsdam

nis sehr lang gezogenen dorischen Säulen, die ein unpassendes Gebälk (ein dorisches Gebälk ist nicht glatt, sondern hat Metopen und Triglyphen) tragen, das zudem keine praktische Funktion hat, weil es vor dem Block des Museumbaus steht, »etwas dumm ohne was herum« wie Christian Morgenstern in einem anderen Zusammenhang einmal gesagt hat[44]. Troost benutzt Elemente klassischer Sprache, aber in einer völlig unschicklichen (*decorum*) Grammatik. Wenn man das positiv sehen will, müsste man es als Manierismus bezeichnen, als Bruch mit grammatikalischen Vorgegebenheiten.

44 Christian Morgenstern; Der Lattenzaun

Die in der zweiten Hälfte des 20. Jahrhunderts in die Fachdiskussion gebrachte Zuordnung der Architektur des *Dritten Reichs* und der NSDAP sowie seiner Organisationen zu einem *Klassizismus* zeigt sich bei genauer Betrachtung als begriffliche Vermischung von klassischer Architektursprache, einem nivellierten *Klassizismus* und der Unterstellung, es handle sich um Baukunstwerke. Differenziert man diese drei Verständnisse wieder aus und prüft sie am Werk, so zeigt sich, dass es sich um eine Benutzung von Elementen klassischer Architektursprache außerhalb ihrer Grammatik handelt, vielleicht um eine Art Manierismus, und in der künstlerischen Ausbildung keineswegs um Kunstwerke. Damit entfallen die beiden Argumente, die Architektur des *Dritten Reiches* sei wegen ihres ›Klassizismus‹ Baukunst und stehe als solche über der Politik, sei also Architektur während des *Dritten Reiches*, aber nicht Architektur des *Dritten Reiches*.

Reinheit der Baukunst

Die hier gezeigte Kritik an der Klassizismus-These zur Architektur des *Dritten Reichs* ist nicht neu. Bereits die erste Untersuchung zur Architektur des *Dritten Reiches* um 1950 von Armand Dehlinger, Mitherausgeber der Zeitschrift *Neues Abendland*, bestand auf der Definition von Architektur als Baukunst und verurteilte die Architektur der Moderne »als im Wesen unkünstlerisch«[45], innerlich zerrissen und hegelianisch-rationalistisch; sie habe einen Großteil des Volkes in die Armes Hitlers getrieben[46]. Dehlinger kritisierte aber zugleich die »Weltanschauungsarchitektur der Partei, die dem Stilwillen Hitlers entsprang«[47], da durch sie versucht worden wäre, »die ehrwürdige christliche Substanz des deutschen und darüber hinaus europäischen Kulturraums zu zerstören«[48]. »Arische Herrenmenschen oder vernunftgläubiger Bürger der volonté generale, beide fanden für ihren Erlösungsanspruch nahezu dieselben Riten«[49]. Dehlinger kritisiert im Umfeld seiner Analyse der Planungsprozesse und der Entwürfe für Nürnberg und München den Klassizismus des *Dritten Reichs*: »Er [Adolf Hitler; EF], der engstirnige Nationalist, knüpfte an einen Stil an, der im Sinne des Weltbürgergedankens seiner Zeit zu einem Allerweltstil wurde, denn der Klassizismus findet sich seit seiner Instauration an allen Regierungsstätten der verschiedenen Kontinente als Symbol der Aufklärung und als Repräsentant staatlicher und wirtschaftlicher Macht ohne Unterschiede des Klimas oder der

Abb. 159–164 Stadtschloss Potsdam (oben links)

45 Dehlinger um 1950: 2

46 A.a.O.: 3f

47 Dehlinger um 1950: 4

48 A.a.O.: 5

49 Dehlinger um 1950: 177

Rasse. … Der NS-Pseudoklassizismus ist nichts weiter als eine entaristo-
kratisierte Massenware für kleinbürgerliches Niveau zurechtgeschnitten.«[50].
Mit der Ablehnung jeder christlichen Transzendentalität sei das ›echte Verständnis‹ für deutsche Kultur verbaut worden. Der Bezug des *Dritten Reichs*
auf Schinkel, David Gilly und preußische Architektur habe das ›alte Preu-
ßentum‹, d.h. für ihn gründliche Bildung, anspruchslose Lebensweise und
idealgeistige Schönheit, gerade nicht aufgenommen, und somit den Unter-
gang des Abendlandes weiter voran gebracht[51]. Dehlinger kritisiert – wie
Speer und Krier und die anderen – die Moderne, stellt ihr aber den ›Klassizismus‹ des *Dritten Reichs* an die Seite. Beiden gehe der Bezug zur (christlichen) Transzendentalität verloren. Die Architektur des *Dritten Reichs* und
der Internationalen Moderne werden von Dehlinger kritisiert, um damit
die Baukunst als reine entpolitisierte Kunst zu retten.

Überstaatlichkeit des ›Klassizismus‹
Wie bei Speer und Krier im Zusammenhang bereits dargestellt, wird noch
ein drittes Argument gegen eine Zuordnung des ›Klassizismus‹ zur Politik
des *Dritten Reichs* eingesetzt: Die an den Bauten benutzte ›klassizistische‹
Fassadengestaltung gebe es in ähnlicher Weise zur gleichen Zeit auch im
faschistischen Italien, der bolschewistischen Sowjetunion, aber auch in De-
mokratien wie Schweden oder den USA. Damit wird – an Fotos von Ge-
bäudefassaden – versucht nachzuweisen, dass der angebliche ›Klassizismus‹
mit dem *Dritten Reich* nur den Ort gemeinsam, aber nicht dessen Staatsform übernommen habe. Das zeitgleiche Auftreten einer Art von ›Klassizismus‹ in unterschiedlichen Staatsformen zeige seine Unabhängigkeit von
diesen. Die These eines entstaatlichten ›Klassizismus‹ operiert aber mit
drei Unterstellungen:
– Die Gebäude in den genannten Staaten seien tatsächlich gleich. Für den
Vergleich wurde mit Abbildungen von Fassaden operiert, eine genaue Bauforschung und Baudarstellung und eine weitergehende Analyse der Gebäude
wurden nicht unternommen. Dass es da große und auch feine Unterschiede
gibt, darauf hat Hans-Ernst Mittig bereits 1998 hingewiesen und eine sehr
präzise ästhetische Analyse der immer wieder gegebenen Beispiele (Haus
Wiegand, 1912, und die Deutschen Botschaft in St. Petersburg, 1910–1912,
von Peter Behrens, das Bronx County Building in New York, 1933–1934,
von Joseph H. Freedlander und Max Hausle als Beispiel der New Deal Architektur) publiziert[52].
– Es wird unterstellt, dass das Politische eines Bauwerks oder eines Archi-
tekturstils sich in dem Bezug auf eine Staatsform zeige. Das ist aber ein

50 A.a.O.: 129

51 A.a.O.: 139f

52 Mittig 1998: 111f

sehr enges Verständnis von Architektur, die auf ihre Fassade, und von Politik, die auf eine Staatsform reduziert werden. Architektur mag im Rathaus, in einem Parlamentsgebäude, in einem Präsidentenpalais einen symbolischen Bezug zum Prinzip der Staatsform haben. Die Staatsform ist nur ein einzelner Aspekt des Politischen. Hinzu kommen Struktur und Performanz legitimer und illegitimer Herrschaft, interne und externe Machtpolitik, die unterschiedlichen Politiken der einzelnen Fachressorts und die politisch orientierte Organisation von Alltag und Kultur Es gilt die komplexe Realität, die ich für das *Dritte Reich* bereits weiter oben[53] zu skizzieren versucht habe. Bauwerke, die nur einzelne Aspekte dieser Wirklichkeit realisieren, werden dadurch nicht entpolitisiert. Auch das *Panopticum*[54] wurde in England, in den USA und an vielen Orten Europas realisiert, das macht diese ›peinlose‹ Formierung des Subjekts nicht unpolitisch.

– Die Aussage ist keine *conclusio* sondern eine Unterstellung. Denn man könnte beim Auftreten einer bestimmten Art von Architektur in unterschiedlichen Staatsformen auch schließen, dass die Staatsformen sich politisch konvergent entwickeln. Nicht in der Staatsform, aber etwa im Umgang mit ihren Bürgern. Die riesigen ›klassizistischen‹ Bauten der Bundesverwaltung der USA in Washington, die immer als Argument gegen eine politische Bindung der Architektur angeführt werden, zeigen in der Tat den Prozess der Zentralisierung, der Verselbständigung der Federal Administration in den ersten drei Jahrzehnten des 20. Jahrhunderts und im New Deal und den Machtgewinn einer Verwaltung (Büro-Kratie), die sich nicht scheut, dies auch den Einzelstaaten und den Bürgern gegenüber darzustellen.

Übergeschichtlichkeit und A-Historisierung des ›Klassizismus‹
Ruth Pinnau und Joachim Fest hatten den ›Klassizismus‹ Cäsar Pinnaus als überhistorisch dargestellt und ihn so von einem inhaltlichen Zusammenhang mit dem *Dritten Reich* befreit. Dabei wird letztlich mit dem Begriff des Geschichtlichen gespielt. Sieht man einmal von der Diskussion über die Geschichtlichkeit der Menschen ab, so meint ›Geschichtlichkeit‹ u.a., dass ein Moment oder ein Ding sein Davor und sein Danach hat, diachron ist, aber auch, dass es eine Eigenbedeutung hat und zugleich Bedeutung erhält durch seine Einpassung in das reale Geschehen und in die narrative Ausdeutung eines Zeitraums. Demgegenüber stehen ›A-Historizität‹ und ›Übergeschichtlichkeit‹. Diese Begriffe sollen Gegenstände oder Ereignisse bezeichnen, die von ihrem Grunde her nicht geschichtlich sind, wie man es lange von der ›Natur‹, von der Mathematik und der Welt der Ideen, und wohl immer noch von Gott denkt. Jene meint eher eine Absenz, dieses, das

53 Siehe Seite 87

54 Foucault 1975/1976

›Übergeschichtliche‹, nimmt hingegen eine Wertung vor, die das Ereignis oder die Sache in die Welt der Ideen oder Gottes hoch hebt. Die Bezeichnung des ›Klassizismus‹ als überhistorisch löst ihn also nicht nur aus seiner Zeit, sondern divinisiert ihn.

Die Argumentation funktioniert jedoch nur in der Reduktion von Geschichte auf ihren Ereignischarakter und der Einpassung eines Ereignisses in den Rahmen einer Narration. Im Gegensatz zur Allgemeinen Geschichtswissenschaft beschäftigt sich die Kulturgeschichte weniger mit Ereignissen als mit einer mehr oder weniger langen Dauer[55]. Die Stadtmauer, der Bürgersteig, ein Wohnungsflur, das Einhausen der Toiletten und vieles andere mehr sind sozialgeschichtliche Phänomene, die über mehrere Epochennarrationen hinweg gehen und trotzdem architektur- und sozialgeschichtlich bedeutsam sind.

›Historisierung‹ des ›Klassizismus‹

Nerdinger kritisiert die Auseinandersetzungen um den ›Klassizismus‹ des *Dritten Reichs* als Historisierung und analogisiert sie mit dem ›Historikerstreit‹ in der Allgemeinen Geschichtswissenschaft. Dort ging es im Grunde um zwei Thesen: Die Unmenschlichkeit des Nationalsozialismus und des *Dritten Reichs* wird parallel gesehen zu Massenverbrechen anderer Staaten, ist teilweise sogar als Reaktion darauf dargestellt. Zum anderen wird der Holocaust nicht als Sondergeschehen innerhalb des Geschichtsverlaufs verstanden, sondern in diesen als eine ›normale‹ Epoche eingegliedert, die im gleichen Rang steht, wie andere Epochen. Nerdinger ist sogar der Meinung, dass die Auseinandersetzungen in der Architektur denen der Historiker voran ging[56].

Nun muss man zum ersten Punkt sagen, dass Albert Speer und Leon Krier nicht dazu neigten, den ›Klassizismus‹ des *Dritten Reichs* als unmenschliche Architektur darzustellen, wie beide Positionen des ›Historikerstreits‹ (vertreten etwa durch Ernst Nolte und Jürgen Habermas) es mit der nationalsozialistischen Politik und dem Handeln der Verantwortlichen des *Dritten Reichs* taten. Von einer Historisierung lässt sich m. E. erst im 21. Jahrhundert sprechen, wo Architektenbiografien, an Baukünstlerpersönlichkeiten orientierte Architekturgeschichte, Œuvreverzeichnisse und Arbeiten über Ausstellungen zur Deutschen Baukunst vielfach so geschrieben werden, als handelte es sich um Le Corbusier oder Alberti, bei denen man zwar auch nicht im Einzelnen nachweist, dass ihre Bauten von architekturgeschichtlicher Bedeutung sind oder es sich um Baukunstwerke handelt, dieses aber mit einem gewissen Konsens unterstellen kann[57].

55 longue durée; siehe oben: 106

56 Nerdinger 2004: 120

57 Siehe dazu auch unten S. 189

Ich gehe in Kritik und Ablehnung mit Nerdinger überein. Das Problem der Historisierung der Bauwerke des *Dritten Reichs* liegt aber m. E. weder in der Betonung eines Sondergeschehens noch in dessen Ablehnung, sondern zumeist in den festgefrorenen Methoden der klassischen Baugeschichte.

Kritik an der Kritik des ›Klassizismus‹

Die Gefahr besteht – das wird bei Dehlinger deutlich –, dass Kritik an der künstlerischen Qualität und ein Infragestellen des (Bau)Kunstcharakters der baulichen Anlagen dazu führt, die Architektur des *Dritten Reichs* aus der Architekturgeschichte auszutreiben. Wenn »jedes Wort über sie zu viel ist«[58] wird die Architektur entpolitisiert oder sogar zum Verschwinden gebracht.

    Man kann und muss die Kritik mit dem Ziel schreiben – wie hier im ersten Teil des Kapitels über Pinnaus Bauwerke und der Kritik an Speer und Krier versucht –, das Politische der Bauwerke des *Dritten Reichs* und ihre Qualität durch Entfernung des Begriffsmäntelchens ›Klassizismus‹ für konkrete ästhetische, funktionale und politische Analysen und Kritik offen zu legen.

Identität der Architektur im *Dritten Reich* und die Moderne

Die moderne Architektur wurde in der Bundesrepublik in den ersten beiden Jahrzehnten nach dem Zweiten Weltkrieg als Gegensatz zum ›Klassizismus‹ des *Dritten Reichs* gesehen. Das wurde gestützt durch den Einfluss der nach 1933 in die USA gegangenen Architekten, die nun aus den USA Einfluss auf die Architekturentwicklung in Deutschland nahmen. Den in Deutschland und in Beruf und Brot gebliebenen modernen Architekten, die sich am Industriebau beteiligt hatten, gelang es, sich als aufrechte Moderne darzustellen, denen es gelungen sei, im *Dritten Reich* zu überwintern. Seit den 60er-Jahren wurde diese Darstellung aber immer fragwürdiger, zum einen, weil die moderne Architektur als unmenschlich kritisiert wurde[59] und weil in historischen Analysen der Massenvernichtung der Juden und von Speers Tätigkeit als Reichsminister für Bewaffnung und Munition herausgearbeitet wurde, dass die Modernisierung Teil der Politik des *Dritten Reichs* gewesen war.

    In den 70er-Jahren[60] entstand dann der Vorwurf, die Vertreter der modernen Architektur hätten sich am *Dritten Reich* beteiligt und seien die eigentlichen Faschisten, was jedoch auch hier völlig überzogen und infam ist. In diesen Vorgängen stand der Begriff der Moderne nicht zur Diskussion.

    In der DDR war eine politische oder programmatische Zuordnung von Moderne und Klassizismus nicht so linear, es gab zwei Wenden: Nach der ersten Phase des Aufbaus, die geprägt war von Entwürfen moderner Archi-

58 Pevsner 1967: 466

59 Etwa in dem von Siedler, Niggemeyer und Angress herausgegebenem Buch *Die gemordete Stadt* (1964)

60 Jencks 1977

tekten, bestand die erste Wende in der Übernahme von Stalins These vom *Sozialismus in einem Land* und der daraufhin in der SU propagierten entwickelten Vorstellung einer nationalen Architektur (den der Westen als ›Zuckerbäckerstil‹ zu diskriminieren suchte), die in der DDR Nationale Tradition (*NatiTradi*) genannt wurde und sich für Berlin an Schinkel, für Dresden am Barock und für Norddeutschland an der Backsteingotik orientierte. Die Moderne wurde dabei als US-amerikanische und damit als klassenfeindliche und kapitalistische Architektur abgetan. Mit der Machtübernahme Chruschtschows (1955) fand die zweite Wende statt. Die immer noch handwerkliche Bauweise der Nationalen Tradition (*NatiTradi*) musste einer sozialistisch-fordistischen Industrialisierung weichen, die Massenproduktion und Formen der Internationalen Moderne mit sich brachte. Die Industrialisierung des Bauens wurde ab 1955 kombiniert mit der Entwicklung von komplexen Wohngebieten und mit Wohnungsgrundrissen nach kleinbürgerlichen Familienvorstellungen. Diese ideologischen Wenden, der neue Klassizismus Schinkelscher Prägung in Berlin (Stalinallee) und die moderne Architektur vor und nach der Nationalen Tradition, wurden in den öffentlichen Diskussionen in der DDR nicht im Rückblick oder im Zusammenhang mit dem ›Faschismus‹ geführt.

Ein Wort zur Moderne

In den Diskussionen wurden das ›Modische‹, das Moderne, die ›Moderne‹, das ›Neue Bauen‹, die Neue Sachlichkeit, die ›INTERNATIONALE MODERNE‹, der ›Funktionalismus‹ und die Modernisierung unterschiedslos und undefiniert vermischt. Allein Fehl unterscheidet drei Verständnisse von Moderne: einen versachlichten Funktionalismus ›von heiliger Nüchternheit‹[61], einen modernen Stil, der sich durch ›Aufgeputzsein‹, durch ›neuartige Kostümierung eines Bauwerks‹ deutlich macht[62] und den ›Bauwirtschafts-Funktionalismus‹ der alle sozialen Utopien aufgegeben habe und deshalb nur noch ›Technikum‹[63] sei. Er betont zudem den Verlust des ursprünglichen sozialen und utopischen Anspruchs[64]. Doch Fehls Verständnis der wahren Moderne als ›heilige Nüchternheit‹[65] greift viel zu kurz. Die ›Moderne‹ ist gerade nicht ›heilig‹, sondern menschlich. Sie ist auch nicht ›nüchtern‹, sondern offen. Das soll nun in der gebotenen Kürze erläutert werden: Wenn man absieht von dem Begriff der ›Mode‹, als dasjenige, was üblich ist, bzw. dem ›Modischen‹, als dasjenige, was dem Üblichwerden gerade noch vorhergehen möchte, so geht der Begriff auf eine Kontroverse am Hof Ludwigs XIV. zurück, die als *Querelle des anciens et modernes* bezeichnet wird. Es ging dabei um die einem Sonnenkönig adäquate Kunst, wobei die Alten die Position vertraten,

61 Fehl 1985: 117

62 A.a.O.: 93

63 Ebd.
64 Fehl 1985: 102

65 A.a.O.: 117

dass die Normen der Kunst in der Antike gefunden wurden und unüberholbar seien, während die Modernen die Position einnahmen, dass sich die Künste entwickeln und damit die Kunst zur Zeit des ›Sonnenkönigs‹ höherrangig sein könne als die in der Antike[66]. Das ›Moderne‹ sind nicht die beiden Positionen, sondern die dahinter stehende Begründung, Die Brüder Charles und Claude Perrault, dieser Architekt, jener Mediziner und Schriftsteller, argumentierten mit einem Wahrnehmungs- und Erkenntnismodell, das dem jeweiligen Subjekt die konstruktive Macht gab, aus den rezipierten Einzeldaten ein Ding und eine sinnvolle Welt zu generieren. Die Modernität der Position der Modernen lag also in der wahrnehmungstheoretisch begründeten These von der Subjektivität der Menschen[67]. Modern ist etwas, das die generierende Subjektivität der Menschen unterstellt und – in der Architektur – durch das Bauwerk fordert.

Die ›Moderne‹ der Architektur im 20. Jahrhundert setzte dies in der Fassadengestaltung und in der Organisation der Gebäudeteile fort[68]. Das ›Moderne‹ ist als offene, d.h. indeterminierte Struktur auch auf die Grundrisse übertragbar, wie man am Glasraum in Stuttgart (1927) und am Barcelona-Pavillon (1929) von Ludwig Mies van der Rohe sehen kann. Die Frankfurter Küche war ein – gescheiterter – Versuch, Frauen aus ihrer unverschuldeten Unmündigkeit zu befreien. Wie man an Bruno Taut oder Ernst May sehen kann, bezieht sich die ›Moderne‹ der Weimarer Republik – und da unterscheidet sie sich von den Diskussionen Ende des 17. Jahrhunderts und im 18. Jahrhundert – nicht nur auf die schöpferische Kompetenz eines Subjekts, sondern auch auf die Gemeinschaft. Ziel war es, die Menschen im urbanen Kontext durch Kommunalisierung von Aufgaben (Waschanstalten, Zentralheizung etc.) frei zu machen für das Eigene und Eigentliche.

Daneben wird die ›INTERNATIONALE MODERNE‹ – wie hier dieses Verständnis bezeichnet werden soll – rein gegenständlich verstanden und zwar durch neue, ganz unabhängig von der überlieferten klassischen Architektursprache entwickelte architektonische Elemente und eine neue ›Grammatik‹; das sieht man am besten in Le Corbusiers These von den fünf Charakteristika der Moderne (Trennung von tragenden und nichttragenden Elementen, Flachdach/Dachgarten, freie Grundrissgestaltung, liegende Fensterbänder und freie Fassadengestaltung[69]). Ein Flachdach oder eine Vorhangfassade geben einem Subjekt noch nicht unbedingt die Möglichkeit, sich in seiner Subjektivität, in seiner Eigen-Willigkeit zu betätigen. Die ›INTERNATIONALE MODERNE‹ verdinglicht, kann dabei ›modern‹ sein oder auch nicht.

66 In Zeiten des Absolutismus hatten die Modernen natürlich strategisch gesehen die bessere Position.

67 ausführlicher dazu Kambartel 1972, Herrmann 1973

68 gutes Beispiel ist hier der Bauhaus-Komplex in Dessau; dazu siehe Giedeon (1941)

69 Le Corbusier, Pierre Jeanneret: Zwei Wohnhäuser von Le Corbusier und Pierre Jeanneret; in: Roth 1927

Ein drittes Verständnis zeigt sich in der Benutzung des Begriffs der ›Modernisierung‹. Er ist im Grunde ›technokratisch‹ gemeint und eng mit dem Begriff des ›Fordismus‹ verwandt. Er meint ein Handeln, das nicht mehr traditional orientiert ist, sondern durch ein Abschütteln der alten Fesseln, aber auch durch die neue Bindung an ein ›wahres‹ Wesen, an eine für rein und objektiv gehaltene Idee einer Sache und an die Vorgabe von Rationalität, charakterisiert ist. Diese Vorstellung wurde durch den Sieg im Ersten Weltkrieg bestimmt, den man der technischen Macht der USA, so wie sie am deutlichsten bei der Produktion von Autos bei *Ford* deutlich wurde, zuschrieb. Dabei wurde impliziert, dass man einen Gegenstand auf seine reine Zweckmäßigkeit reduzieren und alles Überflüssige, Ornamentale beseitigen müsse, dass man sich bei den Details allein auf deren Leistung für das Ganze konzentrieren und diese Leistungen effizient in nichts als quasirationale Bezüge zueinander bringen müsse. Dahinter wiederum stand die technokratische Vorstellung, dass dieses Vorgehen zu Produkten und Instituten führe, die politikneutral, systemübergreifend und jede Willkür ausschließend seien. Heute wird darauf aufbauend der soziale, politische, ökonomische und kulturelle Umbau traditionaler Gesellschaften in ein von Europa, den USA und den Staaten des British Commonwealth als ›rational‹ propagiertes Modell bezeichnet, das u.a. mit Gleichheit, Demokratie, Rechtsstaatlichkeit, Säkularisation, Spaltung von Öffentlichkeit und Privatheit, Technisierung und Massenproduktion, arbeitsteiliger und kapitalorientierter Industrialisierung und generalisierender Bürokratie verbunden ist[70]. Dabei wurden die Menschen in doppeltem Sinne befreit. Alte soziale und rechtliche Abhängigkeiten und Diskriminierungen gingen verloren, zugleich aber auch die sozialen Leistungen und die Rechte. Modernisierung im 19. Jahrhundert führt zu einer Art innerer Kolonisierung und im 20. Jahrhundert, nach dem Ende des Kolonialismus und der Zurückgabe der Kolonien, zu einer neuen Dominanz, die man allgemein als ›post-kolonial‹ bezeichnet, mit der man aber eigentlich ›neo-kolonial‹ meint.

Alle drei Verständnisse von Moderne sind in der Regel vermischt: Man kann ›moderne‹ Architektur herstellen auch mit dem Vokabular der ›INTERNATIONALE MODERNE‹, man kann Modernisieren im Stil der ›INTERNATIONALE MODERNE‹ oder gar in ›moderner‹ Architektur.

Modernisierung und Modernität im Dritten Reich
Sehen wir uns auch hier ein Beispiel genauer an, die Heinkelwerke in Oranienburg, die ganz vorrangig auch in den architekturhistorischen Diskussionen eine Rolle spielen. Sie kristallisieren einen wichtigen Aspekt der Kriegs-

70 Eine umfassende, auch kritische, Diskussion ist bei Bavaj 2003 zu finden.

vorbereitung und Kriegsführung des *Dritten Reichs*: Nach der Niederlage im Ersten Weltkrieg, in dem Flugzeuge vor allem zur Aufklärung eingesetzt waren, war dem Deutschen Reich der Besitz einer Luftwaffe und der Bau von Militärflugzeugen untersagt[71]. Das *Dritte Reich* hielt sich nicht mehr daran und begann zuerst heimlich und dann offen eine neue Luftwaffe aufzubauen. Mit Erlass vom 26.2.1935 zur Bildung einer Reichsluftwaffe als drittem Wehrmachtsteil enttarnte Hitler seine Bestrebungen. Im Juli 1936 begann die Unterstützung Francos; die *Legion Condor*, die im Ausbaustadium 1936/1937 im Durchschnitt aus 10 unterschiedlichen Flugstaffeln (Kampf-, Jagd- und Aufklärungsstaffeln) mit ca. 100 Flugzeugen und ca. 5 000 Mann Personal bestand, wurde am 26. 4.1937 zur Bombardierung von Guernica eingesetzt. Mit diesem Einsatz war klar geworden, dass ein Luftkrieg immer auch ein ›totaler Krieg‹ sein würde.

Inzwischen war unter Militärexperten eine Diskussion über den Einsatz von Flugzeugen entstanden. Dabei gab es zwei Konzepte: Die Flugzeuge sollten als (viermotorige) Bomber mit hoher Ladekapazität eingesetzt werden, um überfallartig in das feindliche Hinterland einzudringen und Produktionsstätten zu zerstören und die Arbeitskräfte zu töten; dafür wurde der Begriff ›totaler Krieg‹ geprägt[72]. Das *Dritte Reich* hatte hingegen bis 1938 das strategische Konzept, die Luftwaffe zur Abwehr einer feindlichen Aggression gegen das Deutsche Reich einzusetzen oder den Operationen des Heeres und der Marine zur Zerstörung der feindlichen Luftwaffe an die Seite zu stellen[73]. Dies strategische Konzept erforderte zur Verteidigung im eigenen Land eine starke Luftabwehr (FLAK) und zum Angriff den Bau von Jägern und leichten Sturzkampfbombern (STUKA) oder mittelschweren (zweimotorigen) Bombern.

Im Rahmen des Ausbaus einer Luftwaffe erhielt neben anderen Firmen Ernst Heinkel den Auftrag für die Produktion von Flugzeugen. Seine Firma war am 1.12.1922 als *Ernst Heinkel Flugzeugwerke* in Warnemünde gegründet worden. Im Geschäftsjahr 1927/1928 beschäftigte die Firma 352 Mitarbeiter, mit denen sie insgesamt 29 Flugzeuge gebaut hatte[74]. Da die Heinkel Werke in Warnemünde für zukünftige Aufträge zum Bau des von ihnen entwickelten Bombers He 111 zu klein war, schlug das Reichsluftfahrtministerium vor, mit Mitteln des RLM von 5 Mill. Reichsmark (bei einem Geschäftsanteil von 150 000 RM für Heinkel) ein neues Werk für die Großproduktion mit dem Namen Heinkelwerke in der Nähe Oranienburgs zu errichten. Die Kosten hatten sich nach Fertigstellung verachtfacht (ca. 42 Mill. Reichsmark), dabei entstammten über 40 Prozent der Kosten dem Etat für Luftschutz (der damit etwa den Bewohnern Oranienburgs entzo-

71 Nicht weiter belegte Informationen folgen Budraß 1998

72 Overy 1993: 23f

73 Siehe Völker 1967: 29ff, 71ff

74 Boelcke 1993: 83

gen wurde). Zu Beginn des Zweiten Weltkriegs wurden die Anlagen dann für 22 Mill Reichsmark an Heinkel verkauft. Die Planungen der Reichswehr und der Hitler-Administration stolperten aber von einer Schwierigkeit in die nächste: Es gab permanent Kämpfe im Militär, welcher Waffengattung die Luftwaffe zugeordnet werden sollte und wer ›Speerspitze‹ eines zukünftigen Krieges werden und deshalb auch am besten ausgestattet werden sollte. Mal neigte Hitler zur Luftwaffe, mal zur Marine, mal zu den Panzertruppen. Mit vorhandenem Geld wurde völlig unwirtschaftlich umgegangen. Die für den Industriebau im Haushaltsjahr 1936/1937 zur Verfügung gestellten 154 Mill. Mark waren bereits nach 2 Monaten ausgegeben, so dass nichts anderes übrigblieb, als den Ansatz für das nächste Haushaltsjahr (1937/1938) auf 368 Mill. Mark zu erhöhen und einen Teil des Geldes bereits im Haushaltsjahr 36/37 einzusetzen. Im Juni 1936 wurde zudem eine außerordentliche Knappheit von Eisen und Stahl vermerkt[75.] Am 28.8.1936 musste Staatssekretär Milch wegen der schwierigen finanziellen Lage anordnen, das bestehende Flugzeugbeschaffungsprogramm sofort zu reduzieren. Im September 1936 ergab sich dann eine massive Aluminiumknappheit, die man hoffte, durch Lieferungen aus der Schweiz in den ersten Monaten 1937 beheben zu können.[76] Die Krise verschärfte sich 1937 weiter; am 24. Mai 1937, gerade in dem Moment, in dem das Heinkelwerk in Oranienburg fertig wurde, wurde im Haushalt eine Milliardenkürzung notwendig. Sie wurde zwar nicht voll umgesetzt; es blieb aber faktisch durch Verschiebung der Produktion ins nächste Haushaltsjahr immer noch eine Kürzung von 513 Mill. Reichsmark. Von den insgesamt 109 750 Stellen in der Flugzeugindustrie mussten 11 500 Stellen gekürzt werden.[77] Der Ausbau der Luftwaffenindustrie, die zum 1.10.38 auf eine Mobilisierungskapazität hochgefahren werden sollte, musste sofort eingestellt werden[78]. Bereits im Januar 1939 befahl Hitler mit dem Z-Plan, nunmehr die Marine mit höchster Priorität aufzurüsten[79]. Das Flugzeug selbst hatte technische Probleme. So hatte man für die HE 111 einen Motor vorgesehen, den es noch gar nicht gab. Sie wurde deshalb aus der Not heraus mit BMW VI-Motoren ausgestattet, die jedoch leichter waren als die geplanten und die deshalb wegen der Lage des Schwerpunktes des Flugzeuges so weit nach vorne gelagert werden mussten, dass im Ergebnis für Kommandanten und Flugzeugführer keine ordentliche Sicht auf das gegnerische Ziel mehr bestand[80]. Diese Schwierigkeiten wurden später mit dem neuen Motor behoben. Es blieben jedoch die geringe Zuladung und die zu kurze Reichweite. Man benutzte zu teures Material aus dem Ausland (Aluminium), statt wie die Engländer etwa Sperrholz. Die He 111 war ein Flugzeug für 1000 Jahre, das der Statistik zufolge nach einigen Einsät-

75 BA MA RL 3/446 von Rohden 4406-526

76 BA MA RL 3/304 von Rohden Dokumente 4406-635

77 BA MA RL 3/446 von Rohden 4406-526

78 siehe Hertel DZ/MGFA Lw 16, S. 8-13 und Milch-Interview in BA-MA 4376-463

79 Siehe Budraß: 451

80 BA MA Lw 142 Huebner; Die Bomberentwicklung von 1933–1938 vom 15. 12. 55, S. 6f

81 Budraß 1995: 644

zen abgeschossen wurde[81]. Hinzu kam noch der permanente Modellwech-
sel bzw. die Modellvielfalt; so waren bei den Heinkel Werken von 1933 bis
1939 zehn neue Typen (He 74, He 112, He 114, He 115, He 116, He 118,
He 119, He 176, He 178, He 100) in der Entwicklung, von denen nur wenige dann auch eingeführt wurden[82].

Man hatte ursprünglich wegen der Erreichbarkeit für die Beschäftigten
darüber nachgedacht, die Produktionsanlagen aufzuteilen und einige im Osten und andere im Westen der Stadt Oranienburg anzusiedeln, war dann
aber davon abgekommen, da man im Mobilisierungsfalle mit Verkehrschaos
in der Stadt rechnete. So hatte man nunmehr die eigentlichen Produktionsstätten westlich von Oranienburg angesiedelt, sie dabei aber in drei Einheiten voneinander getrennt. Das Werk I mit acht Fabrikationshallen und
einem Verwaltungsgebäude und weiteren Nebengebäuden hatte man südlich von Germendorf, das Werk II mit zwei Hallen, dem Flugplatz und einigen Nebengebäuden im Südosten von Oranienburg errichtet. Eine Halle für
Zerspanarbeiten, ein Verwaltungsgebäude und ein Nebengebäude lagen in
Berlin-Reinickendorf. Am 4.5.1936 wurde der *Erste Spatenstich* getan, wobei
aber anzunehmen ist, dass die Bautätigkeiten weitaus früher begonnen hatten. Bereits am 4. Mai 1937 wird in einer Werkfeier die Fertigstellung der
ersten He 111 in Oranienburg gefeiert[83]. Das Heinkelwerk ist aber nicht
ohne die Siedlungsplanung zu denken: Für die zuziehenden Arbeitskräfte

82 Overy 1977:8

83 Völker 1967:136

Abb. 165 Lageplan des Werks I
(graphisch bearbeitet)

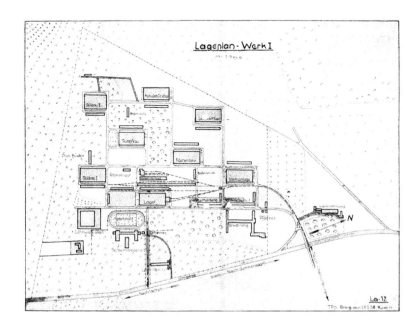

(hier wurden junge Leute bevorzugt) und ihre Familien wurden sowohl die Siedlung Leegebruch als auch die *Weiße Stadt*-Siedlung im Heimatstil gebaut. So schön – so gut. Allerdings wirkte sich schon Ende 1936 die oben ausführlicher dargestellte ökonomische Lage aus. Die Einweihung war gerade 20 Tage vorbei, da wurden die Einsparung von 1 Milliarde RM Rüstungskosten umgesetzt, die Produktionszahlen heruntergesetzt und 500 von 2300 Beschäftigten entlassen.

Mit dem Überfall auf Polen stieg die Produktion, auch weil die Verluste der Reichswehr an Flugzeugen erheblich waren. Zugleich aber wurden die jungen Männer zum Militär gezogen und die Hoffnung auf Ausgleich der Arbeiterschaft durch Einstellung der Ehefrauen zerschlug sich, weil diese der nationalsozialistischen Familienpolitik gefolgt waren und jeweils eine größere Anzahl von Kindern zu versorgen hatten, es keine Gemeinschaftseinrichtungen gab, aber auch keine Verwandten zur Versorgung der Kinder, weil die jungen Familien gerade erst zugezogen waren. Das führte zu einem ständigen Anstieg der Beschäftigung von Zwangsarbeitern und von Häftlingen aus dem Konzentrationslager Sachsenhausen. Im Juni 1944 war deren Anteil auf 48,2 Prozent aller Beschäftigten angewachsen[84]. Vermutlich ungeplant, aber mit einer gewissen Konsequenz wurde das Konzentrationslager Sachsenhausen damit zu einem Teil des Heinkel-Komplexes. Zieht man aufgrund dieser hier wiedergegebenen Informationen ein Resumé, so muss man festhalten, dass es sich um den Versuch einer Modernisierung handelt, der aber darin bestand, in dem Durcheinander von ständig wechselnden Konzepten und Vorgaben und von Mangel doch noch Flugzeuge zu produzieren.

84 Budraß 1995: 611

Abb. 166 Heinkelwerk Oranienburg

Die von Herbert Rimpl und einer Architektengruppe entworfenen Werkhallen haben Längen zwischen 110 m und 130 m, Breiten um die 60 m und eine Höhe um die 18 m. Sie bestehen aus einem Stahlgerüst, das in den Sockelzonen und in den Ecken mit Backstein bekleidet ist und im Obergeschoss Glasfenster einbinden, die man teilweise auch öffnen kann. Die obere Zone ist in großen Kuben regelmäßig gezahnt, zum einen um wegen des Verzichts auf Sheds die Belichtung der Hallen zu verbessern und zum anderen um dem Gebäude eine klare kubische und geometrisch rational geordnete Gestalt zu geben. Die Breitseite lässt sich auf der ganzen Seite öffnen. Durch die beiden turmähnlich ausgebildeten Ecken erhält das den Charakter eines Torhauses und erinnert zudem ein wenig an Peter Behrens' AEG Halle. Einen Interpretationsspielraum gibt die festgelegte ästhetische Gestaltung einem Betrachter nicht.

Vermutlich Ende 1938 oder 1939 wurde von Rimpl und Mäckler ein ca. 150 Seiten starkes Buch über das Heinkelwerk in Oranienburg publiziert[85]. Im Text wird das Heinkelwerk als Inbegriff einer effizienten Fabrikation von Flugzeugen dargestellt, das zudem durch die Art der Bauweise in höchster Weise den Anforderungen an Tarnung und Luftschutz entspräche, ›Schönheit der Arbeit‹ verwirklicht und die Arbeiter im Werk und durch den Wohnungsbau in höchster Qualität sozial versorge und dafür die geeignete Architektur verwirklicht habe. In dem Buch befindet sich eine große Anzahl von Fotos, die heute in baugeschichtlichen Untersuchungen (und auch in diesem Buch) zur Darstellung der Architektur genutzt werden. Es ist auch ein Schwarzplan erhalten, auf dem u.a. der Teil der Fabrikation und die Landebahnen am Annahof, die Wohnsiedlung Leegebruch, die Stadt Oranienburg und das Konzentrationslager Sachsenhausen zu erkennen sind.

Das verwundert sehr, weil sowohl in dem Buch als auch in den Akten als durchgehendes Argument stets die Tarnung der Hallen angeführt wurde. Obwohl es für das Militär, den Bauherrn und die Architekten zu diesem Zeitpunkt eigentlich nicht zu denken erlaubt war, dass es feindliche Flugzeuge bis Berlin schaffen und auch die Heinkelwerke bombardieren könnten, wäre sie für eine Fabrik von Kriegsflugzeugen trotzdem wichtig gewesen. Aber gerade wegen der klaren geometrisch-rationalen und visuell auch eindeutigen Gestalt der Hallen und ihrer Lage zueinander waren sie bei einem Luftangriff ein exzellentes Orientierungsobjekt. Nun kam noch eine Publikation hinzu, die alle Hinweise auf den Ort, die Hallen und die Produktion gab und als pefektes Dossier für einen Luftangriff dienen konnte. Dennoch hat das alles einen Sinn: der Bau im Stil der ›INTERNATIONALEN MODERNE‹ und damit die ›INTERNATIONALE MODERNE‹ als solche, und das Buch sind zwei sich

Aber was ist mit der Architektur?

85 Rimpl/Mäckler 1938/1939

ergänzende Medien, um der Reichswehr, der Partei, der Administration und dem ›Führer‹ ein Image von der *state of the art* der Militärwissenschaft, des Flugzeugbaus und der Betriebswissenschaften, von Effizienz, betriebswirtschaftlicher und produktionstechnischer Kompetenz und von einer besänftigten Arbeiterschaft zu vermitteln.

Die Kritik an der ›INTERNATIONALEN MODERNE‹

Die erste massive Kritik an der ›INTERNATIONALEN MODERNE‹ kam 1958 von dem jungen Maler Friedensreich Hundertwasser. In einem ›Verschimmelungs-Manifest‹ wendete er sich gegen die ›gottlose und unmoralische gerade Linie‹, gegen einen ›krankhaft sterilen‹ Funkionalismus ›bequemheitslüsterner, gehirnloser Ameisen‹[86]. Statt dessen zielte er – allerdings als notwendiger Durchgangsstation, um zu der wahren Architektur zu kommen – eine ›unpraktische, unnütze und schließlich unbewohnbare Architektur‹ an. Dies wollte er durch überflüssige Gestaltung und destruktive Ornamente wie Rost, Schimmel, Moos, Mikroben und Schwämme erreichen. Moderne Architektur wurde also als Hort hirnloser Ameisen klassifiziert; menschenwürdige Architektur entstehe aus dieser historischen Situation allein durch das – organische – Ornament.

Eine ebenfalls sehr frühe, sehr populäre und in der Fachwelt sehr einflussreiche Stellungnahme gegen die ornamentlose Architektur waren die 1964 zu dem Buch *Die gemordete Stadt* zusammengefassten Artikel von Wolf Jobst Siedler mit Fotografien von Elisabeth Niggemeyer. Auch diese beiden Autoren wollten für eine Erneuerung städtischen Lebens kämpfen, wobei Stadt für sie der kleine überschaubare und kognitiv erfassbare Lebensbereich, im wesentlichen also Kleinstadt[87] war, in der sich jeder kenne und in direkter Kommunikation und persönlicher Interaktion im öffentlichen oder im gemeinschaftlichen Raum der Wohnquartiere miteinander seine Freizeit verbringe. Diese Art von Stadt sei durch die Moderne Architektur, vernichtet worden. Es gälte nun, sie wiederzugewinnen. Nach ihrer Meinung zeige gerade vor allem das Fehlen des Ornaments den Verlust des individuell Menschlichen und des Urbanen an.

»Kein mittelalterlicher Flecken war um Mitternacht so menschenleer wie Dallas und Wolfsburg. Rathausplätze wurden zur Versammlung der Bevölkerung gebaut; Schnellstraßen sollen das Entkommen ermöglichen. Es kann nicht wundernehmen, daß Städte heute vor allem gepriesen werden, weil man sie so schnell verlassen kann: Stuttgart empfiehlt sich durch die Nähe Straßburgs, Zürichs und Salzburgs; an Frankfurt wird gelobt, daß Amsterdam, Brüssel und Paris schnell erreichbar sind. Die Stadt macht darauf

86 alle Zitate nach Hundertwasser 1958

87 »Möglicherweise kann man heute keine anderen Städte als Bremens Neue Vahr bauen – nur muß man wissen, daß sich in diesen Kunstgebilden kein städtisches Leben mehr begibt. Sicherlich hat Wolfsburg eine fortgeschrittenere Bebauungsart als Lübeck – nur lehrt jeder Blick, daß man auf seinen Straßen nicht spazierengehen kann: Der Städtebauer hat mit dem Hinterhof auch Lebensäußerungen wie den Nachmittagsbummel und das abendliche Flanieren aus seinem Gebilde verbannt. ... In den Retortenstädten der Zukunft kann man, wie englische und amerikanische Beispiele lehren, nicht mehr promenieren, und das unaufhaltsam heraufziehende Schreckgespenst des Ladenzentrums setzt auch dem überkommenen Zeremoniell des Einkaufens ein Ende ... Auch hier stößt die moderne Planung den einzelnen immer tiefer in die Anonymität und entpersönlicht alle Lebensbezüge.« (Siedler 1961: 9)

aufmerksam, daß man nicht in ihr leben muß. Am Ende stehen der Bombenkrater und der Schnellstraßentunnel. ... Fünfzig Jahre hat das Jahrhundert gebraucht, dann sind *Belle Epoque* und *Fin de Siècle* vergessen: Um vierundzwanzig Uhr ist es ganz gleich, ob man zwischen den Hochhäusern von Houston oder den Ruinen von Berlin steht. Auf zweierlei Wegen hat der Geist des Zeitalters der Masse sein Ziel erreicht: die Leere.«[88/89]

Das Ornament wurde nicht als Ergänzung des Funktionellen gedacht, vielmehr galt für Siedler und Niggemeyer umgekehrt, dass das Nützliche, Rationale und Funktionale das individuell Menschliche und die urbane Gemeinschaft, die sich beide durch das Ornament und in ihm realisieren, zerstöre.

Massive Kritik an der ›INTERNATIONALEN MODERNE‹ gab es in den frühen 60er-Jahren ebenfalls von der Neuen Linken. Ernst Bloch, der sich schon 1918 über die ›Abwaschbarkeit der neuen Architektur‹[90] beschwert hatte, also zu einer Zeit, als es eigentlich noch gar keinen Grund dazu gab, und mit seiner Aussage »Eine Geburtszange muß glatt sein, eine Zuckerzange mitnichten«[91] in den Diskussionen permanent präsent war, wäre hier genauso zu nennen, wie etwa Herbert Marcuse mit seiner Analyse des *Eindimensionalen Menschen*.[92]

Gemeinsam war allen diesen Ansätzen die Feststellung, dass die Rationalität, wie sie sich in der kapitalistischen Ökonomie, im Alltag und eben in der Architektur realisiere, von den irrationalen Prinzipien der Beseitigung der Freiheit, der Ausbeutung und der Unterdrückung menschlicher Triebstrukturen geprägt sei. Rationalität und Rationalisierung seien dabei nur Mittel und Verfahren, diese irrationalen Prinzipien umfassend umzusetzen und zugleich so miteinander zu verbinden, dass eine objektive Veränderung nicht mehr möglich sei und subjektiv auch gar nicht mehr gewollt werde. Zur Verhinderung möglicher Veränderungen, subversiver Vorgänge oder revolutionärer Umwälzungen habe man – so die Kritiker – alles Nichtrationalisierte, alles Überflüssige, alles Indefinite und Schatten- und Traumhafte beseitigt und die reine ›Sachlichkeit‹ der Rationalität propagiert.

Auch Theodor W. Adorno[93] hat die ästhetisch-politische Funktion des Ornaments immer wieder herausgestellt. Besonders prägnant wird seine Position in dem Vortrag *Funktionalismus heute*, den er im Oktober 1965 auf Einladung des *Werkbundes* hielt und in dem er sich besonders intensiv mit Adolf Loos auseinandersetzte[94]. In diesem Vortrag präsentierte Adorno den Zuhörern seine eigene Kunsttheorie. Er vermittelte dabei aber auch – ohne darauf hinzuweisen, dass es ebenfalls seine eigenen Definitionen sind – was ›Ornament‹ und ›Funktion‹ seien. Zu Beginn seines Vortrags folgte Adorno Adolf Loos in der Abgrenzung zur *Arts-and-Crafts* Bewegung (Ruskin,

88 Siedler/Niggemeyer 1964: 80

89 Zur Gerechtigkeit für Siedler und Niggemeyer muss hervorgehoben werden, dass sie mit der gleichen Vehemenz, mit der sie sich gegen den ›Funktionalismus‹ stellen, auch den Gelsenkirchener Neobarock und die falsche Heimatkunst kritisieren.

90 Bloch 1918: 21

91 A.a.O.: 22

92 1964, dt. Übersetzung 1967

93 Zur Pointierung dieser Position – auch aus Platzgründen – möchte ich mich hier nur auf Adorno beziehen und hier wiederum allein auf seinen Aufsatz über Funktionalismus.

94 Adorno 1965

Morris), in der die Idee bestanden hätte, »man solle Kunst ins Leben bringen, um es zu heben«[95]. Kunst als »der unbeirrte Protest gegen die Herrschaft der Zwecke über die Menschen« führe so tatsächlich nur zu einer abscheulichen »kunstfremden Verkunstung der praktischen Dinge«[96]. Allerdings habe Loos dann versucht, eine chemisch reine Trennung von Zweckmäßigkeit und Ästhetik[97] vorzunehmen, der er, Adorno, in seinem Text von 1965 dann nicht mehr folgen wolle. Adorno stellte zudem den Funktions- und den Ornamentbegriff bei Loos infrage und wendete sich gegen die ›puritanische‹[98] ›Askese‹[99] einer positivistischen Praxis des ›Funktionalismus‹, die er auch Loos unterstellte.

Adorno sah sich vor allem aus seinem eigenen Kunstverständnis heraus daran gehindert, das von ihm in Loos hineingelesene Verständnis von Ornament und Funktion sowie deren Beziehung zueinander zu akzeptieren. Für Adorno müsse Kunst – ich möchte seine Position zum weiteren Verständnis hier in Erinnerung rufen – einerseits autonom sein, da sie sich sonst dem falschen Sein untertan mache[100]. Sie dürfe sich aber nicht undialektisch als Naturschutzpark einfrieden, sondern vielmehr konstitutiv in sich das enthalten, wogegen sie sich wehrt[101]. So nur, in Dialektik von Kunst und Funktion, könne sie ihre Aufgabe, die Widersprüche auszutragen[102], erfüllen.

In einer falschen Gesellschaft – so die neomarxistische Sicht Adornos – seien die Menschen durch Produktionsverhältnisse deformiert, die durch die Entwicklung der Produktivkräfte längst überholt seien[103]. Das Zweckmäßige könne so nur die Zweckmäßigkeit der Deformation, das Praktische nur die Verwirklichung von Irrationalität sein. Es könne in einer bürgerlichen Gesellschaft kein wahres Leben geben[104]. Was sich rational gebe, sei tatsächlich die positivistische Affirmation des falschen Lebens, »eine Kultur des bloß Seienden, die mit ästhetischer Wahrheit verwechselt würde«[105]. Die reinen Zweckformen brächten »Eintöniges, Dürftiges, borniert Praktisches«[106] zutage. Dieses »Unpraktische des erbarmungslos Praktischen«, »spitze Kanten« und »karg kalkulierte Zimmer« verspüre zudem jeder schmerzlich an seinem eigenen Leib.[107] Ornament war für Adorno dasjenige, »was in Material und Form mehr ist als Material und Form«[108]. Dieses Mehr sei aufgespeicherte Geschichte und aufgespeicherter Geist, die allein durch die Phantasie des Ornaments geweckt werden können. Weiterhin bedeute das Ornament Lust und Sinnlichkeit[109]. Aus diesem Ornamentverständnis wurde dann bei Adorno Ornamentverweigerung mit Lustfeindlichkeit, mit Sinnverlust und mit Kunstverachtung gleichgesetzt. Für Adorno war das Ornament der kleine fremde Rest im falschen Leben, der als einziger potent sein soll, Widerstand zu leisten. Die Feier des Ornaments geht bei Adorno einher

95 Adorno 1965: 107

96 Ebd.

97 Adorno 1965: 108

98 A.a.O.:110
99 A.a.O.:120

100 A.a.O.: 121

101 A.a.O.: 122

102 A.a.O.: 127

103 A.a.O.: 121

104 Das wird im Text ein wenig relativiert. Denn nach Adorno regt sich »sogar im falschen Bedürfnis der Lebendigen … etwas von Freiheit.« (121)

105 Adorno 1965: 110

106 A.a.O.: 114

107 A.a.O.: 111
108 A.a.O.: 118
109 A.a.O.: 112

mit einer kompletten Dequalifizierung und einer totalen ethischen (d. h. bei Adorno politisch-geschichtlichen) Entwertung des Alltags.

Wie schon in der kritischen Theorie angedeutet, so wird dann mit der psychoanalytischen Kritik die Verbindung von Moderne und Nationalsozialismus hergestellt. Die populärste Kritik an der bestehenden Architektur kam aus der Psychoanalyse. Vor allem Alexander Mitscherlich sprach mit seinem Buch *Die Unwirtlichkeit der Städte* (1965) vielen aus der Seele, besonders in dem Abschnitt über die »Konfession zur Nahwelt«, in dem er deutlich machen wollte, dass »Heimat ein allmählich dem Unheimlichen abgerungenes Stück Welt sei«[110]. Die moderne Architektur, das »monotone Wohnsilo«[111] stand für ihn für den Versuch, »aus Sauberkeit und Ordnung Glück zu gewinnen«[112]. Sie führe jedoch ausschließlich zu einem »national-pathologischen« »Wohn-Fetischismus«[113], zu den »leblos geputzten Zimmern mit den aufgereihten Kissen auf der Sitzbank, an der Oberkante mit einem exakten Nackenschlag eingedrückt«[114]. Diese Perversion zu Ordnung und Sauberkeit führe mit gewisser Konsequenz in den Faschismus: »Ist es da eigentlich verwunderlich, wenn neulich ein ehemaliger SS-Jurist uns von dem Konzentrationslager, in dem er tätig war, das Bild von glattgeharkten Gartenwegen mit Blumenrabatten entwarf? Ich bin überzeugt, daß er nicht gelogen hat und daß man aus eigener Kindheitsdressur sich dem Gedeihen sauber sortierter Blumen in Auschwitz oder Treblinka mit aufrichtiger Affektion widmete.«[115] Heimat war bei Mitscherlich ein Prozess der individuellen Verwirklichung, der durch eigene Aktivität, heimlich, d. h. sozial unkontrolliert, aus dem Unheimlichen, d. h. aus dem Ungeordneten und aus dem Verstoß gegen das vorgegeben Geordnete, vorangetrieben werden müsse.

Mitscherlich selbst sprach in seinem Text nicht über das Ornament; er setzte sich vielmehr allgemeiner für Phantasie und das Überflüssige in der Gestaltung, das zu einer emotionalen Identifikation führen könne, ein. Im Zusammenhang des bestehenden Diskurses – also auch mit Siedler/Niggemeyer – wurden seine Äußerungen aber auch auf das Ornament bezogen.[116] Mitscherlich machte in seinem Buch dabei ganz deutlich, dass sein Ziel letztlich »eine höhere Cerebrierung«, »mehr Intellektualität, freierer, bewußtseinskontrollierter Umgang mit der Triebnatur«[117] sei. Mit diesen Bewertungen der Internationalen Moderne von rechts (die gerne angesprochen wird) und von links (die in der neueren Architekturgeschichte eher verdrängt wird) geriet die undifferenzierte Bewertung der ›Moderne‹ als positiv und der traditionellen Architektur als negativ ins Wanken.

110 Mitscherlich 1965: 136

111 A.a.O.: 128

112 A.a.O.: 130

113 A.a.O.: 129

114 Ebd.

115 A.a.O.: 131

Verteufelung der Moderne

So vorbereitet konnten Charles Jencks[118] und eben in starkem Maße auch Leon Krier der ›INTERNATIONALEN MODERNE‹ all die Vorhaltungen machen, die diese vorher der ›faschistischen‹ Architektur gemacht hatten: schreckenerregend, kulturvergessen, isolierend, Erzeuger von Unbehaustheit und seelischer Bedrückung, menschlich entfremdend, unterdrückend, unduldsam, einem ›dichten theoretischen‹, theoriebesessenen, starren System verfallen. Das kann man zwar nicht der ›Moderne‹, aber doch den Werken der ›INTERNATIONALEN MODERNE‹ vorwerfen. Die Beschränktheit der Argumentation liegt einerseits darin, einem objektiven Urteil subjektiven Geschmack zugrunde zu legen. Die Diskussion der ›Experten‹ um die Bewohnbarkeit des Hauses Tugendhat in Brünn (Mies van der Rohe 1929/1930) und die Antwort des Bauherrn und Bewohners, dass er in dieser Situation am besten zu sich kommen könne[119], macht die Willkür des Urteils und Verabsolutierung des persönlichen Geschmacks der Experten deutlich. Andererseits ist es ein Kurzschluss zu meinen, durch entsprechende Vorwürfe an die ›INTERNATIONALE MODERNE‹ die Architektur des *Dritten Reichs* entlasten zu können.

Die falsche Rettung der Moderne

Einer der wenigen Bauten eines faschistischen Staates, die wirklich der Moderne zuzurechnen sind, ist die *casa del fascio*[120]. Mit der heutigen Benennung als *Casa del Terragni* wird sie entpolitisiert. Das Gebäude verlangt von Nutzern, Passanten und Betrachtern, dass sie das Gebäude lesen, es in seiner Komplexität auswickeln und es aus eigener Subjektivität (re)konstruieren. Hier ist nicht der Ort, das Gebäude in der erforderlichen Ausführlichkeit zu analysieren, deshalb sei auf Peter Eisenmanns Publikation von 2003 verwiesen. Das Politische des Gebäudes darf man nicht verdrängen, um die Moderne zu retten. Man darf aber auch nicht seine Modernität verdrängen, es zu einem der vielen Beispiele machen, in denen sich das ›faschistoide‹ der ›INTERNATIONALEN MODERNE‹ zeige. Man muss sich dieser Ambivalenz stellen, sei es indem man es als Widerspruch versteht oder als einen Aspekt des Einflusses, den der Futurismus zu Beginn auf den Faschismus hatte oder als Darstellung der dichten Komplexität des ›fascio‹ als Verflechtung der einzelnen faschistischen Institutionen zu einer Einheit oder aber als Wunschtraum von einer faschistischen Elite, der man in einem faschistischen Staate Subjektivität und Freiheit zubilligt.

118 *The Language of Post-Modern Architecture*, 1977

119 Zusammengefasst in Bauwelt 1969, Heft 36

120 Architekt: Guiseppe Terragni, 1933–1936

Identität der Architektur im *Dritten Reich*

Wie Gerhard Fehl bereits 1985 feststellte, operierte die Architektur im *Dritten Reich* mit drei Stilen, mit diesem eigenartigen ›Klassizismus‹ für die Bauten des Staates und der Partei, mit der ›INTERNATIONALEN MODERNE‹ im Industriebau und mit einem ›Heimatstil‹ für den Wohnungsbau und für Bauten der Freizeit. Cäsar Pinnau wäre mit seinen Einfamilienhäusern[121] den ›Traditionalisten‹ zuzuordnen, ›Heimatstil‹ ist für ihn erst nach dem Krieg ein Thema (etwa im nicht realisierten Entwurf für die Wohnbebauung Ellerbrocksfeld in Bielefeld-Gadderbaum (1974–1981))[122]. Er entwirft hier eine Siedlung mit 3 ½ geschossiger Blockrandbebauung und einem zentralen Platz. Den Häusern am Platz legt er im Erdgeschoss Arkaden vor. Das hat mit der Tradition in Bielefeld nichts zu tun; hier gab es die üblichen innerstädtischen drei- und mehrachsigen Stadthäuser, blockartige Mehrfamilienhäuser für Textilarbeiter sowie in den ländlichen Stadtteilen in Fachwerk und ab dem 19. Jahrhundert auch in Backstein ausgeführte Kotten und Bauernhäuser. Pinnaus Entwurf ist ›Heimatstil‹, der mit einer spezifischen Heimat nichts zu tun hat. Zugleich müsste man allen ›Heimatstilen‹ die Okkupation und Transformation des Begriffs ›Heimat‹ vorwerfen, die von einer spezifischen persönlichen, familiären, landschaftlichen, dörflichen oder städtischen Identität, die sich auch politisch, auch aufrührerisch verstand (Tiroler Volksaufstand zu Beginn des 19. Jahrhunderts) und immer auch den Aspekt des subjektiven Erarbeitens hat[123] zu einem Baustil vergegenständlicht wird,

Abb. 167 Casa del Fascio, Como (Foto aus *Quadrante* Oktober 1935)

121 Siehe oben S. 92ff.

122 Siehe Höhns 2015: 224

123 Siehe oben Mitscherlich

der das alles nicht mehr ist, sondern mit alten und neu erfundenen Versatz-stücken und durch Isolation der Siedlung Gemütlichkeit, Zufriedenheit und politische Ruhe erzeugen will. Das gilt besonders auch für die Wohnsied-lungen im *Dritten Reich*. ›Heimatstil‹ müsste man eigentlich ›Heimat‹-›Stil‹ schreiben. Zu diesem ›Heimat‹-›Stil‹ kommen im *Dritten Reich* noch spe-zielle Siedlungen für Mitglieder der SS hinzu, seien es die Wohnbauten für Wachpersonal der Konzentrationslager oder die SS – Kameradschaftssied-lung in Berlin-Zehlendorf, ganz in der Nähe der Siedlung *Onkel-Toms-Hütte* (Bruno Taut), für SS-Führer[124]. Sie sind bemüht, durch die Lage, die Gestalt der Siedlung und durch das Baumaterial Verbundenheit mit der Natur und der Gemeinschaft sowie zudem durch die Bauweise (steile Satteldächer) und die Freistellung der Häuser die Herausgehobenheit der einzelnen Füh-rer zu betonen. Zugleich zeigt sich, dass die Bewohner, stramme SS-Leute und ihre Familien, sich sogleich zerstreiten und mit den Nutzungsmöglich-keiten (Verbot privater Gärten) unzufrieden zeigen.

Eine weitere Gruppe bilden die Eigenheime bürgerlicher Schichten, die mit Hilfe von Philip Johnson und Werner Hegemann als modern[125], als tra-ditionell[126], als Moderne Tradition, als Neue Tradition[127] oder wiederum als antimoderne Moderne[128], bezeichnet werden. Die Auswahl der Bezeichnung wird teilweise nur durch kurze, nicht in ihrem Zusammenhang stehende Zi-tate belegt. Wolfgang Voigt weist 1992 nach, dass die so bezeichneten Bau-ten mal mehr mal weniger Goethes Gartenhaus als Vorbild genommen hat-ten[129]. Goethes Gartenhaus stammte aus dem frühen 17. Jahrhundert und war ihm 1776 von Herzog Karl August geschenkt worden. Das Gartenhaus ist ein freistehendes zweigeschossiges Haus mit Walmdach und liegt in Wei-mar vor der Stadt am Anfang des Parks an der Ilm. Die Außenwände sind glatt verputzt. Es ist vom Typ her also eine klassische Villa, ohne dass sie in irgendeiner Weise stilistisch gestaltet ist. Bereits zu Lebzeiten Goethes entwickelte sich ein Kult um dieses Haus[130], es wurde zum Vorbild bürgerli-chen Wohnens[131]. Nun war Goethes Gartenhaus sicherlich nicht das einzige Haus dieser Art, von der Lage her aber und durch seinen Besitzer erhielt es ein Alleinstellungsmerkmal. Die Architekten des 20. Jahrhunderts nahmen dieses Vorbild auf und gestalteten es nach ihren individuellen Vorstellungen.

Paul Schmitthenner, dessen Bauten in den Diskussionen von modern über traditionell bis antimodern stets im Fokus stehen, nimmt dieses Vor-bild auf, versetzt aber im glatten Block des Hauses Fenster und Türen et-was aus den durch sie angedeuteten Achsen. Darin unterscheidet er sich von Muthesius, der sehr viel stärker auch mit unterschiedlichen Baukör-pern arbeitet und mit den Fenstern die innere Ordnung der Zimmer nach

124 Machule 1985

125 Voigt 2009: 69f

126 So schon Schmitthenner 1934

127 Krauskopf, Lippert, Zaschke 2009

128 Ebd.

129 Voigt 1992

130 Hirschfell 2005

131 Voigt 1992

außen projiziert. Schmitthenner irritiert, Muthesius informiert. Dies muss man zur Kenntnis nehmen und diskutieren, ob man es als modern bezeichnen kann. M. E. sind die Irritationen nicht ambivalent, lassen sich nicht von einem Betrachter zu neuen potentiellen Ordnungen sortieren. Aber auch der Begriff des Traditionalen scheint mir nicht angemessen. Tradition ist kein Einzelereignis, das wäre eine Referenz (Bezug der Karlskirche Wien auf den Petersdom). Traditionen sind ein gesellschaftliches oder kulturelles Phänomen. Das Umgebindehaus in der Lausitz, das Osnabrücker Bauernhaus sind traditionale Bauten, weil sie über Jahrhunderte übliche Bauten einer bestimmten historischen Lebens- und Baukultur sind. Traditional wäre das Haus eines Bauern Ende des 19. Jahrhunderts im Osnabrückischen, nicht traditional wäre es, wenn er ein Umgebindehaus baute. Das traditionelle Bauen – wenn man es denn so bezeichnen will – ist ein Bauen ohne Tradition, ist die Translozierung eines Weimarer Gartenhauses in die Außenbezirke Berlin-Zehlendorfs. Schmitthenners Bauten im *Dritten Reich* sind Versuche eines Bürgertums, im historischen Umfeld der Sozialdemokratisierung sich ihrer (goethischen) Kultur zu versichern. Die Liste spezifischer Wohnarchitektur des *Dritten Reichs* ist noch nicht vollständig. Wir hatten gesehen, dass gegen Ende des *Dritten Reichs* fast 50 Prozent der Beschäftigten der Heinkelwerke Zwangsarbeiter und Häftlinge aus Konzentrationslagern waren. Teilweise wurden sie in der Frühe in die Fabriken geführt, teilweise wurden vor Ort entsprechende Baracken aufgestellt und Lager ge-

Abb. 168 Goethes Gartenhaus, frühes 17. Jahrhundert (Ausschnitt aus einer Postkarte)

bildet. Rimpl und Mäckler haben keine Hemmung, den in ihrem Buch abgebildeten Schwarzplan so auszuweiten, dass auch der Lageplan des Konzen-
trationslagers Sachsenhausens zu erkennen ist. Sie haben einerseits Recht,
denn das Konzentrationslager wurde tatsächlich Teil der Realität der Heinkelwerke; sie sind aber auch nicht beschämt.

Eine ähnliche Mischung gibt es etwa auch für die im *Dritten Reich* neu gegründete Stadt des KdF-Wagens (aus der nach dem Krieg Wolfsburg wurde),
in der abweichend von der staatlichen Propaganda für einen ›Volks‹-Wagen
Kübelwagen für die Armee hergestellt wurden. Die durch den Mittellandka-
nal vom Werk getrennte Stadt war als Wohnort der Angestellten und Arbeiter gedacht, die um eine Art nationalsozialistischer Akropolis zunächst
verdichteten Mehrgeschosswohnungsbau und am Rand dann gartenstadt-
ähnliche Einfamilienhäuser in entsprechender lockerer Bebauung vorsah.
Soweit der Plan. Realität waren aber auch hier große Lager mit Zwangsarbeitern in der Innenstadt.

Und es gibt im *Dritten Reich* noch eine weitere sehr umfangreiche
Gruppe von Architektur: die architektonischen Sedimente der Jahrhunderte. Das *Dritte Reich* plante und baute in einem Ambiente, das architektonisch, städtebaulich und infrastrukturell (und sicherlich auch kulturell und
sozial) weitgehend durch Architektur des Kaiserreichs und der Weimarer
Republik bestimmt war. Es versuchte, vieles zu ändern – es zumindest so
zu kommunizieren – bewahrte aber auch vieles, reflektiert und unreflek-
tiert, auf. Stadt ist das Sediment ihrer Geschichte. Das ist im Grunde banal,
bildet aber in der klassischen Architekturgeschichte keine Grundlage, weil
hier stets das Baudatum zugrunde gelegt wird. Da ist der Kölner Dom für
das 13. Jahrhundert oder vielleicht noch für das 19. Jahrhundert bedeutsam;
seine Existenz in der Zeit zwischen 1933 und 1945 und seine Dominanz
über jede bauliche Anlage des *Dritten Reichs* in Köln ist – soweit bekannt
– nicht Ziel architekturgeschichtlicher Untersuchungen. Existenz, Interaktion und Wettstreit der Neubauten mit den Sedimenten der Geschichte
und der in ihnen realisierten Konzepte, Nutzungen und Nutzungskontexte
werden vernachlässigt. Auch die Nutzer agieren in dem Komplex von Sedimenten und Neubauten. So kennen die Passanten der Nord-Süd-Achse
den *Ku-Damm*, die Straße *Unter den Linden* sowie den Berliner *Pariser Platz*,
vielleicht auch die *Champs-Elysées* (wie der Bauunternehmer Heilmann).
Auch diesen Erfahrungen müssen die Bauten des *Dritten Reichs* standhalten.

Auch hier gilt, was bereits am Ende des Abschnitts über den Klassizismus gesagt wurde: Es zeigt sich, dass in der Architekturwissenschaft und
-geschichte eine ›babylonische Sprachverwirrung‹ herrscht, die mit Recht-

fertigungsrhetorik, Marketing und Unwilligkeit, sich auf das Bauwerk einzulassen, verbunden ist. Sie macht Diskurs und Verständigung schwierig. Es muss das Ziel sein, Mehrdeutigkeit von Begriffen zu erkennen und zu benennen.

Identität der Disziplin Architektur

Im Rückblick auf die Auseinandersetzungen über die Architektur des *Dritten Reichs* muss man am Beispiel Cäsar Pinnaus und vieler anderer Architekten feststellen, dass die Architekten selbst diese Zeit durch eine kreative Biographie letztlich auch vor sich selbst verdrängen. Man kommt der Wirklichkeit der Architektur, sei es im *Dritten Reich* oder in der Bundesrepublik, nicht näher, wenn man die Interpretation auf Baudaten, quellenunkritisch auf verbale oder schriftliche Äußerungen zu den einzelnen Bauwerken und allein auf die von den Architekten oder ihren Bauwerken veranlassten Fotos der Bauwerke zu ihrer Entstehungszeit verlässt, und sich in den Strudel der Kämpfe um Aufträge einlässt. Man konnte die teilweise aktiv erzeugte Sprachverwirrung erkennen, die erzeugt wurde, um ein bestimmtes Architekturverständnis in der Disziplin durchzusetzen. Die Analysen der Architektur des *Dritten Reichs* sind Entwürfe innerhalb der Auseinandersetzungen zur wissenschaftstheoretischen Bestimmung der Architekturdisziplin nach dem Ende des *Dritten Reichs* bis heute. Sie wurden direkt nach dem Krieg sehr persönlich geführt, als die einen merkten, dass es mit den gleichen Personen nahtlos weiterging, und die anderen, dass sie aus den vor 1945 errungenen Positionen verdrängt werden sollten. In den 60er-Jahren wurden die persönlichen Kämpfe der ersten Jahrzehnte nach dem Ende des Krieges auf eine allgemeine politische Ebene gehoben. Sie wurden Teil der ›68er-Zeit‹, die die Politik, die Gesellschaft und die Kultur bis heute grundlegend veränderten. In den 70er-Jahren mit dem Erstarken der Kritik am *Bauwirtschaftsfunktionalismus,* der Intensivierung der Denkmalpflegepolitik, der Entstehung der Postmoderne sowie der von Paolo Portoghesi kuratierten Biennale in Venedig, *La presenza del passato* (1980), entwickelte sich dann die Auseinandersetzung zu einer neuen *querelle*, zu einem Streit um die Identität von Architektur. Speer ging es noch um Rechtfertigung. Leon Krier jedoch ging es darum, der eigenen Definition der Identität der Architektur als Disziplin eine Vergangenheit zu geben, sie vom Image eines neuen Stils, der dann auch wieder von einem weiteren abgelöst würde, zu befreien und ihr Stabilität und Permanenz zu geben. Die *querelle* ist weiterzuführen, allerdings mit dem Ziel, sich einem aufgeklärten Architekturverständnis anzunähern. Als erstes wäre wohl die babylonische Begriffsvielfalt zu entwirren. Man konnte sehen, was die Methode einer Werkanalyse, die die Architektur als ›Hardware‹ im Gebrauch ihres Umfelds und im diachronen und synchronen Zusammenhang betrachtet, leisten kann und kann kritisieren, was sie nicht leisten kann.

Um abzuschließen: Im Lauf der Recherchen für dieses Buch sind mir zwei Fotos besonders aufgefallen, ein Foto von Hermann Hoffmann vom *Tag der Deutschen Kunst* (1939) und ein Foto des *Hauses der Deutschen Kunst* von Jaeger & Georgen in dem Buch *Neue Deutsche Baukunst* von 1941. Hermann Hoffmann war der ›Hoffotograf‹ Hitlers und gehörte als ihr Reporter zum inneren Kreis der Mächtigen. Er machte und publizierte ein Foto von der *Front of Stone* und *Front of Steel*[132], das eines der nationalsozialistischen Ideologeme zur Anschauung bringt: den neuen nationalsozialistischen Menschen, der, soldatisch und entindividualisiert wie die Säulen am Haus der Deutschen Kunst, den neuen Staat trägt. Liest man das Bild, so erkennt man durch die unterschiedliche Körpersprache (gelangweiltes Dastehen, Unaufmerksamkeit, den eigenen Gedanken nachgehend, sich vom Fotografen ablenken lassen), dass das nicht gelingt und dass sogar hier noch die Individualität und Menschlichkeit jedes Einzelnen sichtbar wird.

132 Die Originalpublikation war mir leider nicht zugänglich, deshalb hier auch die englische Bezeichnung.

Abb. 169 Front of Stone and Front of Steel; Foto von Hermann Hoffmann; aus: Tag der Deutschen Kunst (aus Stratigakos, Despina; Hitler at home; New Haven 2015: 64)

Die vielen Fotos der Publikation Neue Deutsche Baukunst (1941) zeigen reine Architektur ohne Menschen (Ausnahme war der Königsplatz, den man während des Fotografierens vermutlich nicht sperren konnte). Auch das Foto der Vorhalle des Hauses der Deutschen Kunst zeigt die Architektur in ihrem Selbstsein und ihrer Statuarik, sogar die Wolke (die die langweilige Reihe der Säulen ein wenig untergliedert) steht unbeweglich. Zugleich erkennt man beim aufmerksamen Lesen des Bildes eine ältere Münchenerin, die Handtasche fest untergehakt, auf ihrem Weg auf den Fotografen und somit auch auf den Betrachter zu. Das alltägliche Leben ist in die nationalsozialistische Idealwelt eingetreten und transformiert sie zu einer monumentalen Bedeutungslosigkeit. Zu beiden Bildern drängen sich weitergehende Geschichten auf, Vorgeschichten, Nachspiele, Geschichten der Fotografen und Geschichten der abgebildeten Menschen, Geschichten über Diskussionen über die Bilder – und über die Blindheit der Nationalsozialisten, die nicht in der Lage sind, die Brisanz der beiden Fotografien zu bemerken.

Abb. 170 Stephan; Neue Deutsche Baukunst 1941 Abb. 19 (Fotografen Jaeger & Goergen München

Abb. 171 Stephan; Neue Deutsche Baukunst 1941 Abb. 19 (Fotografen Jaeger & Goergen München

Das Bauwerk: Ein Buch mit sieben Siegeln

In den Diskussionen um den Zusammenhang von Architektur und Politik wird häufig der Titel des Films *Wort aus Stein* (1939) genannt. Die Intention des Films zur Entstehungszeit war es, dem Publikum mit Beispielen deutlich zu machen, dass die zukünftige gebaute Umwelt in einem Großdeutschen Reich einen für eine ›Ewigkeit‹ gültigen weltanschaulichen Anspruch haben sollte; ein *Wort aus Stein* verhallt nicht, wenn es gesagt ist, sondern steht im Raum für mindestens 1000 Jahre.

Die wissenschaftlichen Forschungen und Diskussionen nach 1967 nehmen in ihren methodischen Überlegungen und konkreten Analysen auf diesen Anspruch Bezug, sie lehnen ihn völlig ab, sehen in ihm ein Anzeichen für die durch die Realität ans Licht gebrachte Großmannssucht oder als Ideologieübermittler auch nach dem Ende des *Dritten Reichs*.

Ich sehe darin zusätzlich den Versuch der Etablierung eines Kommunikationsmodells: Das *Wort aus Stein* ist wie die Gesetzestafeln, die Moses vom Berg Sinai dem Volk herunterbringt, eine unverrückbare, nicht diskutable und nicht auslegbare Verkündigung des Höchsten in Form von Gesetzen, die den Alltag ›bis in alle Ewigkeit‹ bestimmen sollen. Der Höchste spricht, das Volk hat zu hören und zu gehorchen. Architektur ist dabei das Medium dieser unidirektionalen Kommunikation. Die Wirklichkeit war eine andere. Gezeigt wurden die Modelle, und das sah man ihnen an: ein Wort aus Sperrholz, Karton und Gips. Nicht Wort, sondern Wörter.

Meine Vorstellung ist eher, dass ein Bauwerk ein Buch aus Stein ist (um in der Metapher zu bleiben), d. h. ein umfangreiches Werk, dem sich ein Leser oder eine Leserin zuwendet, d. h. Personen mit Vergangenheit und Zukunft, eingebunden in die Gegenwart. Ein Buch will gelesen werden, dafür braucht man Zeit. Man muss sich auf das Geschriebene einlassen, es dann aber zu einer eigenen Welt ausdeuten; das braucht Sorgfalt in der Hingabe an das Werk und Kreativität in der Aneignung. Und wenn das Buch gut ist, ein literarisches Kunstwerk, dann entwirft man eine Welt, ganz neu, spannend, erhebend, an der jedes einzelne Wort mitwirkt, in der jedes einzelne Wort Sinn hat. Eine ›runde Sache‹, *concinnitas*, ein komplexes Gebilde, dem man weder etwas hinzufügen, noch etwas wegnehmen kann, ohne es zu zerstören (Alberti). In der heutigen Praxis allerdings hat ein Bauwerk *sieben Siegel*, Verschlüsse, die es schwierig machen, es zu lesen:

– Das erste Siegel besteht in der unzureichenden Information über ein Bauwerk. Es wird zumeist nur von außen gezeigt. Grundrisse gibt es in Fachzeitschriften, selten in Unterhaltungszeitschriften, überhaupt nicht im Fernsehen, obwohl gerade hier Montage oder Animation möglich wäre. Wenn sie denn abgebildet werden, sind sie zu klein, unzulänglich beschriftet und zumeist auf das Erdgeschoss reduziert.

– Das zweite Siegel bilden exaltierte Architekturfotografien.

– Das dritte Siegel entsteht durch die Unklarheit der Begriffe, in denen man über das Bauwerk spricht und mit denen man meint, sich dem Bauwerk nähern zu müssen.

– Das vierte Siegel resultiert aus einer diachronen und synchronen Dekontextualisierung und der daraus folgenden Transformation eines Elements der gebauten Umwelt in einen Solitär.

– Das fünfte Siegel besteht in der Nichtanerkennung der Erfahrungen, Erkenntnisse und den kreativen Aneignungen der Architektur durch die Nutzer.

– Das sechste Siegel liegt in der Spaltung der Laienrolle und der Expertenrolle: Der Laie will alles besser wissen aufgrund seiner direkten Erfahrung, der Experte aufgrund seines Vorwissens und seiner distanzierten Analyse. Es besteht keine Neugierde auf die Sicht des anderen und keine gegenseitige Anerkennung.

– Das siebte Siegel ist der unhinterfragte Konsens über das Ziel des Lesens. Man meint, sich am schnell Erkannten (Spitzbogen = gotisch, Achse und Paratakt auf 300 Meter = *Drittes Reich*) satt gesehen zu haben, das Buch eindeutig klassifiziert und zugleich in ein bereits vorentwickeltes wissenschaftliches System eingeordnet und so erfolgreich Wissenschaft betrieben zu haben.

Was ein Text ist, was ein Autor, was ein Leser, was das Lesen ist, dazu gibt es in der Literatur und in der Literaturwissenschaft eine Fülle kluger Analysen. Daraus kann die Architekturwissenschaft in Analogie lernen.

Anhang

Literaturverzeichnis

o. A.; *Ein Wohnhaus*; in: Film und Frau, 21/VII, 1955, S.8–12, S.86

o. A.; *Skidmore, Owings et Merrill. Lever House à New York*; in: L'architecture d'aujourd'hui; 1953, Heft 12, S. 34–38

o. A.; *Olympic Tower Prospectus Issued*; New York Times, May 5, 1974

o. A.; *Zoning Innovation Marries Steel Frame to a Concrete Frame*; Engineering News-Record 192 November 28, 1974, S.18–19

o. A.; *People Are Talking about .... Rich Kids' Compound. Olympic Tower Provides ... the Best of Everything on Fifth Avenue*; Vogue, 166, January 1976, S. 96–97

Adorno, Theodor W.; *Funktionalismus heute*; (1965) abgedruckt in: Th. W. Adorno; *Ohne Leitbild. Parva Aesthetica*; Frankfurt/M. 1967, S. 104–127

Alpern, Andrew; *Apartments for the Affluent*; New York 1975, S. 158–159

Angrick, Andrej; *Annihilation and Labor: Jews and Thoroughfare IV in Central Ukraine*; in: Brandon / Lower 2008, S. 190–247

Arndt, Karl, H. Döhl; *Das Wort aus Stein. Filmdokumente zur Geschichte*; Göttingen 1965

Arndt, Karl; *Neoklassizismus als Problem*; in: Kunstchronik 1970, Heft 10, S.288–289

Badische Anilin- & Soda-Fabrik AG (Hrsg.): *Das Hochhaus der BASF. Planung, Ausführung. Erfahrungen*; Stuttgart 1958

Barfuß, Karl Marten, Hartmut Müller, Daniel Tilgner (Hg.); *Geschichte der Freien Hansestadt Bremen von 1945 bis 2005*; Bd. 1, Bremen 2008

Bavaj, Riccardo; *Die Ambivalenz der Moderne im Nationalsozialismus. Eine Bilanz der Forschung*; München 2003

Below, Irene; *Die Kunsthalle Bielefeld – ein »großer Gedenkstein« für Täter und Opfer?* in: Kunst und Politik. Jahrbuch der Guernica-Gesellschaft; Bd. 2, 2000, S.175–196

Benjamin, Walter; *Das Kunstwerk im Zeitalter seiner technischen Reproduzierbarkeit (1936)*; In: ders; *Das Kunstwerk im Zeitalter seiner technischen Reproduzierbarkeit. Drei Studien zur Kunstsoziologie*; Frankfurt 1972, S. 9–63

Bloch, Ernst; *Geist der Utopie*; (1918) Frankfurt/M. 1971

Bloch, Ernst; *Prinzip Hoffnung*; Frankfurt/M. 1959

Bollerey, Franziska; *Architekturkonzeptionen der utopischen Sozialisten. Alternative Planung und Architektur für den gesellschaftlichen Prozess*; München 1977

Boog, Horst (Hg); *Luftkriegführung im Zweiten Weltkrieg. Ein internationaler Vergleich*; Herford Bonn 1993

Bourdieu, Pierre; *Die feinen Unterschiede. Kritik der gesellschaftlichen Urteilskraft (1979)*; Frankfurt/M. 1982

Brandon, Ray, Wendy Lower (Hrsg.); *The Shoah in Ukraine*; Bloomington 2008

Brand, Sabine; *Haus der Kunst*; München 2007

Brands, Gunnar; *Bekenntnisse eines Angepaßten. Der Architekt Wilhelm Kreis als Generalbaurat für die Gestaltung der deutschen Kriegerfriedhöfe*; in: U. Kuder (Hrsg.); *Architektur und Ingenieurwesen*; Berlin 1997, S.124ff

Brenner, Hildegard; *Die Kunstpolitik des Nationalsozialismus*; Reinbek 1963

Buddensieg, Tilman; *Rezension von Herding/Mittig 1975*; in: *Kunstchronik 29*, 1976, S. 148–164

Budraß, Lutz; *Flugzeugindustrie und Luftrüstung in Deutschland 1918–1945*; Düsseldorf 1998

Centrum Industriekultur (Hg); *Kulissen der Gewalt. Das Reichsparteitagsgelände in Nürnberg*; München 1992

Cohen, Jean-Louis; *Amerikanismus und Stadtgestalt im 20. Jahrhundert*; in: Schädel, Dieter (Hg); *Architektur als Kunst. Die Entwurfs- und Planungskonzepte Fritz Schuhmachers und seiner Zeitgenossen*; Hamburg 1995, S. 73–87

Czech, Hans-Jörg, Vanessa Hirsch, Ullrich Schwarz (Hg); *Cäsar Pinnau. Zum Werk eines umstrittenen Architekten*; Hamburg 2016

Dehlinger, Armand; *Architektur der Superlative. Eine kritische Betrachtung der NS-Bauprogramme von München und Nürnberg*; Ms um 1950; jetzt auch online: http://www.ifz-muenchen.de/archiv/Ms_0008_0001_0000.pdf und http://www.ifz-muenchen.de/archiv/Ms_0008_0002_0000.pdf

Delano, Daniel; The Towering Unfairness; in Village Voice 20, July 21, 1975, S.12–13

Demand, Alexander; *Klassik als Klischee. Hitler und die Antike*; in: Historische Zeitschrift 274, 2002, S. 281–313

Dittrich, Elke; *Ernst Sagebiel*; Braunschweig 2005

Dittrich, Rudolf; *Vom Werden, Wesen und Wirken der Organisation Todt*; Osnabrück 1998

Dorsch, Xaver; *Die Organisation Todt*; Osnabrück 1998 (Hedwig Singer (Hg); *Quellen zur Geschichte der Organisation Todt*; Osnabrück 1998 Bd. 3)

Düwel, Jörn, Werner Durth, Niels Gutschow, Jochem Schneider (Hg); *1945 Krieg-Zerstörung-Aufbau. 1940–1960*; Berlin 1995

Durth, Werner, Niels Gutschow; *Träume in Trümmern*; 2. Bd.; Braunschweig/Wiesbaden 1988

Durth, Werner, Winfried Nerdinger (Hg); *Architektur und Städtebau der 3034/40er Jahre*; Bonn 1994

Durth, Werner, Paul Sigel; *Baukultur – Spiegel gesellschaftlichen Wandels*; Berlin 2010

Eisenman, Peter; Giuseppe Terragni; *Transformations, Decompositions, Critiques*; New York 2003

Eisenstadt, Shmuel N.; *Die Vielfalt der Moderne*; Weilerswist 2000

Elias, Norbert; *Was ist Soziologie?* bearb. von Annette Treibel; Amsterdam 2006

Elias, Norbert; *Die höfische Gesellschaft.* bearb. von Claudia Opitz; Amsterdam 2002

Espe, H.; *Differences in the Perception of National Socialist and Classicist Architecture*; in: Journal of Environmental Psychology, Vol 1, 1981, S. 33–42

Fehl, Gerhard; *Kleinstadt, Steildach, Volksgemeinschaft. Zum ›reaktionären Modernismus‹ in Bau- und Stadtbaukunst*; Basel 2000

Fehl, Gerhard; *Die Moderne unterm Hakenkreuz. Ein Versuch, die Rolle funktionalistischer Architektur im Dritten Reich zu klären*; in: Frankfurt/Main 1985, S. 88–122

Fest, Joachim; *Cäsar Pinnau, Architekt*; hg. Von Ruth Pinnau; Hamburg 1982, 2. um ein Nachwort von Ruth Pinnau erweiterte Ausgabe; Hamburg 1995

Fischer, Manfred: *Die erste Begegnung*; in: *Ruth Pinnau: Ein Architekt als Zeitzeuge*; o. O. o. J (1989), S. 10–11

Foucault, Michel; *Überwachen und Strafen. Die Geburt des Gefängnisses (1975)*; dt. Frankfurt/Main 1976

Fowler, Glen; *Arcade Lined With Shops Set For Building on Site of Best's*; in: New York Times, October 7, 1970, S. 57

Fränkel, Wilhelm; *Hamburger Stadtbaufragen und Anderes*; Hamburg 1911

Frank, Hartmut; *Der Fall Schmitthenner*; in: arch+, 1983, Heft 68, S. 68f

Frank, Hartmut; *Welche Sprache sprechen Steine?*; in: Frank 1985, S. 7–21

Frank, Hartmut (Hg); *Faschistische Architekturen. Planen und Bauen in Europa 1930 bis 1945*; Hamburg 1985

Frank, Hartmut; *Romantik und Klassizismus*; in: Vogt, Wolfgang, Roland May (Hg); *Paul Bonatz 1877–1956*; Tübingen Berlin 2010, S. 119–139

Fröhlich, Nadja; *Das Rheinstahl-Hochhaus in Essen. International Style und Unternehmensrepräsentation*; in: Denkmalpflege im Rheinland; 31. Jg., Nr. 4, 2014, S. 161–171

Früchtel, Michael; *Der Architekt Hermann Giesler*; Tübingen 2008

Führ, Eduard; *Architektur als Gebrauchswert. Zur Praktognosie materieller Kultur*; Phil Diss Bochum 1979

Führ, Eduard, Daniel Stemmrich; *Nach gethaner Arbeit verbleibt im Kreise der Eurigen*; Wuppertal 1985

Führ, Eduard; *Der arme, reiche Mann. Architekturwerk und Architekturge-brauch*; in: Helmhold, Heidi, Christina Threuter, Helmut Gebhardt, Willi-bald Sauerländer (Hg.) *Abreißen oder Gebrauchen? Nutzerperspektiven einer 50er-Jahre-Architektur*; Göttingen 2007, S. 144–160

Führ, Eduard; *Die Situation der Stadt. Ansätze zu einer kritischen Phänome-nologie*; in: Vittorio Magnago Lampugnani, Katia Frey, Eliana Perotti (Hg); *Stadt & Text. Zur Ideengeschichte des Städtebaus im Spiegel theoretischer Schriften seit dem 18. Jahrhundert*; Berlin 2011, S. 168–185

Geist, Johann Friedrich, Klaus Kürvers; *Das Berliner Mietshaus*; 3 Bände München 1980–1989

Gescheit, H.: *Neuzeitliche Hotels und Krankenhäuser. Ausgeführte Bauten und Entwürfe*; Berlin 1929

Giedion, Sigfried; *Space, Time and Architecture (1941); dt. Raum, Zeit, Archi-tektur*; Ravensburg 1964

Giesler, Hermann; *Ein anderer Hitler–Bericht eines Architekten*; Leoni 1978

Goffman, Erving; *The presentation of self in everyday life*; New York 1959

Goldberger, Paul; *Exclusive New Buildings Here Combine Mixed-Use Facilities*; New York Times, July 21, 1975, S. 23&31

Grammbitter, Ulrike, Iris Lauterbach (Hg); *Das Parteizentrum der NSDAP in München*; Berlin München 2009

Grundmann, Günther; *Großstadt und Denkmalpflege*; Hamburg 1960

Guttermann, Bella; *Jews in the service of Organisation Todt in the occupied ter-ritories Oct 194 –March 1942*; in: Yad Vashem Studies, XXIX, 2001, S. 65–107

Harlander, Tilman; *Zwischen Heimstätte und Wohnmaschine. Wohnungsbau und Wohnungspolitik in der Zeit des Nationalsozialismus*; Basel Berlin Bos-ton 1995

Harlander, Tilman, Wolfram Pyta; *NS-Architektur: Macht und Symbolpolitik*; in: Harlander Pyta 2010, S. 7–19

Harlander, Tilman, Wolfram Pyta (Hg); *NS-Architektur. Macht und Symbolpo-litik*; Berlin 2010

Haug, Wolfgang Fritz; *Ästhetik der Normalität /Vor-Stellung und Vorbild*; in: Neue Gesellschaft für Bildende Kunst e.V. (Hg); *Inszenierung der Macht. Ästhetische Faszination im Faschismus*; Ausstellungskatalog Berlin 1998, S. 79–102

Heidegger, Martin; *Bauen Wohnen Denken (1951)*; etwa in: Eduard Führ (Hg); Bauen und Wohnen, Münster 2000, S. 31–49

Heinemann, Isabel; *Wissenschaft und Homogenisierungsplanungen für Ost-
europa. Konrad Meyer, der ›Generalplan Ost‹ und die Deutsche Forschungsge-
meinschaft*; in: Heinemann Wagner 2006, S. 45–72

Heinemann, Isabel, Patrick Wagner (Hg); *Wissenschaft – Planung – Vertreibung*; Stuttgart 2006

Herding, Klaus, Hans-Ernst Mittig; *Kunst und Alltag im NS-System. Albert
Speers Berliner Straßenlaternen*; Gießen 1975

Hermann, Wolfgang; *The Theory of Claude Perrault*; London 1973

Hinz, Berthold, Hans-Ernst Mittig, Wolfgang Schäche, Angela Schönberger (Hg); *Die Dekoration der Gewalt. Kunst und Medien im Faschismus*; Gießen 1979

Hipp, Hermann; *Politische Ikonologie der Architektur*; in: Hipp, Hermann,
Ernst Seidl (Hg); *Architektur als politische Kultur*; Berlin 1996, S. 19–34

Hirschfell, Marc; *Das ist das Haus vom Nikolaus. Die Geschichte des Walm-
dachhauses als Urform und Idealtyp*; Diss. Phil. Halle-Wittenberg 2005
(http://sundoc.bibliothek.uni-halle.de/diss-online/05/08H028/t1.pdf)

Homze, Edward L.; *Die deutsche Flugzeugproduktion von 1918 bis 1939*; in:
Boog 1993, S. 145–162

Horsley, Carter B.; *A New Neighbor Is Dwarfing St. Patrick's*; New York
Times, June 24, 1973, VIII

Höhns, Ulrich; *Zwischen Avantgarde und Salon. Cäsar Pinnau 1906–1988. Architektur für die Mächtigen der Welt*; München Hamburg 2015

Horsley, Carter B.; *Olympic Tower Dedicated Here*; New York Times, September 6, 1974, S. 36

Huxtable, Ada Louise; *The Trashing of Fifth Avenue*; New York Times, December 5, 1976, II, S. 33–34

Huxtable, Ada Louise; *The Sabotaging of Public Space*; New York Times, January 26, 1978, C S. 1&8

Jencks, Charles: *Die Sprache der postmodernen Architektur. Entstehung und
Entwicklung einer alternativen Tradition (1977)*; Stuttgart 1988

Joedicke, Jürgen; *Geschichte der modernen Architektur. Synthese aus Form,
Funktion und Konstruktion*; Stuttgart 1958

Joedicke, Jürgen; *Bürobauten*; Stuttgart 1959

Kähler, Gert; *Wohnung und Stadt. Modelle sozialen Wohnens in den 20er Jahren*; Braunschweig, Hamburg, Frankfurt, Wien 1985

Kähler, Gert; *Die letzte Wohnung oder das gestaltete Ende*; in: Kähler, Gert,
Hans Bunge, Hartmut Frank, Ullrich Schwarz (Hg); *Der Architekt als Bauherr. Hamburger Baumeister und ihr Wohnhaus*; Hamburg 2016

Kaienburg, Hermann; *Jüdische Arbeitslager an der ›Straße der SS‹*; in: ›1999‹.
Zeitschrift für Sozialgeschichte des 20. und 21. Jahrhunderts; 11. Jahrgang,
Heft 1, 1996, S. 13–39

Kambartel, Walter; *Symmetrie und Schönheit. Über mögliche Voraussetzungen des neueren Kunstbewusstseins in der Architekturtheorie Claude Perraults*;
München 1972

Knoch, Habbo; *Das Grandhotel*; in: Alexa Geisthövel, Habbo Knoch (Hg);
Orte der Moderne. Erfahrungswelten des 19. Und 20. Jahrhunderts; Frankfurt
New York 2005, S. 131–140

Koch, Georg Friedrich; *Speer, Schinkel und der Preußische Stil*; in: Speer 1978,
S.136–150

Koch, Lars (Hg); *Modernisierung als Amerikanisierung? Entwicklungslinien der
westdeutschen Kultur 1945–1960*; Bielefeld 2007

Köth, Anke, Kai Krauskopf, Andreas Schwarting (Hg.); *Building America,
Bd. 3: Eine große Erzähling*; Dresden 2008

Krauskopf, Kai, Hans Georg Lippert, Kerstin Zaschke (Hrsg.); *Neue Tradition. Konzepte einer antimodernen Moderne in Deutschland von 1920 bis
1960*; Dresden 2009

Krieger, Peter; *Wirtschaftswunderlicher Wiederaufbau-Wettbewerb. Architektur und Städtebau der 1950er Jahre in Hamburg*; 1996 (elektronische Dissertation http://ediss.sub.uni-hamburg.de/volltexte/1998/13/)

Krinsky, Carol H.; *Gordon Bunshaft of Skidmore, Owings & Merrill*; New York
1988

Kranz, Kurt; *Architektur und Leben. Ausstellung des BDA Hamburg: Bauten
nach 1945, 24. Mai bis 15. Juni 1952*; Kunsthalle Hamburg

Kroener, Bernhard R.; *Die personellen Ressourcen des Dritten Reiches im
Spannungsfeld zwischen Wehrmacht, Bürokratie und Kriegswirtschaft 1939–
1942*; in: Organisation und Mobilisierung des deutschen Machtbereichs;
Stuttgart 1988, S. 693–989

Kunst, Hans-Jochen; *Architektur und Macht. Überlegungen zur NS-Architektur*;
in: Philipps Universität. Mitteilungen, Kommentare, Berichte 3. Mai 1971, S.
51f

Kunz, Fritz: *Der Hotelbau von heute*; Stuttgart 1930

Lampugnani, Magnago, Romana Schneider (Hg); *Moderne Architektur in
Deutschland 1900–1950. Reform und Tradition*; Stuttgart 1992

Lampugnani, Magnago, Romana Schneider (Hg); *Moderne Architektur in Deutschland 1900–1950. Expressionismus und Neue Sachlichkeit*;
Frankfurt/M. 1998

Lampugnani, Magnago, Romana Schneider (Hg); *Moderne Architektur in Deutschland 1900–1950. Macht und Monument*; Frankfurt/M. 1998

Lane, Barbara Miller; *Architektur und Politik in Deutschland 1918–1945 (1968)*; Braunschweig Wiesbaden 1986

Lapidus, Morris; *Too Much is Never Enough*; New York 1996

Larsson, Olaf; *Klassizismus in der Architektur des 20. Jahrhunderts*; in: Speer 1978, S. 151–178

Larsson, Lars Olof; *Die Neugestaltung der Reichshauptstadt. Albert Speers Generalbebauungsplan für Berlin*; Stockholm 1978

Lehmann-Haupt, Hellmut; *Art under a Dictatorship*; New York 1954

Longerich, Peter: *Tendenzen und Perspektiven der Täterfoschung*; in: Aus Politik und Zeitgeschichte 2007, Heft 14/15, S. 3–7

Loos, Karina; *Die Inszenierung der Stadt*; Univ. Diss. Weimar 1999

Lower, Wendy; *On him rests the weight of administration*; in: Brandon/Lower 2008, S. 224–247

Machule, Dittmar; *Die Kameradschaftssiedlung der SS in Berlin-Zehlendorf. Eine idyllische Waldsiedlung?*; in: Frankfurt/M. 1985, S. 251–270

Madajczyk, Czesław (Hg); *Vom Generalplan Ost zum Generalsiedlungsplan. Dokumente*; München, New Providence, London, Paris 1994

Marcuse, Herbert; *Der eindimensionale Mensch*; Neuwied 1967

Mauch, Christof (Hg); *Wettlauf um die Moderne. Die USA und Deutschland 1890 bis heute*; Bonn 2008

Mead, George Herbert; *Mind, Self, and Society*; Chicago 1934

Merleau-Ponty, Maurice; *Phénoménologie de la perception*; Paris 1945

Mitscherlich, Alexander; *Die Unwirtlichkeit unserer Städte*; Frankfurt/M. 1965

Mittmann, Markus; *Bauen im Nationalsozialismus. Braunschweig die »Deutsche Siedlungsstadt« und die »Mustersiedlung der Deutschen Arbeitsfront« Braunschweig–Mascherode. Ursprung – Gestaltung – Analyse*; Hameln 2003

Mittag, Martin (Hg): *Thyssenhaus*; Essen Detmold 1962

Mittig, Hans-Ernst; *NS-Stil als Machtmittel*; in: Schneider, Wang 1998, S. 100–115

Mittig, Hans-Ernst; *NS-Architektur für uns*; in: Beiträge zur politischen Bildung Bd 10, Nürnberg 1991, S. 7

Müller, Michael; *Die Verdrängung des Ornaments. Zum Verhältnis von Architektur und Lebenspraxis*; Frankfurt/M. 1977

Müller, R.-D.; *Hitlers Ostkrieg und die deutsche Siedlungspolitik*; Frankfurt/M. 1991

Müller, Wolfgang; *Hotelbauten*; in: Architektur- und Ingenieur-Verein zu Berlin (Hg); *Berlin und seine Bauten Teil VIII Bauten für Handel und Gewerbe, Band B Gastgewerbe*; Berlin München Düsseldorf, S. 1–38

Necker, Sylvia; *Konstanty Gutschow 1902–1978. Modernes Denken und volksgemeinschaftliche Utopie eines Architekten*; München 2012

Necker, Sylvia; *Cäsar Pinnau und Konstanty Gutschow. Von der Architektur in der NS-Zeit bis zur Nachkriegsmoderne*; in: Czech, Hirsch, Schwarz 2016 (Seitenzahlen standen bei Drucklegung noch nicht fest)

Necker, Sylvia, Jörg Schilling; *Hochhaus und Verwaltungsgebäude Hamburg Süd 1958/2016*; (Hamburger Bauheft 16) Hamburg 2016

Nerdinger, Winfried (Hg); *Bauen im Nationalsozialismus. Bayern 1933–1945*; Ausstellungskatalog Architekturmuseum; München 1993

Nerdinger, Winfried; *Ein deutlicher Strich durch die Achse der Herrscher. Diskussionen um Symmetrie, Achse und Monumentalität zwischen Kaiserreich und Bundesrepublik*; in: Schneider, Wang 1998, S. 86–99

Nerdinger, Winfried; *Baustile im Nationalsozialismus. Zwischen ›Internationalem Klassizismus‹ und Regionalismus*; in: Nerdinger, Hölz, Prinz 2004, S. 119–132

Nerdinger, Winfried; *Die Dauer der Steine und das Gedächtnis der Architekten*; in: Reichel, Peter, Harald Schmidt, Peter Steinbach (Hg); *Der Nationalsozialismus – Die zweite Geschichte. Überwindung – Deutung – Erinnerung*; Lizenzausgabe Bonn 2009, S. 378–397

Nerdinger, Winfried (Hg); *Der Architekt – Geschichte und Gegenwart eines Berufsstandes* [Publikation zur Ausstellung des Architekturmuseums der TU München in der Pinakothek der Moderne, 27. September 2012 bis 3. Februar 2013]; 2 Bde., München 2012

Nerdinger, Winfried; *Geschichte – Macht – Architektur*; München London New York 2012

Nerdinger, Winfried, Christoph Hölz, Regina Prinz; *Architektur, Macht, Erinnerung. Stellungnahme 1984 bis 2004*; München 2004

Norton, Thomas E., Jerry E. Patterson; *Living It Up: A Guide to the Named Apartment Houses of New York* (New York: Atheneum, 1984), 250–51

Nüßlein, Timo; *Paul Ludwig Troost*; Wien 2012

Offenberg, Gerd; *Mosaik meines Lebens*; Mainz 1974 (Selbstverlag)

Ogan, Bernd, Wolfgang Weiß (Hg); *Faszination und Gewalt. Zur politischen Ästhetik des Nationalsozialismus. Kunst und Unkunst, damals und heute*; Nürnberg 1992

Overcash, Whitson; *quoted in »People Are Talking about .... Rich Kids' Compound: Olympic Tower Provides ... the Best of Everything on Fifth Avenue«*; in: Vogue, Jan 1976, S. 97

Overy, Richard J.; *The German Pre-War Aircraft Production Plans 1936–39*; in: English Historical Review XC (Oct 1975) S. 778–797

Overy, Richard J.; *German Aircraft Production 1939–1942. A Study in the German War Economy*; PhD Queens' College Cambridge 1977

Overy, Richard J.; *The Air War 1939–45*; London 1980

Overy, Richard J.; *Luftmacht im Zweiten Weltkrieg: historische Themen und Theorien*; in: Boog 1993, S. 23–50

Pevsner, Nikolaus; *Europäische Architektur*; München 1967

Pinnau, Ruth; *Ein Architekt als Zeitzeuge, Cäsar Pinnau 1906–1988*; Hamburg 1989

Pinnau, Ruth; *Der Sieg über die Schwere, Cäsar Pinnau in meinem Leben*; Hamburg 1993 (Eigenverlag)

Pinnau, Ruth I.; *Eine klassizistische Villa an der Elbe*; Hamburg 2002

Plagemann, Volker; *Vaterstadt, Vaterland, schütz dich Gott mit starker Hand. Denkmäler in Hamburg*; Hamburg 1986

Pyta, Wolfram; *Hitler. Der Künstler als Politiker und Feldherr. Eine Herrschaftsanalyse*; München 2015

Radkau, Joachim; *Technik in Deutschland. Vom 18. Jahrhundert bis heute* [Umfassend überarb. und aktualisierte Neuausg.] Frankfurt/M. u.a. 2008

Ranzal, Edward; *50-storey Building*; in: New York Times. September 10, 1971

Reichhardt, Hans J., Wolfgang Schäche; *Von Berlin nach Germania. Über die Zerstörungen der »Reichshauptstadt« durch Albert Speers Neugestaltungsplanungen*; Berlin 1998

Rimpl, Herbert; *Ein deutsches Flugzeugwerk. Die Heinkel-Werke Oranienburg* (Text und Anordnung Hermann Mäckler); Berlin o. J. (1938/1939)

Rössler, Mechthild, S. Schleiermacher (Hg); *Der ›Generalplan Ost‹. Hauptlinien der nationalsozialistischen Planungs- und Vernichtungspolitik*; Berlin 1993

Roth, Alfred; *Zwei Wohnhäuser von Le Corbusier und Pierre Jeanneret. Fünf Punkte zu einer neuen Architektur von Le Corbusier und Pierre Jeanneret*; Stuttgart 1927

Schäche, Wolfgang; *Nationalsozialistische Architektur und Antikenrezeption. Kritik der Neoklassizismus-These am Beispiel der Berliner Museumsplanung*; in: Arenhövel Willmuth; *Berlin und die Antike. Architektur, Kunstgewerbe, Malerei, Skulptur, Theater und Wissenschaft vom 16. Jahrhundert bis heute*; Berlin 1979

Schäche, Wolfgang; *Architektur und Städtebau in Berlin zwischen 1933 und 1945*; Berlin 1991

Schildt, Axel; *Modernisierung, Version: 1.0;* in: Docupedia-Zeitgeschichte, http://docupedia.de/zg/Modernisierung

Schilling, Jörg; *Vom Screen zum Eierkarton*; in: Köth, Anke, Kai Krauskopf, Schmidt, Heino; *Die Reederei-Zentrale der Hamburg Süd. Geschichte und Zukunft eines Bürogebäudes von Cäsar Pinnau*; in: Czech, Hirsch, Schwarz 2016 (Seitenzahlen standen bei Drucklegung noch nicht fest)

Schmitz, Frank; *Architektur als Stilrevue. Villen und Landhäuser Cäsar Pinnaus*; in: Czech, Hirsch, Schwarz 2016 (Seitenzahlen standen bei Drucklegung noch nicht fest)

Schneider, Helmut; *Kunst und Unkunst, damals und heute*; in: Die Zeit, Jg. 1977, Nr. 9 http://www.zeit.de/1977/09/kunst-und-unkunst-damals-und-heute/seite-2

Scholz, Robert; *Architektur und Bildende Kunst 1933–1945*; Preuß Oldendorf 1977

Seegers, Lu; *Cäsar Pinnau, die Hamburger High Society und das Hanseatische (1930er bis 1960er-Jahre)*; in: Czech, Hirsch, Schwarz 2016 (Seitenzahlen standen bei Drucklegung noch nicht fest)

Senarclens de Grancy, Antje (Hg); *Identität Politik Architektur. Der ›Verein für Heimatschutz in Steiermark‹*; Berlin 2013

Siedler, Wolf Jobst, Elisabeth Niggemeyer, Gina Angress; *Die gemordete Stadt: Abgesang auf Putte und Straße, Platz und Baum. Siedler (1964)*; Berlin 1993

Sieveking, Heinrich; *Das Handlungshaus Voght und Sieveking*; in: Zeitschrift des Vereins für Hamburgische Geschichte; Hamburg 17, 1912, S. 95)

Singer, Hedwig; *Entwicklung und Einsatz der Organisation Todt (OT)*; Osnabrück 1998

Singer Hedwig (Hg); *Quellen zur Geschichte der Organisation Todt*; Osnabrück 1998 Bd. 1

Singer, Hedwig (Hg); *Quellen zur Geschichte der Organisation Todt*; Osnabrück 1998 Bd. 2

Skurka, Norma; *Being in the Swim in Your Own Home*; New York Times, November 10, 1976, III, S. 18

Speer, Albert; *Erinnerungen*; Berlin 1969

Speer, Albert; *Architektur. Arbeiten 1933–1942*; Frankfurt 1978

Stephan, Hans; *Die Baukunst im Dritten Reich*; Leipzig 1939

Stephens, Suzanne; *Microcosms of Urbanity*; Progressive Architecture 56, December 1975, S. 37–51

Stern, Robert A. M., Thomas Mellins, David Fishman; *New York 1960. Architecture and Urbanism. Between the Second World War and the Bicentennial*; New York 1995

Stock, Ellen; *Best Bet: Taking the Fifth*; New York Times, March 17, 1975, S. 69

Stratigakos, Despina; *Hitler at home*; New Haven 2015

Strauss, Anselm; *Mirrors and Masks. The Search for Identity*; Glencoe 1959

Stroux, Sara; *Architektur als Instrument der Unternehmenspolitik. Konzernhochhäuser westdeutscher Industrieunternehmen in der Nachkriegszeit*; Univers. Diss Zürich 2009 http://e-collection.library.ethz.ch/eserv/eth:41884/eth-41884-02.pdf

Stroux, Sara; *Nicht Repräsentation, sondern Zweckmäßigkeit? Bauliche Selbstdarstellung westdeutscher Industrieunternehmen in der Nachkriegszeit*; in: Wolkenkuckucksheim | Cloud-cuckoo-land | Воздушный замок Heft 32, 2012, S. 119–130 (www.cloud-cuckoo.net)

Tamms, Friedrich; *Die städtebaulichen Voraussetzungen*; in: Mittag 1962, S. 9–12

Taylor, William R.; *Cavalier and Yankee. The Old South and American national character*; Garden City 1961

Teut, Anna; *Architektur im Dritten Reich. 1933–1945*; Berlin, Frankfurt, Wien 1967

Teut, Anna; *Wider die Diktatur des Eindeutigen*; in: Bernd Krimmel (Red. und Gestaltung); Symmetrie; Bd. 1; Darmstadt 1986, S. 273–290

Trobe; Henry de la; *Die Entstehungsgeschichte des Richard-Kaselowsky-Hauses, Kunsthalle der Stadt Bielefeld*; Bielefeld 1991

Urban, Markus; *Die Konsensfabrik. Funktion und Wahrnehmung der NS-Reichsparteitage, 1933–1941*; Göttingen 2007

Venturi, Robert, Denise Scott-Brown, Steven Izenour; *Learning from Las Vegas*; Cambridge (MA) 1972

Vogt, Adolf Max; *Revolutions-Architektur und Nazi-Klassizismus*; in: Martin Gosebruch, Lorenz Dittmann (Hg); *Argo. Festschrift für Kurt Badt*, Köln 1970, S. 354–363

Völker, Karl-Heinz; *Die deutsche Luftwaffe 1933–1939. Aufbau, Führung und Rüstung der Luftwaffe sowie die Entwicklung der deutschen Luftkriegstheorie*; Stuttgart 1967

Voigt, Wolfgang; *Vom Ur-Haus zum Typ. Paul Schmitthenners ›deutsches Wohnhaus‹ und seine Vorbilder*; in: Lampugnani, Schneider 1992, S. 245–281

Voigt, Wolfgang; *Im Kern modern? Eine Verteidigung Paul Schmitthenners*; in: Krauskopf, Lippert, Zaschke 2009, S. 69–95 von Behr, Karin; *Ferdinand Streb 1907–1970. Zur Architektur der fünfziger Jahre in Hamburg*; Hamburg 1991

von Moltke, Joachim Wolfgang; *Die Entstehung der Kunsthalle Bielefeld. Persönliche Erinnerungen*; Bielefeld 1993

Wawoczny, Michael; *Der Schnitt durch die Stadt. Planungs- und Baugeschichte der Hamburger Ost-West-Straße von 1911 bis heute*; Hamburg 1996

Waterman, Thomas T.; *The Mansions of Virginia 1706–1776*; Chapel Hill 1946

Weihsmann, Helmut; *Bauen unterm Hakenkreuz*; Wien 1998

White, Jan Boyd; *National Socialism and Modernism*; in: David Britt (Hg); *Art and Power. Europe under the dictators 1930–1945*; London 1995, S. 258–269

Willems, Susanne; *Der entsiedelte Jude. Albert Speers Wohnungsmarktpolitik für den Berliner Hauptstadtbau*; Berlin 2002

Willensky, Elliot, Norval White (Hg); *AIA Guide to New York City*; New York 1988

Windrow, Gerhard; *The Heinkel HE 111 H – Profile Publications Number 15*; London 1965

Wittich, Elke Katharina; *Cäsar Pinnaus Villen und ihre vermeintlichen Vorbilder in der Architektur des 18. Jahrhunderts*; in: Czech, Hirsch, Schwarz 2016 (Seitenzahlen standen bei Drucklegung noch nicht fest)

Wolters, Rudolf; *Neue deutsche Baukunst*; hrsg. vom Generalbauinspektor für die Reichshauptstadt Albert Speer, 2. Aufl., Berlin 1941

Wolters, Rudolf; *Berlin Stadtmitte*; Tübingen 1978

Wulf, Joseph; *Die Bildenden Künste im Dritten Reich*; 5 Bände Gütersloh 1963–1964

Zelnhefer, Siegfried; *Die Reichsparteitage der NSDAP. Geschichte, Struktur und Bedeutung der größten Propagandafeste im nationalsozialistischen Feierjahr*; Nürnberg 1991

Zimmermann, Florian; *Der Schrei nach dem Turmhaus. Der Ideenwettbewerb Hochhaus am Bahnhof Friedrichstraße, Berlin 1921/22*; Berlin 1988

Tabelle

Goldenen Schnitt bei Hamburg Süd

Grundriss	19:37,85 ungleich 37,85:56,85
Vorder- und Rückfront	19:46,35 ungleich 46,35:65,35
Flanken (real)	37,85:46,35 ungleich 46,35:84,20
Flanken (erhöht um 2 Geschosse)	37,85:53,35 ungleich 53:35:91,20
Flanken (erhöht um 3 Geschosse)	37,85:56,85 ungleich 56:85:94,70

Quellenverzeichnis

Barfuß / Müller / Tilgner 2008 · 65

Bauakten Hamburg Süd · 134, 138

Braun Hogenberg · 139

Freie Hansestadt Bremen, Landesamt für Denkmalpflege · 61

Bundesarchiv, BArch MA RL 3/3084 · 165

Bundesarchiv, BArch 145 Bild-P060400 / CC-BY-SA 3.0 · 149

de.wikipedia.org/wiki/Cäsar Pinnau · 5

Durth / Führ · 66

Duisburger Verkehrsgesellschaft · 112

Führ · 14, 17, 18, 35, 52, 78, 83, 90, 91, 96 – 98, 108 – 111, 115 – 117, 119, 120, 124, 125, 132, 135, 137, 150

Führ (Archiv) · 106, 168

Führ / Feldhusen · 31, 136, 159, 160 – 164

Führ auf Basis http://collections.mcny.org/C.aspx?VP3=SearchResult&VBID=24UAYWRF9ATI8&SMLS=1&RW=1920&RH=961 · 23, 24

Fa. Dr. August Oetker KG · 13

Fest 1982 · 20, 21, 85, 93 – 95, 99

Film und Frau 1955 · 10, 72 – 77

Diathek Brandenburgische Technische Universität Cottbus · 158

Fortuna, Valeri http://www.panoramio.com/photo/19910550 · 39

Fränkel 1911 / Wawoczny 1996 / Führ · 141

Hamburgisches Architekturarchiv (HAA) · 8, 9, 11, 12, 15, 16, 27, 28 – 30, 32 – 34, 36 – 38, 40 – 43, 47 – 51, 54 – 60, 67 – 68, 71, 79 – 82, 84, 86, 100 – 103, 126 – 131, 133

Goodacre, William (1831) Fotoarchiv Führ · 104

HAA, überarbeitet von Führ / Feldhusen · 22, 70, 69, 53

Hamburg Bildarchiv Bild Nr. 2594 · 140

Hamburg Journal Norddeutscher Rundfunk · 6, 7

Hamburger Abendblatt online vom 27.01.2010 · 1

http://contentdm.lib.byu.edu/cdm/singleitem/collection/GermanyMaps/id/1570/rec/1 · 118

http://digitalcollections.nypl.org/items/d9bbd520-4697-0132-e123-58d385a7bbd0 · 25

http://www.tagesspiegel.de/mediacenter/fotostrecken/berlin/gedenk-tag-9-november-eine-geschichte-ueber-die-synagogen-berlins/9054032.html?p9054032=14#image · 46

http://www.zeno.org/Kunstwerke/B/Arnim,+Ferdinand+von%3A+Potsdam,+Nikolaikirche+auf+dem+Alten+Markt,+1850 · 156